MITOS DE LA HISTORIA MEXICANA

De Hidalgo a Zedillo

Alejandro Rosas

MITOS DE LA HISTORIA MEXICANA

De Hidalgo a Zedillo

Planeta

Diseño de portada: Ana Paula Dávila

Avenida Insurgentes Sur núm. 1898, piso 11
Colonia Florida, 01030 México, D.F.

Primera edición: agosto de 2006
Tercera reimpresión: noviembre de 2006
ISBN: 970-37-0555-3

Formación tipográfica y corrección: www.co-media.com.mx

Impreso en los talleres de Litográfica Ingramex, S.A. de C.V.
Centeno núm. 162, colonia Granjas Esmeralda, México, D.F.
Impreso y hecho en México – *Printed and made in Mexico*

www.editorialplaneta.com.mx
www.planeta.com.mx
info@planeta.com.mx

A mi abuelo Alfredo Robles, por encaminarme
en el sendero de la historia

Una breve página autobiográfica

Me emocionó recibir aquel paquete de libros que no esperaba, envueltos en papel de estraza, cuyo remitente era Alfredo Robles Zárate, mi abuelo materno. Tenía 13 años, y toda mi atención estaba puesta en la historia de la segunda guerra mundial. De vez en cuando, en la biblioteca de mi papá, veía de reojo los seis tomos de la *Crónica ilustrada. Revolución mexicana*, de Publex, que hasta entonces no habían despertado ni siquiera mi curiosidad.

Por esos días cayó en mis manos una obra escrita por mi abuelo, con tintes autobiográficos, titulada *50 años después o la revolución en casa,* donde contaba la historia de su padre, el coronel Crispín Robles Villegas, maderista por convicción, revolucionario del cañón de Juchipila en Zacatecas, y opositor a la dictadura huertista, así como los sufrimientos de su familia luego que don Crispín decidiera tomar las armas. Mi abuelo tenía 9 años cuando su padre se fue a la revolución, para perderse entre el millón de muertos que dejó el movimiento armado entre 1910 y 1920.

El libro de mi abuelo me abrió un universo del que no volví a salir: la historia de México. Luego de escribirle una carta para decirle lo orgulloso que me sentía de él, del bisabuelo y en general de nuestra historia familiar, recibí un paquete de libros. Aún recuerdo los primeros títulos que desataron mi vocación: *La majestad caída* de Juan A. Mateos, publicado por la famosa Editora Nacional; *Yo maté a Villa* de Víctor Ceja Reyes, y *¡Viva Madero!* de Francisco L. Urquizo, ambos publicados por Populibros La Prensa.

Mi primer contacto profundo con la historia oficial fue a través de mi abuelo. En sus cartas leía, una y otra vez, acerca de la terrible dictadura de Porfirio Díaz y cómo el pueblo mexicano, "como un solo hombre", se levantó en armas para derrocarlo; la historia maniquea de los buenos y los malos, con la cual vivió y creció mi abuelo. Por encima de su visión de la historia, mi abuelo logró inculcarme el amor por ella, la pasión por el pasado, la fascinación por la palabra escrita y, sobre todo, la heroicidad del hombre común que, como él, un telegrafista de toda la vida, materializó en su vida cotidiana por medio de su trabajo, su familia, su patria y su propia historia.

En 1989 comencé a colaborar con Enrique Krauze. Me atrajo su sentido de la divulgación histórica, el uso de la biografía y la desmitificación de la historia que expuso, por vez primera, en una obra que con el tiempo se convirtió en un clásico: *Biografía del poder.* Pensé emular a los grandes historiadores del siglo XIX que fueron autodidactas, por lo cual estudié relaciones internacionales en la Universidad Nacional Autónoma de México (UNAM); sin embargo, con Krauze confirmé mi vocación de historiador y me formé en su escuela historiográfica durante 13 años. En ese lapso tuve la oportunidad de conocer a un gran amigo, que comparte conmigo la misma pasión por la historia, por su divulgación y por su desmitificación: José Manuel Villalpando.

En 1995 comencé a publicar en el suplemento cultural *El Ángel*, del periódico *Reforma.* A partir de entonces no he dejado de hacerlo. La presente obra es la recopilación de mis ensayos publicados durante diez años, entre 1995 y 2005, en distintos medios: *Reforma, Asamblea, Sólo Historia, Letras Libres, Arcana* y *Enfoque* –suplemento político de *Reforma*–, entre otros. De los ensayos aquí reunidos, algunos contienen notas y otros no; esto se debe al medio en donde aparecieron publicados, pero todos tienen un denominador común: desmitificar la historia.

Seguramente más de uno de estos ensayos provocarán reacciones encontradas, rechazo, decepción, enojo. Crecimos con una historia que en el mejor de los casos refería verdades a medias y en el peor, mentía. *Mitos de la historia Méxicana* es una invitación a recuperar nuestra historia, a redescubrirla y a comprenderla; a rechazar posiciones irreductibles y maniqueas. De eso se trata la divulgación y la desmitificación en los albores del siglo XXI.

Mi abuelo Alfredo Robles falleció en 1991. Antes de abandonar la realidad, para perderse en las entrañas de sus recuerdos, supo que yo había tomado el camino de la historia; no conoció, sin embargo, ninguno de estos ensayos. Quiero dedicar esta obra a su memoria y, como la historia familiar es una pequeña porción de la historia nacional, también la dedico a mi esposa Margarita, y a mis chamacos Santiago y Natalia, retoños del mismo roble. Mi abuelo me enseñó a escribir Revolución Mexicana con mayúscula –como lo hacía la historia oficial–, ahora puedo escribirla con minúscula, los mitos se han acabado.

México, D.F., julio de 2006

La historia que nos contaron

En 1914 Eulalio Gutiérrez –presidente de México elegido por la soberana convención revolucionaria– dejó una de las frases más lapidarias de la historia nacional: "el paisaje mexicano huele a sangre". El historiador José López Portillo y Weber se sumó a la misma desesperanza y escribió: "la historia de México ha sido la de 12 Judas sin ningún Jesucristo". Ambos se referían a la caja de Pandora abierta en 1910 y al derrotero de contradicciones –políticas, sociales e históricas– que nacieron con la revolución mexicana.

La historia nacional ha transitado de lugares sombríos a sitios luminosos, gravitando en la mayoría de los casos entre ambos. Ni Judas ni Jesucristo. Y, sin embargo, el sistema político mexicano, por medio de su particular concepción de la historia, durante el siglo XX fragmentó la verdad, se encargó de crear bandos irreconciliables y negó la naturaleza humana de los protagonistas de la historia nacional.

Por decreto, el sistema erigió grandes altares a la patria; fastuosos mausoleos donde reposan seres infalibles; creó símbolos para que, a través del discurso histórico, se justificara a toda costa su permanencia en el poder. Y, en la oscuridad de las sombras, construyó el infierno cívico donde reciben su castigo los débiles de corazón, los traidores y vende patrias que optaron por el bando equivocado. Si "el paisaje mexicano huele a sangre", su olor proviene de los grandes mitos y símbolos oficiales que a lo largo de los años mancharon la historia nacional.

La revolución que devoró su propia historia

La fundación del partido oficial, en 1929, trastocó el sentido original de la revolución mexicana. Creó un sistema político antidemocrático, autoritario, impune y corrupto, sin un proyecto de nación a largo plazo que rebasara la efímera temporalidad de los sexenios, con un manejo perfecto del lenguaje de la simulación y sobre todo manipulador de la historia.

El partido oficial alteró su propio pasado para construir una historia acorde con sus fines. A los cuatro vientos anunció que su origen y justificación se encontraban exclusivamente en la lucha contra Porfirio Díaz y Victoriano Huerta (1910-1914), pero negó a todas luces que su génesis también se hallaba en la purga revolucionaria realizada por sus propios hombres entre 1919 y 1929.

Los hechos hablaban por sí solos. En la más pura expresión de canibalismo revolucionario, la sociedad mexicana pudo ver a Carranza, que siempre fue receloso de Madero, ordenar el fusilamiento de Felipe Ángeles y aprobar el asesinato de Zapata (1919); así como a Obregón y Calles eliminar al molesto Primer Jefe, Carranza (1920); a los mismos sonorenses, dar cuenta de Villa (1923); a Calles, disfrutar del poder absoluto luego del magnicidio de Obregón (1928); y a Cárdenas, expulsar del país al Jefe Máximo (1936).

Junto a estos "grandes y probos" caudillos, entre 1920 y 1924, la vieja guardia de la revolución –Blanco, Diéguez, Murguía, Buelna y Hill, entre otros– desapareció a manos de los sonorenses. Muchos de estos hombres se habían levantado en armas desde la época del maderismo, creyendo en los principios políticos y sociales.

A partir de 1938, el sistema político mexicano logró reunir en un solo lugar, el monumento a la Revolución, y en santa paz, como "a un solo hombre" a los caudillos Madero, Carranza,

Villa, Calles y Cárdenas. Pero si uno presta atención, año tras año, cada 20 de noviembre, se escucha cómo los hombres de la revolución se revuelcan en sus tumbas.

La historia que se hizo mito

Conforme se consolidó el sistema político mexicano, el término revolución fue asumido como la verdad absoluta, incuestionable, el verdadero paradigma de la historia mexicana en el siglo XX. Gracias a él había bienestar, progreso, justicia social... Apoyar a los regímenes surgidos de la revolución significaba estar con la patria, con la nación, con el progreso, con las causas más justas y legítimas de la sociedad; criticarla, en cambio, evidenciaba a los traidores, a la terrible reacción. No había alternativa: con la revolución o contra ella.

En 1952, en la tribuna del Congreso, el diputado priísta Blas Chumacero expresó: "La revolución ha sido magnánima en todas las épocas; pero que sepan que por cada puñalada artera que quieran darle a la revolución, se ha de levantar el pueblo de México más vigoroso y más decidido a la lucha."

Dentro de ese contexto, la historia fue puesta al servicio del sistema y respondía a sus intereses. No era la primera vez. Al igual que muchos otros vicios heredados del porfiriato, el sistema político mexicano rescató la historia que habían contado los liberales bajo la mirada de Justo Sierra, pero sólo hasta el triunfo de la República, y frente a la dictadura porfirista erigió a la revolución; de esta forma la genealogía histórica de México quedó claramente definida.

La historia de la nación mexicana comenzaba con México-Tenochtitlan. El primer caudillo defensor de la soberanía nacional era Cuauhtémoc. Luego de tres siglos de oscuridad y opresión, el pueblo encontró la luz de la razón a través de los ojos de Hidalgo y Morelos. Llegaron los terribles años de Santa Anna y las guerras con el exterior, pero a mediados del siglo XIX la brillante generación de liberales, encabezada por un indio llamado Benito Juárez, rescató a México de las terribles garras de la reacción. Sin lugar a dudas, el porfiriato y su terrible dictadura fue un retroceso, pero la revolución iluminó de nuevo el camino de la justicia social y el desarrollo. La conclusión no podía ser más clara: México había alcanzado el mayor grado de evolución política e histórica con el surgimiento de la revolución institucionalizada. De ahí hacia el futuro, lo único que podía esperar la nación era el bienestar y el progreso.

Los símbolos del poder

La revolución, ya establecida como el gran mito del siglo XX, transformó la interpretación de los procesos históricos y las ideas políticas en símbolos que aparecían invariablemente en el discurso político como arietes ideológicos. De esa manera, acontecimientos como las leyes de Reforma, la no reelección, la Constitución de 1917, la expropiación petrolera, la soberanía nacional y el nacionalismo revolucionario se convirtieron en dogmas de fe de la clase política mexicana, sin posibilidad alguna de cuestionamiento.

En el caso de los personajes sucedió algo semejante. El sistema político tomó de ellos la parte que podía encajar dentro de su discurso legitimador, pero sin llevarlo a la práctica. De este modo, el respeto a la ley de Juárez, el sufragio efectivo de Madero, el agrarismo de Zapata o la bandera constitucional de Carranza sólo vivieron en el discurso cívico.

La historia oficial suprimió los temas incómodos de las biografías de los héroes nacionales; los deshumanizó. En ningún momento se hablaba de las terribles masacres de españoles permitidas por Hidalgo; del tratado McLane-Ocampo de Juárez, o de cómo las leyes de Reforma afectaron a los indígenas; era impensable señalar la terrible corrupción que permitió Carranza durante su régimen o presentar a Pancho Villa como un asesino consumado. Estos defectos sólo eran concebibles en los enemigos históricos del régimen, como Iturbide, Santa Anna, Porfirio Díaz, Victoriano Huerta y Miguel Miramón; en pocas palabras, sólo en los hombres de la reacción.

A los ojos de la historia oficial, los héroes de bronce eran prácticamente hombres predestinados para cumplir una gran misión por la redención de la patria. Desde esta perspectiva, era posible imaginar a Hidalgo de niño jugando al libertador con sus amigos y tocando campanas para invitarlos a rebelarse contra sus padres. O bien al niño Benito, muy serio, declarando frente a sus ovejas: "entre los individuos como entre las naciones el respeto al derecho ajeno es la paz".

Y para terminar de revestirlos con esa aura de hombres elegidos, los personajes históricos fueron despojados de sus nombres de pila y rebautizados con rimbombantes títulos: "Padre de la Patria", "Siervo de la Nación", "Benemérito de las Américas", "Apóstol de la Democracia", "Centauro del Norte".

La familia revolucionaria consolidó la historia oficial y el discurso se llenó de símbolos. No es un azar que entre 1952 y 1994 la palabra revolución mexicana aparezca 18 592 veces en los debates de la Cámara de Diputados, lo cual implica que fue mencionada en un promedio de 442 veces por año; y si consideramos que las sesiones ordinarias del congreso ocupan 152 días, la revolución mexicana fue invocada casi tres veces por día. El sexenio de Salinas fue el que más veces recurrió a ella en toda la historia –9 509– debido a que era necesario unir la revolución con el neoliberalismo y la tecnocracia.

En ese mismo periodo, Benito Juárez fue mencionado 2 226 veces, disparándose su nombre en 1972 cuando se conmemoró el centenario de su muerte. Y aunque por momentos se mencionó menos que otros personajes, como Carranza o Cárdenas, su presencia se mantiene constante. Como símbolo, Juárez se convirtió en el eje de la historia oficial. Tan lejos llegó la fascinación por su persona que en octubre de 1952 el Congreso aprobó un dictamen para aumentarles la pensión a las nietas de don Benito.

El caso de Lázaro Cárdenas es representativo; ya que, a pesar de ser el hombre que materializó en los hechos el nacionalismo revolucionario y estableció las piezas definitivas del sistema político mexicano con el corporativismo, de 1952 a 1970 fue mencionado tan sólo en 157 ocasiones. Esto se explica porque hasta el final de sus días fue la presencia moral de la revolución, incluso por encima de todos los presidentes, por lo cual podía desequilibrar la balanza del poder. Pero una vez muerto, el miedo desapareció y lo convirtieron en símbolo: de 1970 a 1988 fue mencionado en 1 838 ocasiones.

La interpretación de la historia: otra facultad presidencial

Durante décadas, dos instituciones gozaron del respeto de la clase gobernante: la presidencia y el partido oficial. La cohesión interna, la disciplina y la sumisión de los miembros del Partido Revolucionario Institucional (PRI) se debía al eje permanente del poder: el presidente de la república.

El hombre elegido –por imposición, no por votos– se apropió de la vida pública nacional, del discurso, de los medios y, como era natural, la interpretación de la historia se convirtió en una más de las facultades presidenciales. Ante las amenazas políticas de los grupos disidentes, el sistema respondía con autoritarismo y represión. Frente a cualquier situación que pudiera amenazar la legitimidad histórica del sistema, la respuesta se daba en el terreno de la historia por decreto. Dos casos ejemplifican la facultad presidencial no contemplada, por supuesto, por la Constitución.

Aunque la historia de los niños héroes ya se conocía desde el porfiriato, por razones políticas adquirió la dimensión de un "cantar de gesta" en el periodo del presidente Miguel Alemán. La razón era sencilla, en marzo de 1947 el presidente de Estados Unidos, Harry Truman, realizó una visita oficial a México cuando se conmemoraban 100 años de la guerra entre ambos países. Para tratar de agradar a los mexicanos, colocó una ofrenda floral en el altar de la patria; sin embargo, el homenaje tocó las fibras más sensibleras del nacionalismo mexicano y desató el repudio hacia el vecino del norte.

Para apaciguar los ánimos y resaltar los valores de la mexicanidad, se recurrió a la historia. Poco después de la visita de Truman se dio a conocer una noticia que ocupó las primeras planas de los diarios. Durante unas excavaciones al pie del cerro de Chapultepec se encontraron seis calaveras que, al parecer, pertenecían a los niños héroes. A pesar de las dudas de historiadores y peritos, nadie se atrevió a contradecir la "verdad histórica", avalada por el presidente con un decreto por medio del cual declaró que aquellos restos pertenecían sin lugar a dudas a los niños héroes.

¿Quién podía cuestionar semejante afirmación? Con seguridad, en septiembre de 1847, en medio de los combates que se verificaban en la ciudad de México, alguna persona con mucha visión se había tomado el tiempo para reunir los cuerpos de los seis cadetes –muertos en distintos sitios y en diferentes momentos–, y los sepultó esperando que un siglo después fueran encontrados para gloria de México.

La historia por decreto escribió una página más durante el sexenio de Alemán. En 1947 fueron descubiertos los restos de Hernán Cortés en uno de los muros de la iglesia del Hospital de Jesús. Un siglo atrás, Lucas Alamán los había escondido allí para evitar que una turba enardecida en contra de los españoles quisiera quemarlos.

Desde luego, el tema cortesiano comenzó a circular en la opinión pública y, para evitar revaloraciones acerca del personaje, como por arte de magia aparecieron en el pueblo de Ixcateopan, en el estado de Guerrero, los restos del último emperador azteca y acérrimo enemigo de Cortés: Cuauhtémoc. Por supuesto, los huesos fueron declarados auténticos, sin importar lo que los expertos habían dictaminado, que entre ellos había huesos de niños e incluso de animales. Las malas lenguas se burlaban, al señalar que ciertamente eran los restos de Cuauhtémoc, pero de cuando era niño.

Hasta 1958 la historia oficial y sus símbolos habían bombardeado la conciencia nacional a través del discurso político, las ceremonias cívicas, algunas columnas periodísticas, libros y programas de radio, como la hora nacional. Sin embargo, con el proyecto del libro de texto gratuito impulsado por el presidente López Mateos, la historia llegó a los mexicanos a través de la educación. Y, aprovechando los 150 años del inicio de la independencia y los 50 años del comienzo de la revolución, la historia oficial fue difundida masivamente.

Cuando el modelo económico del sistema político mexicano se agotó e inició el periodo de las crisis, en la década de 1970, los presidentes tuvieron que buscar en los símbolos de la historia oficial elementos para legitimarse. Echeverría se fue por el camino fácil y, aprovechando el centenario de la muerte de Juárez, hizo de don Benito su bandera. José López

Portillo, con todo y su carisma, le apostó al mítico caudillo Quetzalcóatl –el avión presidencial así se llamaba–, pero ni aun así pudo evitar la caída de los precios del petróleo. Miguel de la Madrid, como todo un siervo de la nación, recuperó la figura del cura de Carácuaro y bautizó a los dos satélites mexicanos con el nombre de Morelos 1 y 2. Salinas de Gortari no se podía quedar atrás y, si bien de un plumazo acabó con el sentido de la Reforma, montó el caballo del jefe Zapata y lo llevó a la cumbre durante su sexenio, aunque paradójicamente las tropas zapatistas le prepararon su Chinameca el 1 de enero de 1994. Al igual que el sistema político mexicano, la historia oficial, llena de símbolos y retórica, parecía perpetuarse en la conciencia nacional.

El retorno de Juárez

El círculo de la historia oficial y de los símbolos del poder creados y utilizados por el sistema político mexicano se cerró la noche del 2 de julio del año 2000, cuando el presidente Zedillo apareció frente a las cámaras, de pie, junto a la bandera nacional y con un enorme cuadro de Benito Juárez a sus espaldas. El presidente utilizó la figura de Juárez para apoyar histórica y moralmente su actuación.

Juárez representa, sin lugar a dudas, la legalidad y el respeto a las instituciones. Sin embargo, a lo largo del siglo XX los presidentes mexicanos abusaron de su memoria y lo transformaron en retórica, en un símbolo apropiado para el discurso patriotero. Ni siquiera pudieron ver en Juárez al liberal, al ciudadano. Desde la historia oficial siempre fue concebido como el "producto autóctono indio más bien educado de América", como lo llamó el diputado priísta Raúl Bolaños Cacho en 1955. La historia oficial se fue por el camino sensiblero y explotó su origen indígena. Para el sistema político esto era suficiente. Nunca respetó el ideario político y mucho menos lo llevó a la práctica.

La noche del 2 de julio fue diferente. Con el indiscutible triunfo de la oposición en las urnas, el presidente Zedillo encontró en la figura de Juárez la legitimidad histórica necesaria para respetar la ley y las instituciones, a pesar de su propio partido. Aquella noche el fantasma de don Benito volvió a caminar por los pasillos del Palacio Nacional.

Visión limitada de la historia

Al igual que muchos otros vicios del sistema político –corrupción, simulación, impunidad– la historia oficial permeó la conciencia nacional. Ni siquiera los partidos que hoy se consideran una opción han podido desprenderse de esa visión limitada de la historia, donde el discurso y la oferta política regresan una y otra vez a los lugares comunes, donde la revolución mexicana sigue considerándose como un movimiento homogéneo, donde el pueblo "como un solo hombre" se levantó en armas contra la dictadura y nada más. O incluso es posible hermanar a Carranza, Villa, Zapata, Obregón y Calles y repudiar por completo la historia de los conservadores. Los dogmas históricos también permanecen. El tema de la industria petrolera, la reelección, la propiedad de la tierra o la soberanía nacional son asuntos que no pueden tocarse sin desatar polémica y encender pasiones.

Sin embargo, es un hecho que la caída del viejo sistema político abre la oportunidad de acabar de manera definitiva con la historia oficial, pero no con el objeto de establecer una nueva. Es necesaria una mayor difusión y divulgación de la historia, que impida caer en discusiones absurdas, como el terrible enfrentamiento entre Juárez y Madero, cuando basta leer algunas líneas para saber que ambos, cada uno en su época, fueron defensores del liberalismo político.

México requiere de un amplio ejercicio de reflexión y comprensión, que propicie una visión completa, crítica y transparente del pasado, que no sea excluyente y donde la historia sea considerada como una gran maestra necesaria para construir un proyecto nacional con una visión de futuro.

RETRATOS

Hidalgo: un seductor de almas

Icono de la libertad

"¡Caballeros, somos perdidos; aquí no hay más recurso que ir a coger gachupines!" Fue la frase destructora con la que Hidalgo llamó a sus más cercanos compañeros –Allende, Aldama y Abasolo– a iniciar la lucha por la independencia. "¡Mueran los gachupines!" Grito desaforado, justiciero, violento. Invitación al pueblo a tomar las armas para conquistar su libertad. Palabras que resumieron el resentimiento generado por siglos de pobreza y desigualdad. Comenzó así la primera etapa de la guerra de independencia, encabezada por un cura que se perdió en el laberinto de su poder y lo ejerció de manera semejante al de un monarca o un dictador, con los excesos propios del absolutismo, dueño de ejércitos, hombres y vidas.

Y, sin embargo, la apocalíptica y crítica visión del cura de Dolores –de la cual dieron testimonio Lucas Alamán y José María Luis Mora– se desvaneció con el paso de los años. Por encima de la violencia irracional del movimiento insurgente de 1810, al "herir de muerte al virreinato" –como señala O'Gorman– la figura de Hidalgo permaneció inmaculada. Sobre los cadáveres de la alhóndiga de Granaditas, los españoles pasados a cuchillo en Guadalajara, y el saqueo permitido con toda liberalidad, la historia mexicana levantó la egregia figura del padre de la patria: Miguel Hidalgo.

Desde el momento en que el cura de Dolores tomó las armas, la madrugada del 16 de septiembre de 1810, la fecha se convirtió en el icono de la historia mexicana, en el bastión moral a partir del cual se desencadenaron los acontecimientos de aquel vasto territorio que inició su marcha hacia la consolidación de su independencia. Con un futuro incierto, y desconociendo las consecuencias que traería consigo el movimiento revolucionario, la fecha ciertamente anunciaba el nacimiento de una patria donde convergían presente, pasado y futuro.

¿Un hombre predestinado?

Para la historia oficial –asimilada por la conciencia colectiva durante casi todo el siglo XX– era fácil imaginar a Hidalgo como un hombre predestinado a partir de su nacimiento. Seguramente el niño Miguel jugaba con sus compañeros a la guerra de independencia, tomaba una antorcha encendida e iluminaba el camino de libertad de sus amigos, que representaban al pueblo encadenado a la miseria y a la opresión.

La figura de Miguel Hidalgo y Costilla no necesitaba de la parafernalia oficialista que por años elevó a sus próceres al altar de la patria. Su imagen se sostiene por sí sola. Hidalgo fue intelectualmente superior a todos los hombres de su generación. Nacido en 1753, en la hacienda de Corralejo, desde muy joven desarrolló una clara vocación y amor por el conocimiento. Estudió en el colegio de San Nicolás, en Valladolid, hoy Morelia, y se recibió de bachiller en letras, en artes y en teología. Fue ordenado sacerdote en 1778 y su ascenso en el colegio de San Nicolás fue meteórico. Entre 1776 y 1792 fue catedrático, tesorero, vicerrector, secretario y rector. Por si fuera poco, hablaba con fluidez el francés, el italiano, el tarasco, el otomí y el náhuatl.

> Don Miguel se distinguió en los estudios que hizo en el colegio de San Nicolás –escribió Lucas Alamán–, en el que después dio con mucho lustre los cursos de filosofía y teología, y fue rector del mismo establecimiento. Los colegiales le llamaban el "zorro", cuyo nombre correspondía perfectamente a su carácter taimado.

Era, además, un hombre que enfrentaba la vida con un sentido eminentemente práctico. A su paso por los curatos de Colima, San Felipe, en Guanajuato y Dolores dejó una estela de obras exitosas. Dedicó su tiempo a las faenas agrícolas e industriales; instaló talleres para desarrollar diversos oficios, dedicó parte de su tiempo a la apicultura, la cría del gusano de seda y el cultivo de la vid. Además, se aficionó a la lectura de libros de ciencia y arte. Tenía conocimientos de economía política, y su erudición – "tan copiosa como amena y divertida"– asombraba a propios y extraños. Amante de la música, instruyó a los indígenas en el aprendizaje de algunos instrumentos, e incluso logró formar una pequeña orquesta.

Carismático y agradable al trato, pronto se ganó el cariño de los vecinos, sobre todo en Dolores. Era un cura apreciado, pero más que por sus homilías o por su consejo religioso, por una virtud manifiesta en él: su carisma. No se preocupaba mucho por su rebaño espiritual, el cual dejaba en manos de un eclesiástico llamado Francisco Iglesias; prefería la vida material y la reflexión intelectual. Sin empacho, organizaba tertulias y veladas literarias en su casa. Al calor de alguna bebida espirituosa, por las noches su hogar se convertía en el foro para discutir sobre filosofía, teología, artes y política. Escucharlo disertar era un verdadero deleite, defendía con pasión sus argumentaciones, y poseía el don de la palabra. "Piensa unas cosas tan grandes –apuntó un amigo de Hidalgo–, habla de ellas con tal elocuencia, que atrae, seduce, asombra. ¡Qué gran libro es, me dice a cada instante, el trato íntimo de los que sufren!"

> Muy fácil cosa era para un viajero –escribió Carlos María de Bustamante– entender que aquellos lugares estaban regidos por un hombre de cabeza, pues la orquesta de música de sus amados indios, y los talleres de loza y tejidos, bien denotaban que allí había un genio

> superior consagrado a causar la dicha de los infelices; si Hidalgo supo conducir a los niños, supo igualmente manejar a los feligreses y ganarles el corazón por la vía de la dulzura y de los beneficios.

En el más amplio sentido del término, Hidalgo era un seductor de almas.

Improvisación y frenesí

La primera parte de la guerra de independencia (1810-1811) estuvo marcada por la improvisación. Hidalgo se dejó llevar por su instinto, apostó a su carisma y a su investidura sacerdotal y logró reunir decenas de miles de hombres, la gran masa del pueblo. Fue "ungido" por los pobres que buscaban reivindicación. No tenía un plan de guerra claro, en su mente no se dibujaba siquiera una forma de organización política para el movimiento insurgente. Simplemente improvisó y se ganó la confianza del pueblo con una acción que no tenía prevista:

> Al pasar por el santuario de Atotonilco, Hidalgo, que hasta entonces no tenía plan ni idea determinada sobre el modo de dirigir la revolución, vio casualmente en la sacristía un cuadro de la Virgen de Guadalupe, y creyendo que le sería útil apoyar su empresa en la devoción tan general a aquella santa imagen, lo hizo suspender en el asta de una lanza, y vino a ser desde entonces el "lábaro" o bandera sagrada de su ejército.

La relación de Hidalgo con Allende y el resto de los oficiales fue por demás tirante. Don Ignacio representaba el orden y la disciplina del ejército. La muchedumbre que seguía al cura desconocía ambos términos. Las primeras batallas ganadas por el ejército insurgente fueron producto de su numeroso contingente y del factor sorpresa que acompañó a los rebeldes en los primeros momentos de la insurrección. Frente a la organización del ejército virreinal, pronto llegaron las derrotas.

Por encima de los demás jefes insurgentes, Hidalgo se ganó la voluntad de su pueblo gracias a métodos poco ortodoxos: permitió el saqueo, la rapiña y, en ocasiones, hasta el asesinato. El desorden fue la característica de su movimiento. El desorden se convirtió en caos y el caos terminó por devorar a los primeros caudillos de la independencia. El propio Hidalgo llegó a reconocer que nunca "pudo sobreponerse a la tempestad que había levantado".

Hombre de extremos, el cura de Dolores tuvo momentos luminosos, como al decretar la abolición de la esclavitud y la restitución de tierras durante su estancia en Guadalajara, en diciembre de 1810. Pero las sombras de la soberbia y del egocentrismo se posaron en su persona. "Tan repentino engrandecimiento hizo desvanecer completamente la cabeza a Hidalgo –escribió Lucas Alamán. Dábasele el tratamiento de alteza serenísima: acompañaban su persona oficiales que lo custodiaban y se llamaban sus guardias de *corps*, y en todo se hacía tratar como un soberano."

Más que un acontecimiento histórico, los sucesos y los personajes que desencadenaron el inicio de la independencia parecen surgidos de una novela de aventuras. Una invasión en la Península Ibérica despierta la conciencia de los criollos americanos. Una conspiración que involucra a militares, autoridades políticas, a una bella mujer y a un cura. Juntas secretas donde se discute el futuro del territorio novohispano. Los acontecimientos se precipitan. Los personajes son delatados y el cura toma una decisión, cruza el punto sin retorno: iniciar la revolución. Con la violencia desatada, el buen sacerdote enferma de poder y la sinrazón lo toma de rehén. Cuando se percata del camino de sangre que ha dejado a su paso, recupera la razón. Es demasiado tarde, hecho prisionero junto con sus compañeros de armas, es fusilado.

Miguel Hidalgo murió arrepentido de haber llevado la guerra de independencia por los derroteros de la violencia, que por momentos pusieron en riesgo el futuro del movimiento insurgente. Reconoció ante sus enemigos haberse "dejado poseer por el frenesí", causando incalculables males. Hidalgo ciertamente "hirió de muerte al virreinato", pero también dejó marcada en la conciencia social de los mexicanos el grito "mueran los gachupines", que llegó a materializarse en la expulsión de españoles, ocurrida en 1828 y 1829. Aun así, en la crudeza de su movimiento se reflejó la violencia de varios siglos de injusticia social, ignorancia y pobreza auspiciada por la corona española.

"Padre de la patria" es un término excesivo bajo cualquier circunstancia. Sin embargo, el cura de Dolores se ganó un lugar en la historia. Su grandeza, como la de sus compañeros de armas, se encuentra en el acto íntimo, libre y voluntario de atreverse. Hidalgo dio un paso más y traspasó el umbral de la vida cotidiana, a la que renunció irremediablemente.

> Para hacer una insurrección –escribió Lorenzo de Zavala– era preciso estar dotado de un carácter superior, de un alma elevada, de una fuerza de espíritu capaz de sobreponerse a los obstáculos que oponía un sistema de opresión tan bien combinado como el del gobierno español. Estas cualidades no podrán disputarse a estos hombres ilustres.

De Guelatao al Jungfrau: Benito Juárez

Guelatao nació con Juárez

El lugar es un santuario laico. La plaza del pueblo rompe con la vieja tradición hispánica, que realizaba la traza de una población a partir de un espacio central donde convergían los poderes públicos y eclesiásticos, representados por el palacio de gobierno y la iglesia principal. Fiel a su destino histórico, aquel pueblo oaxaqueño conserva un espacio público, cívico y laico, sin una iglesia en su plaza. No podía ser de otra manera, San Pablo Guelatao sólo se explica a través de Benito Juárez.

En el centro de la plaza, la amplia y fresca sombra del "sabino sembrado por el general Lázaro Cárdenas del Río en el año de 1937" recuerda a los lugareños la primera visita que hiciera un presidente mexicano al pueblo de Guelatao. A un lado del frondoso árbol, y a unos cuantos pasos de un austero monumento –que según los lugareños señala el sitio exacto donde estuviera la casa de Juárez– se levanta un pequeño recinto del Instituto Nacional de Antropología e Historia (INAH), que alberga el templo cívico de san Benito.

La réplica a escala de su célebre carruaje negro –representación de la patria peregrina que salvaguarda la legalidad– recibe a los visitantes en el interior. La gente camina lentamente, observa, lee... se llena de patriotismo. El bastón para uso personal, sus calificaciones en el seminario de Oaxaca, litografías del siglo XIX, alguna carta con la firma de su puño y letra, y hasta la mascarilla mortuoria, dan forma al distorsionado imaginario colectivo sobre el personaje.

Pueblo de un solo icono, cada espacio cuenta una historia, declama alguna patriótica frase o evoca los honores rendidos por el sistema político mexicano a la vida y obra de don Benito.

En la calle principal, llamada Juárez –¿qué otro nombre podía tener?–, el ayuntamiento rinde homenaje a uno de sus hijos: "En esta casa vivió y murió el maestro Faustino Méndez López, músico y compositor autor del himno a Juárez". Como en el resto del país, la historia oficial arraigó en la conciencia de los habitantes de aquel santuario, y elevó al hombre de la Reforma al pedestal más alto del altar de la patria.

Guelatao nació con Juárez. Su destino pudo ser el de muchos otros pueblos que se perdieron entre la pobreza y la marginación de las administraciones corruptas. "En un pueblo corto, como el mío –escribió don Benito en *Apuntes para mis hijos*–, que apenas contaba con veinte familias y en una época en que tan poco o nada se cuidaba de la educación de la juventud, no había escuela; ni siquiera se hablaba la lengua española." Y, sin embargo, su futuro tomaría otros derroteros. Cuando el niño Benito dejó atrás su pueblo natal, en diciembre de 1818, San Pablo pasó a la historia. Hoy tiene presupuesto.

Hijo del pueblo

La biografía del ilustre oaxaqueño debe ser despojada del halo de santidad que la rodea. Su vida es tan intensa que el bronce incomoda porque sobra. No necesita de invenciones o interpretaciones. Juárez salió de su pueblo a los 12 años; a pie cruzó la sierra para llegar a la vieja Antequera, aprendió a leer y a escribir, entró al seminario y lo dejó para estudiar leyes y recibirse de abogado. Una ascendente carrera política –y el apoyo de una brillante generación de hombres– lo colocaron en la presidencia de la república; en diez años de guerra derrotó a los conservadores, a los franceses y a un imperio. Por si fuera poco, sentó las bases del Estado-nación mexicano a través del establecimiento del liberalismo. Por su origen zapoteco y por la terrible condición de pobreza que padecía en su pueblo al nacer –con un futuro sombrío–, su historia parecería, sin más, una epopeya.

El recinto de Guelatao así lo muestra. Pero su solemnidad impide ver con claridad al personaje. Las paredes adornadas con emotivas descripciones del indio que llegó a ser presidente nublan el juicio de los visitantes; lo colocan súbitamente en el altar cívico. Como lo hizo la historia oficial, cuando en sus libros de texto dedicaba páginas enteras a la Reforma, narraba la escena de "los valientes no asesinan", gozaba con la derrota de la "terrible reacción" o se ufanaba con el recuerdo de la princesa de Salm-Salm, que de rodillas imploraba el perdón para Maximiliano, al tiempo que un Juárez inconmovible respondía: "No soy yo quien le quita la vida, es la Patria".

Si existe una epopeya juarista, no se refleja en su lucha contra la adversidad –muchos otros hombres de la generación liberal también "pasaron las de Caín" antes de llegar al escenario nacional. Dentro de la lógica de su credo político –el liberalismo– su gran triunfo fue concebirse como un ciudadano igual a sus contemporáneos, sin importar su origen racial. No cargaba con el estigma del indio sometido, no era autocomplaciente con sus raíces ancestrales. Reconocía que la pobreza, la explotación, la sumisión –ciertamente lacerantes– no eran privativas de sus antepasados, representaban problemas que asolaban a toda la república.

Su ascenso a la presidencia, en enero de 1858, no significó una reivindicación indígena. Frente al golpe de Estado de los conservadores, Juárez buscó restaurar el orden constitucional y reivindicar a la nación, para lo cual defendió el principio básico del liberalismo político contenido en la carga magna de 1857: igualdad ante la ley.

> A través de la Constitución y la Reforma –escribió Justo Sierra en su obra *Evolución política del pueblo mexicano*– veía la redención de la república indígena; emanciparla del clérigo, de la servidumbre rural, de la ignorancia, del retraimiento, del silencio, ése fue su recóndito y religioso anhelo; por eso fue liberal, por eso fue reformista.

La redención de los indios significaba integración. No es un azar que en la mayoría de sus discursos las menciones al mundo indígena sean casi nulas. Los integraba en la palabra nación y buscaba hacerlo en los hechos. La Constitución de 1857 y las leyes de Reforma (1859) tenían esa intención. Y a pesar de que la ley de nacionalización de bienes de "manos muertas" afectó terriblemente la propiedad comunal de los pueblos indígenas –de ahí el apoyo de los indios a Maximiliano–, el problema no era el espíritu de la ley –convertir a los indígenas en propietarios, dueños de un pedazo de tierra, educados sin las ataduras del colonialismo mental y ciudadanos de la república–, sino su instrumentación apresurada –los liberales necesitaban recursos para la guerra–, que puso las tierras en manos de prestanombres y ricos propietarios, sentando así las bases del futuro latifundismo porfiriano.

En una de las paredes del recinto juarista, en la plaza de Guelatao, el visitante lee un fragmento del discurso de Benito Juárez, gobernador del estado de Oaxaca en 1849. Habían transcurrido 30 años desde aquel día de diciembre en que decidió cruzar la sierra y el ciudadano, que alguna vez fue indio, hablaba así:

> Hijo del pueblo, yo no lo olvidaré, por el contrario, sostendré sus derechos, cuidaré de que se ilustre, se engrandezca y se críe un porvenir, y que abandone la carrera del desorden, de los vicios y de la miseria, a que lo han conducido los hombres que sólo con sus

> palabras se dicen sus amigos y sus libertadores, pero que con sus hechos son sus más crueles tiranos.

Y, como una representación genuina del juarismo original –"la instrucción pública es el fundamento de la felicidad social, el principio en que descansan la libertad y el engrandecimiento de los pueblos"– en el Guelatao de don Benito, en donde no había escuelas, hoy se levanta una que respira literalmente libertad. Sobre una pequeña colina desde donde se divisan la sierra y la legendaria laguna del Encanto, sin rejas que limiten el contacto de los niños con la naturaleza, está –por encima de los mitos– la escuela de San Pablo. Juárez cambió la tranquilidad de aquel apacible lugar por educación, y traspasó las fronteras de su pueblo, de su estado y de su patria.

No falta en Guelatao el sitio público donde se lee: "El respeto al derecho ajeno es la paz". Cada letra de la frase más célebre de la historia mexicana está escrita en el muro que, en la plaza, mira hacia el sabino, y ve de frente al monumento oficial –donde ya no queda rastro alguno de la casa de Juárez–, pero que, año tras año, sirve de altar en los homenajes realizados por el gobierno y los miembros de la masonería.

Aunque la conocida máxima es original de Emmanuel Kant –premisa fundamental en su obra *La paz perpetua* (1795), Juárez la inmortalizó casi un siglo después, en el emotivo discurso que leyó el 15 de julio de 1867, al regresar a la capital del país luego del fusilamiento de Maximiliano. Una breve frase –perdida entre párrafos intensos que hablaban de la guerra, de la patria y de la legalidad– trascendió el espíritu del documento por una razón: era una moraleja para los derrotados y el reconocimiento de un principio universal de convivencia entre las naciones.

Ciudadano del mundo

El triunfo sobre la intervención y el imperio otorgó a Juárez una dimensión internacional que ni él mismo pudo concebir, y que ningún otro político mexicano ha logrado siquiera alcanzar. Por fortuna, la historia oficial no fue responsable. No era una invención más. Tenía su origen en el triunfo legítimo de las armas nacionales, porque reivindicaba –en México y Europa– al sistema republicano por encima de la monarquía. "México se ha salvado por un principio y por un hombre –escribió Víctor Hugo a Juárez en junio de 1867. El principio es la República; el hombre sois vos."

Intelectuales, escritores y políticos europeos y americanos se encargaron de difundir su nombre en la historia universal. Juan Prim le aseguraba "la admiración de la Europa liberal"; Giuseppe Garibaldi lo había llamado "veterano de la libertad del mundo"; el Congreso de Colombia estableció que "ha merecido el bien de la América", el gobierno de República Dominicana lo proclamó "Benemérito de las Américas". Se dice incluso que, tras conocer la vida de Juárez, la familia Mussolini bautizó a uno de sus hijos con el nombre de Benito. Pero las palabras que mostraban la estatura histórica de Juárez fuera de México provenían de una extensa carta que Víctor Hugo publicó en periódicos europeos:

> Europa, en 1863, se arrojó sobre América. Por una parte dos imperios, por la otra un hombre. Un hombre, con sólo un puñado de hombres. Un hombre arrojado de ciudad en ciudad, de pueblo en pueblo, de rancho en rancho, amenazado por la infame fusilería de los consejos de guerra, perseguido, errante, atacado en las cavernas como una bestia feroz, acosado en el desierto, proscrito. Ni dinero, ni pan, ni pólvora, ni cañones. Los matorrales por ciudades. Aquí la usurpación llamándose legitimidad; allá el derecho, llamándosele

> bandido. Y un día, después de cinco años de humo, de polvo y de ceguera, la nube se ha disipado y entonces se han visto dos imperios caídos por tierra. Nada de monarquía, nada de ejércitos; nada más que la enormidad de la usurpación en ruina y sobre este horroroso derrumbamiento, un hombre de pie, Juárez y, al lado de este hombre, la libertad.

A miles de kilómetros de Guelatao, en el viejo continente, cerca de Berna, Suiza, se levanta majestuoso un enorme glaciar de 3 454 metros de altura, conocido como el Jungfrau –"la joven mujer"–, considerado como la cima de Europa. La montaña, sin duda, representa la lucha permanente del hombre contra la adversidad: en una hazaña de ingeniería, desde hace un siglo tres vagones y una máquina suben hasta la cima, sitio donde los grados bajo cero rebasan la imaginación. Allí, en la cumbre, dentro del llamado palacio de hielo hay un monumento que honra a "las mujeres y los hombres que lucharon incansablemente por la causa de la libertad del mundo". En medio de una extensa lista, entre Giuseppe Mazzini y John Stuart Mill, como un ciudadano más y sin complejos, asoma el nombre de un mexicano que comenzó su historia en Guelatao: Benito Juárez.

Madero: la revolución de los espíritus

> Nosotros, que nos reímos de Madero y su Espiritismo, prometemos no burlarnos más cuando un espírita se proponga derribar a un déspota de la América hispana.
>
> *The Globe*

La insurrección que recorría el norte del país a finales de 1910 no asustó a nadie. Por su comienzo incierto parecía condenada al fracaso y, ante la distorsionada mirada del gobierno, el jefe de la insurrección era insignificante: lejos estaba de ser un arrojado militar y difícilmente se le podía considerar un caudillo. Era tan sólo un hombre de trato agradable, buen bailarín, algo excéntrico y, como revolucionario, sorprendía su respeto por la vida humana. Su presencia física ciertamente no le favorecía, alcanzaba apenas 1.63 metros de estatura. Su nombre, ya entonces conocido, era Francisco I. Madero.

> El movimiento carece de importancia –declaró a la prensa José Y. Limantour. El jefe de los revoltosos es un hacendado de Parras, a quien juzgo una persona de buena fe, pero un tanto desequilibrado. No hace mucho se creyó apóstol y se dio a predicar el Espiritismo; ahora, atendiendo al consejo del espíritu del gran Juárez, pretende derribar al gobierno y reformar la sociedad.

El ministro de Hacienda de Porfirio Díaz pasó por alto el sentido político o militar de la rebelión, pero tocó las fibras sensibles de la personalidad de Madero, al incursionar en su historia íntima y arrojar una luz sobre el rostro desconocido del levantamiento: las motivaciones espiritistas de don Francisco. ¿Existieron realmente? ¿Influyeron en su decisión de recurrir a las armas?

Los dictados de la Providencia

La doctrina espiritista floreció plenamente en México en el último cuarto del siglo XIX. Provenía de Europa y encontró su mayor arraigo en los estados del norte de la república. A pocos extrañaba la fundación de círculos "espíritas", la publicación de periódicos y revistas especializadas –*Alma, El Siglo Espírita*, *Helios*, *La Sombra de Hidalgo*–, o la organización de congresos nacionales sobre espiritismo. Como doctrina filosófica, gozó de buena aceptación en México hasta muy entrada la década de 1940.

Francisco Ignacio Madero no fue la excepción. A través de la biblioteca de su padre conoció las bondades del espiritismo y desde finales del siglo XIX, establecido en San Pedro de las Colonias, Coahuila, se dio a la tarea de difundir la doctrina. En su propia casa fundó y dirigió el Círculo de Estudios Psíquicos de San Pedro, a donde asistían vecinos y miembros de su familia.

En las tradicionales sesiones de miércoles y sábados, don Panchito –como le llamaban cariñosamente– desarrolló una facultad que le había sido revelada años atrás en un círculo de París: la de médium escribiente. Entre 1901 y 1908, Madero puso en práctica su mediumnidad y, en trance, escribió una serie de textos –los cuales han llegado hasta nuestros días– considerados, por quienes asistían a las sesiones y por el propio Madero, como verdaderos mensajes dictados por espíritus que transitaban por el espacio infinito.

Las comunicaciones espiritistas no tenían nada de sobrenatural. Eran al mismo tiempo una lección de moral y de civismo. De acuerdo con los dictados de la Providencia, Madero debía prepararse física y mentalmente para la misión que le deparaba el destino: liberar al país de la oprobiosa y decadente dictadura porfiriana. Comenzó entonces a disciplinar su cuerpo y a someter sus pasiones. Junto con la formación espiritual dedicó horas a su preparación cívica: leía historia de México, seguía paso a paso el desarrollo de la política nacional, practicaba oratoria y anotaba de manera metódica, siempre en libretas foliadas, sus reflexiones sobre la situación del país.

En una comunicación del 30 de octubre de 1908 –día en que él cumplía 35 años–, Madero parecía estar listo para emprender la lucha:

> Querido hermano: Estás en condiciones de dirigir a los demás, de impulsar a tus conciudadanos por determinada vía cuyo fin verás con la clarividencia de los elegidos. Has sido elegido por tu Padre Celestial para cumplir una gran misión en la tierra. Sobre ti pesa una responsabilidad enorme. Has visto, gracias a la iluminación espiritual, el precipicio hacia donde se precipita tu patria; cobarde de ti si no la previenes. Has visto igualmente el camino que debe de seguir para salvarse. Desventurado de ti si por tu debilidad, tu flaqueza, tu falta de energía no la guías valerosamente por ese camino. Querido hermano: has dado un gran paso en la vida de tu evolución, de donde recibirás la fuerza necesaria para luchar y para vencer.

Dos meses después Madero prendió la mecha democrática que incendiaría al país entero: publicó su controvertido libro *La sucesión presidencial en 1910.* A partir de ese momento, nada volvería a ser igual.

Premoniciones

Algo tenía de premonitorio el espiritismo de Francisco I. Madero. Ciertos elementos de su biografía espírita permiten, a la distancia, descubrir importantes coincidencias para suponer, aun años antes de la revolución, un desenlace como el sucedido en noviembre de 1910.

Hacia 1905, difícilmente se antojaba el comienzo de una revolución formal contra el régimen de don Porfirio. Madero había participado sin éxito en la política local de Coahuila y la mayor parte de su tiempo lo empleaba en sus negocios particulares y en su formación espiritual. Espiritista comprometido, don Panchito solía utilizar el seudónimo Arjuna para firmar los artículos sobre doctrina espírita que publicaba en el periódico *La Cruz Astral* de San Pedro de las Colonias, Coahuila.

Arjuna es el nombre del personaje central del *Bhagavad-Gita*, libro que forma parte de la magna obra de literatura india *El Mahabharata*. Es un noble que antes de entrar en combate pide al dios Krishna que lo auxilie en la batalla y le muestre a su enemigo. Arjuna se sorprende al ver que entre las tropas enemigas se divisan sus parientes y sus amigos. Su dolor es inmenso: en la guerra que se avecina se enfrentarán hermanos de raza. ¿Se veía Madero, desde 1905, en el papel de Arjuna dirigiendo una guerra civil? De las decenas de comunicaciones espiritistas "recibidas" por Madero, destaca una:

> Querido hermano: Te diré que nuestros esfuerzos están dando resultados admirables en toda la República. Defiende en tu libro (*La sucesión presidencial*) los intereses de ese pueblo desventurado. Todo esto, aunque doloroso, contribuye para preparar el desenlace del gran drama que se dará en el territorio nacional, en el año de 1910.

"Casualmente", la comunicación estaba fechada en noviembre de 1908. Dos años después, al comenzar a circular el famoso Plan de San Luis –que convocaba a la rebelión–, quienes pudieron leerlo posiblemente soltaron una sonora carcajada. Algo de ingenuo parecía tener el documento revolucionario que notificaba al gobierno porfirista la fecha y la hora en que debía comenzar la revolución: "He designado –señalaba Madero en el plan– el domingo 20 del entrante noviembre, para que de las seis de la tarde en adelante, todas las poblaciones de la República se levanten en armas".

Ningún otro plan revolucionario en toda la historia de México fijó con semejante precisión el inicio de un levantamiento armado. Sin olvidar la importancia de su contenido político, y considerando que Madero seguía a pie juntillas los escritos espiritistas que por su mano "se escribían", se puede aventurar que el de San Luis es el único plan político de la historia mexicana con un elemento espiritista: el día y la hora para iniciar la revolución. Por lo demás, es un documento con pasiones muy humanas: el poder y la política.

Del espiritismo a la política real

Sin embargo, la lectura de Madero con respecto a sus propias creencias fue diferente. En todo momento le otorgó un sentido cívico, no militar, a los términos "misión", "lucha", "batalla", "triunfo", "sacrificio", que leía en sus comunicaciones espiritistas. Por eso su cruzada enarbolaba la bandera de la democracia y esgrimía el respeto a la libertad. Entre sus alternativas, difícilmente cabía la revolución. El espiritismo era pacifista por naturaleza; no contemplaba la destrucción, sino la permanente creación y evolución del espíritu. "Anhelamos que cese la guerra que ensangrienta esta bella porción del Universo", le exigieron sus compañeros de la Confederación Espírita Mexicana en los meses más críticos del movimiento armado.

El 20 de noviembre de 1910, Francisco I. Madero violentó sus propias creencias y transitó de su espiritismo idealista al campo de la política real, donde se decidían verdaderamente los destinos de la nación. Por eso la revolución representó una tragedia personal, una derrota de la razón. Madero no estaba preparado para andar ese camino y su efímera victoria así lo demostró.

Las contradicciones políticas y sociales de un México dolorosamente desigual –verdaderas causas de la revolución– rebasaron por completo las motivaciones personales de Madero. Con espiritismo o sin él, en 1910 el régimen porfiriano tenía contados sus días. No puede negarse, sin embargo, que su fervor por la doctrina espírita impulsó a Madero, de una manera u otra, a tomar decisiones que en el contexto general contribuyeron a desencadenar una de las transformaciones sociales más grandes de la historia de México.

Poco tiempo después del asesinato de Madero, en febrero de 1913, un espiritista recibió lo que podía ser una comunicación de don Francisco:

> Ya desencarnado, no ha olvidado a su patria... se ha presentado en varios Círculos y en todas sus comunicaciones se encuentra, como tema principal, su perdón noble y grande para los que cortaron esa existencia tan valiosa y que ofrecía tantas promesas para nuestra hermosa causa. Encarece con tanta energía como ternura que enviemos poderosos pensamientos de luz y amor para esos seres; que nos abstengamos de lanzar vibraciones de odio que repercutirían sobre nuestros hermanos todos, que la mejor manera de evitar estéril derramamiento de sangre, es enviar pensamientos de luz para esos pobres seres ofuscados, que son más dignos de lástima que de odio.

Con "I" de Ignacio

A partir del asesinato de Francisco I. Madero, en febrero de 1913, un sinnúmero de leyendas se construyeron en torno al significado de la "I" que lleva su nombre. Para sus detractores, que siempre lo consideraron un loco idealista, la "I" significaba Inocencio; otros, luego de contemplar la cadena de errores cometidos durante su gobierno, le dieron una nueva connotación: Ingenuo. Con el paso del tiempo, la historia oficial se encargó de enterrar su verdadero nombre y casi todas las generaciones que estudiaron la sacrosanta revolución mexicana durante el siglo XX, crecieron con la seguridad de que la "I", de don Francisco, era de Indalecio. En pleno siglo XXI, mucha gente sigue creyendo esta versión, la cual está completamente equivocada.

Don Francisco Madero padre y doña Mercedes González bautizaron a su primogénito con el nombre de Francisco Ignacio en honor al santo de Asís y al fundador de la Compañía de Jesús. Con el tiempo corrió la versión de que al adoptar la doctrina espírita como el motor de su vida (1891), Madero renegó de su segundo nombre por el mal recuerdo que tenía de sus años de estudiante con los miembros de la orden de san Ignacio de Loyola –los jesuitas- en Saltillo, por lo cual adoptó el nombre de Indalecio. Sin embargo, no existe documento alguno que dé sustento a esta versión.

De lo que sí existe prueba documental es de que la "I" corresponde al nombre de Ignacio. En el archivo parroquial del templo de Santa María de las Parras, Coahuila –lugar donde nació el 30 de octubre de 1873–, existe el documento que prueba que Madero fue bautizado bajo el nombre de Francisco Ignacio. Por si fuera poco, el archivo del estado de Coahuila guarda la copia certificada del acta de nacimiento donde se comprueba que la "I" es de Ignacio.

Aunque dadas las circunstancias y debido al triste fracaso del primer régimen democrático mexicano, la "I" ciertamente pudo haber sido de *Ingenuo,* por creer ingenuamente que la clase política mexicana en cualquier momento de la historia podía comportarse a la altura de las graves exigencias del país.

Felipe Ángeles: devorado por la revolución

"Mi espíritu se encuentra en sí mismo" escribió, con la serenidad de los justos, el general Felipe Ángeles cuando el reloj marcaba las seis de la mañana del 26 de noviembre de 1919, hora dispuesta para su ejecución. Soplaba un viento helado –como la muerte–, que recorría la ciudad de Chihuahua. El general caminó tranquilo hacia el pelotón y, de frente a los fusiles, recibió la descarga que cegó en un instante su vida.

La gran tragedia de la revolución mexicana fue haber eliminado a toda una generación de jefes que, por su honestidad, fidelidad a sus principios y alta calidad moral, le habrían dado un rumbo diferente –verdaderamente democrático– al Estado que nacía de la violencia de la guerra civil. La terrible paradoja fue que esta pléyade de hombres –Ángeles, Blanco, Buelna, Diéguez, Murguía– no cayó combatiendo la dictadura porfiriana o la traición de Victoriano Huerta, sino a manos del canibalismo revolucionario, entre emboscadas y traiciones, y en plena madurez. Muy pocos alcanzaron los 50 años de edad. Felipe Ángeles los había cumplido apenas el 13 de junio anterior. Por su incansable actividad, la radiografía de su vida semejaba más la extensa historia de un hombre de cien años y cien mil batallas. De ahí que al escuchar la sentencia de muerte, ni se inmutara; parecía anhelar el descanso eterno. Y, recostado en el catre de su celda, probablemente recordó el camino andado hasta esa noche, la víspera de su muerte.

Un militar humanista

El año 1869 dio testimonio del nacimiento de Felipe de Jesús Ángeles en el modesto pueblo de Zacualtipán, dentro de los límites del estado de Hidalgo. Entre juegos infantiles y horas de estudio, el joven de "ojos grandes, expresivos y fisonomía inteligente" desarrolló dos cualidades que brotaban en él de manera natural: facilidad para la aritmética y devoción por la lectura. Con ambas virtudes, el camino hacia el Colegio Militar se abrió ante sus ojos, y hacia 1898 era considerado el oficial más inteligente y culto del ejército mexicano.

Felipe Ángeles era un militar humanista. Se le veía recorrer los pasillos del Castillo de Chapultepec con su característico "aire meditativo", cargando sus libros y manuales del arte de la guerra, siempre con algún clásico de literatura o del pensamiento universal: Platón, Montesquieu, Rousseau, Maquiavelo, entre muchos otros. "Me encantaba andar en su compañía –escribiría un oficial villista años más tarde– y escuchar sus pláticas, que más bien eran cátedras formidables. Ángeles era una universidad ambulante."

Profesor de matemáticas, balística y mecánica analítica en el Colegio Militar, la gran pasión de su vida fue el dominio de la más científica de las armas: la artillería. En su conocimiento puso el mayor de sus empeños y, como alquimista de la Edad Media, logró fundir las matemáticas con la pólvora para crear un arte. A juicio de Ángeles, el disparo de un cañón no era la burda conjunción de fuego y destrucción, era la ciencia que encontraba su máxima expresión en un tiro parabólico, liberador de ideas y de sueños.

La revolución de 1910 sorprendió al entonces coronel Ángeles en Europa mientras realizaba estudios de especialización en artillería. Solicitó –sin éxito–, permiso para regresar a México a combatir contra los rebeldes. El gobierno porfiriano decidió mantenerlo en el viejo continente, de donde volvió en enero de 1912, en pleno régimen maderista.

Si Francisco I. Madero veía en todos los hombres su propia capacidad para "amar al prójimo" –de ahí su confianza casi ciega, aun en sus enemigos–, su relación con Felipe Ángeles vino a confirmar su fe inquebrantable. Quizá ningún otro personaje de la revolución fuese tan semejante a Madero en términos de humanismo. Don Francisco reconoció plenamente sus virtudes y, además de otorgarle el grado de general brigadier, lo nombró director del Colegio Militar.

Ángeles puso en práctica el humanismo maderista –y personal– en la campaña contra los zapatistas que, desde principios de 1912, sufrían la despiadada crueldad de Juvencio Robles, dantesco personaje de la historia mexicana. Su arribo al estado de Morelos no trajo la paz, pero abrió la posibilidad real de la conciliación. El militar demostró, con creces, que su respeto por la vida humana estaba por encima de la devoción por la guerra.

En febrero de 1913, por un inescrutable designio de la Providencia, Madero bebió el amargo cáliz de la Decena Trágica estando cerca del general Ángeles. Estuvieron juntos varios días; vieron transcurrir las horas lentamente y se percataron de cómo se escapaba la vida entre sus manos a pesar de las promesas de Huerta. Ángeles se conmovió al escuchar el casi imperceptible llanto de Madero, luego de enterarse del brutal asesinato de su hermano Gustavo. Tiempo tuvieron para hablar y tiempo tuvieron para despedirse la noche del 22 de febrero de 1913, cuando Madero y Pino Suárez fueron sacados de la intendencia del Palacio Nacional para ser llevados a la penitenciaría a donde llegaron tan sólo sus cadáveres.

La gloriosa División del Norte

Los últimos instantes del infortunado presidente marcaron para siempre al general Ángeles. A partir de 1913 su discurso sería el maderista apoyado en las armas, pero sólo en casos estrictamente necesarios. Y el primero se presentó al poco tiempo: la revolución constitucionalista encabezada por Carranza vengaría la muerte de Madero, al buscar restablecer el orden constitucional roto por la traición de Huerta. Ángeles comenzó la etapa más gloriosa de su carrera militar al lado de Pancho Villa, haciendo rugir los cañones de la famosa División del Norte.

"¡Qué cosas tan extrañas las de la Revolución! –escribiría años más tarde un oficial villista. El hombre más inculto de México fue el único que supo aquilatar las grandes virtudes y las grandes glorias de Felipe Ángeles." Ciertamente Villa, a diferencia de toda la corte carrancista que repudiaba el origen porfiriano de Ángeles, apreció a su artillero y juntos dieron grandes batallas –Torreón y Zacatecas, entre otras–, que determinaron el curso de la guerra en favor de la causa constitucionalista y la caída de Huerta en julio de 1914.

La influencia de Ángeles sobre Villa, lo que salvó a decenas de personas de morir a manos del Centauro, no fue suficiente para impedir el rompimiento con Carranza y la escisión revolucionaria. Con el país entero otra vez en guerra, Ángeles siguió fiel a la causa villista hasta su derrota en las sangrientas batallas del Bajío en 1915.

El estratega de la División del Norte había recomendado al general en jefe no enfrentar a Obregón en la región central del país sino llevarlo al norte, a terreno conocido. Ensoberbecido por sus casi 35 000 hombres, Villa consideró que al "perjumado" de Obregón podía derrotarlo en cualquier sitio, pero le falló el cálculo: la División del Norte fue destrozada. Ángeles decidió abandonar el país y marchó a los Estados Unidos, de donde regresaría, a finales de 1918, transformado: había decidido cambiar el rugir de los cañones por la voz de la razón.

El nuevo Madero

> Vengo en misión de amor y de paz –comentó Felipe Ángeles a principios de 1919. Vengo a buscar la manera de que cese esta lucha salvaje que consume al pueblo mexicano, unificando en un solo grupo a todos los bandos políticos que existen en la actualidad en el suelo de la república, sin distinción de credos.

Con "la genial caballerosidad y atención que le caracterizaba", el general Ángeles intentó persuadir a Villa de formar una alianza con viejos revolucionarios que se encontraban en el extranjero perseguidos por Carranza, e incluso con el mismísimo "viejo de la barba florida" –como solía referirse a don Venustiano. El objetivo común debía ser la paz de la república y la instauración de un régimen democrático, respetuoso de las garantías individuales.

Los años en el exilio no habían minado la personalidad del general de 50 años. Seguía mostrando su porte distinguido; alto, delgado, sereno, de finas maneras y reservado en sus comentarios; pero se veía cansado, casi abatido. Lo deprimía la situación de la república y el observar cómo la idea democrática de Madero, tras casi diez años de lucha, había sido desterrada del país. México vivía la más pura expresión del canibalismo revolucionario.

Con las circunstancias adversas, Ángeles no tardó en seguir el mismo camino de Madero: el martirio. En su caso fue revestido con fórmulas legales. Víctima de una traición, fue capturado por las fuerzas carrancistas y llevado a Chihuahua para ser sometido a un juicio sumario, cuya sentencia –la pena de muerte– había sido dictada por Carranza desde 1914, cuando Ángeles siguió a Villa tras el rompimiento revolucionario.

El juicio fue una indignante farsa. Periódicos nacionales y extranjeros abogaron por el general; decenas de cartas fueron enviadas a la capital pidiendo el indulto o la conmutación de la pena. Nada conmovió a Carranza, Ángeles debía morir el 26 de noviembre de 1919.

Enterado de la sentencia, el general Ángeles dedicó las últimas horas de vida a su pasión por la lectura. Releyó algunos pasajes de la *Vida de Jesús* de Renán; escribió una breve carta a su adorada Clarita, confiado en que sus hijos, en un futuro no muy lejano, amarían a su patria; se confesó y, con su "espíritu en sí mismo", caminó al patíbulo. En ese lugar, en medio del silencio sepulcral, recibió la muerte. La revolución había devorado a uno de sus mejores hijos.

José Vasconcelos: el ocaso de un intelectual

La metamorfosis

La campaña del 29 fue el último destello revolucionario de José Vasconcelos (1882-1959), su última posibilidad de realizar transformaciones de alcance nacional. A lo largo de su vida no había sido ajeno a ninguna de las categorías del poder, las había intentado todas, pero fracasó tratando de alcanzar la más importante de ellas: la presidencia de la república.

El año 1929 significó el desenlace de una intensa vida política que entretejió con la historia nacional. Se inició incorporándose al maderismo; fue agente confidencial de la revolución en Estados Unidos en 1911 y 1914; ministro de Instrucción Pública en el régimen convencionista de Eulalio Gutiérrez, opositor al carrancismo, rector de la Universidad Nacional, Secretario de Educación Pública en el gobierno de Álvaro Obregón, candidato al gobierno de Oaxaca –elecciones que perdió– y finalmente candidato a la presidencia de la república.

En aquel año cerró el círculo de su vida al regresar al maderismo, pero no como un partidario más, sino encarnando al propio Madero. “Es la hora del destino la que vuelve a ofrendarnos una ocasión salvadora –señaló en uno de sus discursos. Sólo puede librarnos un retorno al programa integral de la revolución.” La democracia, sin embargo, volvió a fracasar, pero en vez de la muerte, Vasconcelos padeció un largo exilio.

Durante su último destierro –el más desgarrador– Vasconcelos sufrió una nueva metamorfosis. Sus principios políticos se trastocaron de tal forma que su identificación con regímenes totalitarios ultraconservadores, como el nazismo, emergió de entre los restos de su maderismo. Hacia mediados de la década de 1930, el ideal democrático en Vasconcelos había desaparecido casi por completo y comenzaba un retorno paulatino hacia el catolicismo inculcado por su madre, aquél que practicó durante su infancia en Piedras Negras.

Su primer y desconcertante acercamiento a lo que había repudiado abiertamente se dio durante el exilio, cuando se reunió con Plutarco Elías Calles en 1936, en San José, California.

¿Nazi yo?

En agosto de 1938, el Departamento del Trabajo de Estados Unidos negó a Vasconcelos la prórroga de su permiso de residencia en territorio estadunidense; la última la había obtenido gracias a la intervención de Calles. Así terminaba un exilio de casi nueve años.

> Expulsado de los Estados Unidos regreso a mi país gustosamente, pero sin compromisos de ningún género y resuelto a continuar la misma tarea que las circunstancias me han impuesto. No vengo a dar excusas ni a sonreír a mis enemigos; ratifico cuanto tengo dicho en relación con los grandes asuntos que amenazan a la patria. Sigo y seguiré a las órdenes del pueblo mexicano por encima de toda consideración de conveniencia o de partido.[1]

Vasconcelos regresó a su tierra en septiembre de 1938 para hacerse cargo de la Universidad de Sonora, la que dejó al poco tiempo, debido a una serie de comentarios y declaraciones sobre la sucesión presidencial y la política mexicana que alteraron el orden público. De todos los sectores de la sociedad de Hermosillo llegaron los ataques. Lo acusaban de "maromero, parlanchín y falsario de sus propios conceptos filosóficopolítico-monetarios", "autodenigrado hasta la saciedad de sus obras" y "reaccionario".

> En México –solía decir Vasconcelos– así se califica a todo el que se opone al gobierno. Acaba uno por sentirse ufano de que le apliquen este epíteto. ¿Quiénes me llaman reaccionario? Los millonarios de la revolución, los políticos terratenientes.[2]

Los insultos provocaron un duelo que no llegó a verificarse. Sin dudarlo, Vasconcelos dejó la rectoría de la Universidad de Sonora. No estaba dispuesto a luchar, estaba cansado.

Desde 1929 –año en que salió exiliado– México había sufrido importantes transformaciones. El sistema político mexicano empezaba su consolidación definitiva. El gobierno sorteó con inteligencia la tensión provocada por la expropiación petrolera y el presidente en turno a comienzos de la década de 1940, Manuel Ávila Camacho, llamaba a la reconciliación de los mexicanos en torno de su política de unidad nacional para hacer frente al conflicto internacional iniciado desde 1939.

La segunda guerra mundial descubrió a un Vasconcelos débil, desconcertante y contradictorio, a un Vasconcelos antítesis de aquél que en 1910 había confiado en la prédica democrática de Madero. Su actitud frente al conflicto bélico y su abierto apoyo al nazismo resultan difíciles de explicar.

El 22 de febrero de 1940 comenzó a circular *Timón*, revista patrocinada por la legación alemana y bajo la dirección de José Vasconcelos. Curiosamente, la revista salió a la luz pública en un aniversario más de la muerte de Madero, el día en que la clase política de 1913 había decidido renunciar a la democracia. Es muy probable que Vasconcelos no pensara en ello; 27 años eran muchos, ya ni siquiera creía en la democracia como una alternativa viable para la sociedad. En la página editorial del primer número de aquella revista, sin la firma del autor, se advierte claramente la pluma de Vasconcelos:

> Se difundió extensamente en los últimos años la creencia de que la sociedad toda se hallaba en crisis profunda, a consecuencia de la cual todo el pasado iba a derrumbarse para no dejar en pie sino el anticristianismo organizado por Moscú en Europa y el liberalismo panamericanista en América... Se habla hoy de la defensa de la Democracia que, se supone amenazada por las Dictaduras totalitarias, como si hace tiempo no la hubieran ya enterrado, el capitalismo en los países dominadores y entre nosotros el militarismo que, al servicio del extranjero, nos ha impuesto instrucciones y opiniones, ideas y gobiernos... Una nueva era surgirá en la historia, a consecuencia de la guerra que se está librando hoy. Y en esa nueva era los pueblos de América hallarán renovada oportunidad para organizarse conforme a su tradición y su sangre, y según sus antecedentes cristianos libres de las imposiciones francas o disimuladas del poinsetismo... Un desenlace que otorgara la victoria a los aliados sería la peor calamidad para los habitantes de este continente. Simplemente nos sumiría en un coloniaje odioso y esclavizante.[3]

Vasconcelos vio en la guerra la posibilidad de redención de la cultura católica y su victoria sobre la anglosajona; el rescate de la cultura hispánica y la idea bolivariana de la unidad latinoamericana. A raíz de su último exilio, no quitaría el dedo del renglón: "¿Qué haría yo si mañana un mago me convirtiese, por un año, en dictador de la América española? Haría lo que Bolívar quiso hacer en la etapa final de su carrera, organizar la Federación Hispanoamericana sobre bases culturales hispánicas y de religión católica purificada".[4]

Timón sólo circuló algunos meses y el 14 de junio de 1940 fue clausurada por órdenes del gobierno. Vasconcelos temía que los aliados ganasen la guerra, el triunfo de la cultura anglosajona, por un lado, y del comunismo antirreligioso, por el otro, significaría, a la larga, la muerte de la civilización cristiana, que concebía como la mezcla del "alma helénica y el milagro judío-cristiano, el derecho de la Roma pagana y la obra civilizadora y religiosa de la Roma católica".[5] Cuando inició la contraofensiva aliada en 1943, su decepción fue grande. Así lo recuerda Alfonso Taracena:

> Un día lo encontré en la Biblioteca Nacional preocupado porque Mussolini había dejado desembarcar yanquis en un islote del Mediterráneo para dar el asalto a la península. Le dije que no se preocupara, que sólo se trataba de un islote habitado por cabras, a lo que el contestó: "Y las cabras encantadas porque desembarcaron cabrones".[6]

Vasconcelos siempre negó su apoyo al nazismo. "¿Nazi, yo?, me río de los que me hacen ese cargo porque soy de los pocos mexicanos que toda su vida han combatido contra las dictaduras. La causa de Alemania me simpatizó porque tenía mucho de liberación de un gran pueblo después de las injusticias de Versalles."[7] Sus artículos en *Timón* demostraban lo contrario.

> Hitler, aunque dispone de un poder absoluto –escribió Vasconcelos–, se halla a mil leguas del cesarismo. La fuerza no le viene a Hitler del cuartel, sino del libro que le inspiró su cacumen. El poder no se lo debe Hitler a las tropas, ni a los batallones, sino a sus propios discursos, que le ganaron el poder en democrática competencia con los demás jefes y aspirantes a jefes que desarrolló la Alemania de la postguerra. Hitler representa, en suma, una idea, la idea alemana, tantas veces humillada antaño por el militarismo de los franceses y la perfidia de los ingleses.[8]

El nazismo no fue ni el último ni el único *affaire* antidemocrático de Vasconcelos. En la década de 1950 fue recibido por Franco en España, Perón en Argentina y Batista en Cuba. Más significativo resultó el caso de Fidel Castro. Cuando asumió el poder, Vasconcelos le envió una carta felicitándolo y aconsejándolo: "No siga usted el ejemplo de debilidad de Madero, sea usted duro; porque si no se lo traga la realidad de un pueblo que no le va a responder".[9]

Regreso al catolicismo

Esta fascinación por las dictaduras y el poder centralizado coincide con el retorno de Vasconcelos a la religiosidad de sus primeros años y a un enclaustramiento personal, espiritual, que cierra lentamente el círculo de su vida. Fue un retorno, no una conversión. "Yo empecé por el Padre Nuestro –decía Vasconcelos– y después de los años, al revisar mis ideas, me encuentro de nuevo en el Padre Nuestro... fue como un 'viaje perdido' por el mundo de la razón."

Empezaba su tránsito final hacia el plano espiritual. Iría del Padre Nuestro al Credo y a los Evangelios. En 1943, Vasconcelos dio un paso más en esta tendencia: tomó el hábito de novicio de la Venerable Orden Tercera de San Francisco.

> Este país fue creado, –decía Vasconcelos– en lo que tenga de valioso para la cultura, por los monjes de la orden franciscana... Sin San Francisco no hubiera sido posible la civilización, la integración de Hispanoamérica... La orden franciscana, reforzada oportunamente por dominicos y los jesuitas... tales fueron los factores que se combinaron para construir esto que fue la Nueva España y hoy es nuestra Patria Mexicana.

Conforme avanzan los últimos años de su vida, aumenta su religiosidad: "En un tiempo profesé el exclusivismo franciscano. Después he comprendido que para la brutalidad de la lucha que hay que desarrollar, es superior San Ignacio; de suerte que he acabado jesuita".[10]

A su juicio, la filosofía era un instrumento imprescindible para tratar de explicar la creación y encontrarle sentido a la vida. Vasconcelos se reencuentra con la religiosidad de su madre, a través de la cariñosa y tierna influencia de su hija Carmen. El regreso al catolicismo converge, en gran medida, con la doctrina espiritual que ejerció durante su época de ministro:

> En realidad no hay diferencia entre mi posición de, por ejemplo, la época en que actué como Ministro de la Revolución y me declaré, una y otra vez, "cristiano a lo Tolstoi", y mi posición anterior, de católico, lo cual equivale a ser mejor cristiano que Tolstoi, y mi vuelta a la verdad ortodoxa.[11]

En una entrevista que fue publicada después de su muerte, Vasconcelos se refería a Jesús:

> Nunca he podido sentir familiaridad con Jesús. No hubiera podido seguirlo como los apóstoles, en el trato sencillo y admiración respetuosa pero a humano nivel. No lo concibo como filósofo o maestro –moralista. Nunca me han atraído los formuladores de máximas, y Jesús no era eso: pero en su etapa humana tuvo que valerse de la voz y el ademán.[12]

En esos últimos años de su vida, Vasconcelos encontró que el "secreto" de la vida, el camino a seguir y cómo seguirlo, se encontraba sencillamente en dos oraciones básicas del catolicismo: el Credo y el Padre Nuestro.

> Todo está contenido en el Credo, en cuanto a la convicción intelectual, y en el Padre Nuestro por lo que hace a la conducta. El Padre Nuestro nos lleva a una filosofía que coincide con Sócrates al reconocer, no sólo que no sabemos nada, sino que además, esto no debe ser motivo de escepticismo sino apoyo de la convicción de que no nos queda otro camino que repetir, con toda sinceridad, el "hágase tu voluntad así en los cielos como en la tierra".[13]

El hombre público y su obra

Vasconcelos combinó su religiosidad con la acción y el pensamiento. En 1941 fue nombrado director de la Biblioteca Nacional y poco tiempo después ocupó la dirección de la Biblioteca México. El reconocimiento como intelectual, como escritor y como filósofo llegó por todos lados: recibió el Doctorado Honoris Causa no sólo de la Universidad Nacional Autónoma de México, sino de las universidades de Puerto Rico, Chile, Guatemala y El Salvador. Y fue miembro fundador del Colegio Nacional y miembro de la Academia Mexicana de la Lengua.

Nunca dejó de escribir. Sus mejores obras son anteriores a 1940, años de mayor actividad e intensidad, la época de gran pasión en su vida. Sin embargo, las que produjo durante los últimos años –*Manual de Filosofía*, *Temas contemporáneos*, *En el ocaso de mi vida* y *Letanías del atardecer*–, ayudan a comprender al hombre que va cerrando el círculo de su vida. Otras permitirían entender al escritor y su muy particular visión de la historia mexicana: *Breve historia de México*; *Hernán Cortés, creador de la nacionalidad*; *Don Evaristo Madero, biografía de un patricio* y *La flama: Los de arriba en la revolución, historia y tragedia*, de donde salieron conceptos que incomodaron al régimen cuyo paradigma, desde la década de 1930, era la revolución mexicana.

No era para menos, Vasconcelos consideraba al movimiento revolucionario como "una porquería". Al traje de charro le llamaba "mexicanidad barata" y, para rematar, declaraba sin empacho: "Sólo a un pueblo mentecato como el mexicano se le ocurre seguir a una puta como la Adelita".[14]

A pesar de todo, su producción periodística fue la más prolífica. Sus colaboraciones en *Todo, Novedades* y otras publicaciones duraron años, no obstante la desazón que esto le provocaba. "Mi día es muy ocupado y rutinario –repetía Vasconcelos–, porque tengo que trabajar para la prensa diaria y esto arruina cualquier vocación filosófica."[15]

¿Su vida amorosa?

Por encima de sus opiniones políticas, sus tareas intelectuales o su vena de escritor, no faltaba quien pusiera el dedo en la llaga al preguntarle sobre las mujeres. "De las cuestiones del sexo he vivido huyéndolas –decía–, pero la gente se fija en las caídas que son siempre profundas y amargas. Como todo el que amó en exceso, he conocido la angustia del deseo, la dicha falsa y la pesadumbre de la desilusión."[16]

Su preclara inteligencia para la filosofía, el arte de la escritura, incluso para la política, contrastaba drásticamente con su debilidad por el sexo femenino. Contrajo nupcias en 1906, pero su vida matrimonial fue un desastre.

> Me lancé a la aventura matrimonial –escribió en *Ulises Criollo*–, que rara vez nos suelta, por más que al iniciarla confiemos en azares que habrán de romperla. Implacable, el apetito sensual cumplía sus

> tareas muy lejos del alma; pero un instinto subyacente, una voz amiga, me revelaba mi desventura, me compadecía en mi caída.

La pasión de su vida fue Elena Arizmendi Mejía, activista y fundadora de la Cruz Blanca, neutral en 1911. Adriana, como la llamó en sus *Memorias*, fue –en sus palabras– el "único botín" que obtuvo de la revolución maderista. Su romance fue breve, apasionado y desgarrador, pero Vasconcelos la describió con toda la fuerza que había desatado en su alma:

> La boca de Adriana, fina y pequeña, perturbaba por incitante... Su andar de piernas largas, caderas anchas, cintura angosta y hombros estrechos, hacían volver a la gente a mirarla. Largo el cuello, corto el busto, aguzados los senos, ágilmente musical el talle, suelto el ademán, estremecía dulcemente el aire desalojado por su paso. Bajo la falda, una pantorrilla gruesa remataba en tobillo airoso, redondo, y empeine arqueado de danzarina. El vientre de Adriana era digno de la esmeralda de Salomé. Deprimido el estómago, adelantado el pubis. Cuando vestía seda entallada, color de vino, su cutis delicado era nácar y oro. Decía de ella la fama que no le se podía encontrar un solo defecto físico.

Después de Elena Arizmendi, Vasconcelos tuvo varios romances pasajeros. Entre los más conocidos destacan sus devaneos con la cantante de ópera Bertha Singerman y con Antonieta Rivas Mercado. Nada serio.

El 14 de marzo de 1942 falleció Serafina Miranda, su primera esposa. Acabó así la tortuosa relación que sólo estuvo unida por el amor hacia sus hijos. Su hija Carmen recuerda:

> Vasconcelos tuvo que alquilar dos camiones para trasladar a toda la gente que fue al velorio de Serafina Miranda. Ella siempre tuvo deseos de ser amada por la gente sencilla. Al descender el ataúd a

> la tierra, Vasconcelos sollozó amargamente. En ese momento debió [de] haber sabido y sentido a quién tenía por esposa; tal vez, ésas fueron lágrimas de arrepentimiento tardío.[17]

Poco después Vasconcelos contrajo matrimonio, por segunda vez, con una mujer 30 años más joven que él, pianista, de nombre Esperanza Cruz, del cual nació un hijo, al que bautizó con el nombre de Héctor. Este segundo enlace fracasó rotundamente, debido a los celos que –por la enorme diferencia de edades– mostraba Vasconcelos, y por la clara y abierta oposición de su hija Carmen al nuevo matrimonio de su padre. Uno de los allegados del maestro, jugando con el nombre de la pianista y la evidente religiosidad de Vasconcelos, alguna vez le dijo: "Pepe, te aferras a la Cruz como última Esperanza". Fue su último "desliz" con las mujeres.

Al igual que sobre religión y política, sus opiniones sobre el amor y la mujer se radicalizaron. Quiso negar sus aventuras, borrarlas de su biografía, buscó la justificación a toda costa.

> Nunca me he sentido culpable de aventuras mujeriles que no presidiera el amor. Eso no es vicio. Nací para ser célibe, y traicioné mi vocación. Las mujeres sólo me han deparado infortunios. Hablé con insistencia del amor porque fui desafortunado. Yo no creo en la eternidad de los lazos sexuales... El amor, por otra parte, cuando se prolonga desemboca en el tedio o en los hijos.

Al respecto, Gómez Arias recordaría:

> Y no se hable de las mujeres, en los últimos años de su vida cambió de idea, y como que hubiera querido borrar muchos de "esos" nombres. Le oí decir una vez: "A mí me tocaron puras putas", [lo] que era una negación de su pasión por la Arizmendi, por Bertha Singerman, por tantas mujeres.[18]

Sólo y único

Al ser un hombre bien administrado, pudo vivir con holgura y tranquilidad su vejez. Vestía de manera sencilla, era un gran *gourmet* y le gustaba ayunar una vez a la semana. Entre sus platillos favoritos estaban los chinos, porque le daban la impresión de que tenían "mil años de preparación".[19]

Era un excelente conversador y le gustaban los chistes. Alfonso Taracena recuerda su afición por los chistes colorados y uno en especial que lo hacía reír largamente:

> Un viajero llega a una posada. "Aquí sólo hay dos lugares donde puede usted dormir: o con la nena o en ese banquito" –dijo el posadero. Pensó el viajero que era preferible el banquito a llenarse de pulgas. Pasó una noche de perros, y a la mañana siguiente, al ver a una muchachona guapetona que servía el desayuno, le preguntó: "¿Usted cómo se llama?". A lo que ella respondió: "A mí me dicen la Nena. ¿Y a usted?" "A mí me dicen el soberano pendejo", concluyó él.[20]

Su afición por una buena botella de oporto –lo consideraba un gran regalo–, jerez, o el degustar algunos trozos de queso, pan y salchicha con vinos generosos, españoles y franceses o un "buen tinto", contrastaba con su desprecio por bebidas como el whisky y el tequila, a las que consideraba "violentas". El café tampoco era de su agrado:

> Es un menjurje maldito inventado por los turcos para estarse imaginando, despiertos, a las huríes del profeta, así que el Sultán les ha robado a todas las mujeres bonitas... bebida negruzca y perversa,

peor que todas las drogas de la farmacia, porque quita el sueño en vez de darlo.[21]

Conforme fue envejeciendo, el recuerdo de aquel doloroso revés de 1929 se reflejó en su carácter:

> Llevo 30 años de predicar en vano –decía Vasconcelos. México es, por ahora, un país envilecido e irredimible. La gente está sorda y muda. Ya no predico. Estoy viejo y enfermo. No necesito mucha reflexión para decir el efecto que me causa la piedad de los que me califican de amargado. Me deja como el que se encontrase de pronto en una sociedad de rateros, en un antro del bajo mundo, entre invertidos y apaches y se oyese compadecer porque no comparte sus perversiones.[22]

Su mayor frustración –presente hasta el día de su muerte– fue que en ningún momento se le reconoció como político:

> ... nunca he querido aceptar honores de carácter un poco ruidoso, porque considero que la ciudadanía de nuestro país no tiene derecho a honrarme como escritor mientras no me reconozca como político. Ni siquiera banquetes de orden amistoso he aceptado, porque está pendiente un acto de justicia con los que murieron en la campaña electoral del 29 y con todos los otros. La conciencia nacional sabe, o debiera saber, que ganamos las elecciones de 1929, y mientras esto no se reconozca públicamente, y quizás oficialmente, no podría yo aceptar ningún honor sin sentir que traicionaba la verdad y la justicia... En consecuencia, si mi país no se decide a honrarme debidamente como político, por temor a reconocer la verdad, prefiero que no se ocupe de mí en ninguna otra forma...

El jardín de la pequeña biblioteca de la vieja casona de la avenida de Las Águilas fue el lugar donde transcurrió la última década de su vida, alternando la lectura y el dictado de artículos con la plática con su pequeño hijo Héctor y sus nietos, cuyas risas y juegos infantiles buscaba y con ellas se extasiaba durante horas. Esto se avenía muy bien con su viejo platonismo, con encontrar al fin un camino sencillo, claro y único para los últimos años de su vida, pero nunca renunció a ciertas "contradicciones" dionisiacas como el vino y la comida, placeres sensuales finalmente.

La religiosidad terminó por imponerse a sus viejos principios políticos. A su juicio, la clase política se había envilecido y Vasconcelos despreciaba al régimen emanado de la revolución. Con la caída de Madero en 1913 y el fraude de 1929, México había llevado su destino por el sendero del autoritarismo y la corrupción. La oportunidad democrática se había esfumado; de ahí que escribiera:

> Si las circunstancias no obedecieron el impulso redentor que a la patria imprimía Madero, peor para todos nosotros y tanto mayor aparece su gloria. Y todavía cuando México se decida a rectificar sus pavorosos yerros, tendrá que tomar el hilo de la patria-regeneración en el punto en que lo dejó Madero.[23]

La muerte llegó el 30 de junio de 1959. Tenía 77 años, padecía de reumatismo y del corazón. Un día antes de morir había leído un diálogo de Platón a su pequeño hijo. Seguía pensando que lo único que valía la pena era releer a los clásicos, volver a Grecia, a Roma, a las fuentes de la cultura occidental. Apasionado, abierto, hombre de acción en su juventud y madurez; descreído, amargado y receloso en su vejez. Alguien lo definió como un individualista feroz, un participante de la existencia como heroicidad.

"Solo y único, de los llamados a guiar", había escrito en sus *Memorias*, al referirse a su misión en la tierra y tal había sido su existencia. Quizá en los momentos en que se acercaba el fin recordó los versos del canto del "Despertar" del *Segundo Fausto*, aquéllos con los que concluyó *La Tormenta*:

> Extinguiéronse las horas crueles. /Huyeron el dolor y la dicha/ curado de tus males,/ saluda el esplendor del día./ Verdes están los valles./ Ondula el grano en las sementeras. /Recobra, peregrino, tu ilusión./ Mientras la multitud yerra indecisa,/ todo puede lograr el alma noble/ que se resuelve a la tarea de construir/ la más útil y noble existencia.

LA PATRIA ES PRIMERO

De la nación, la bandera

Los caudillos se llenaron de patria

La nación parecía desgarrarse irremediablemente. La violencia revolucionaria había tomado vida propia y se escuchaban los clarines llamando de nuevo a guerra. Una última esperanza para la paz se abrió en la ciudad de Aguascalientes en octubre de 1914.

En el teatro Morelos todos los caudillos se llenaron de patria. Para sellar el pacto que debía surgir de las sesiones, antes de iniciar los trabajos de la convención revolucionaria, cada uno de los principales jefes –Villa, Obregón, Ángeles y Villarreal, entre otros– pasaron al estrado y estamparon su firma sobre alguna de las franjas de la bandera nacional, como si con ello quisieran invocar a la patria para atestiguar la trascendencia del momento.

Con el ambiente impregnado del más puro patriotismo, el arribo de la delegación zapatista llevó la pasión al límite de la violencia. Al tomar la tribuna, el conocido intelectual Antonio Díaz Soto y Gama tocó una de las fibras más sensibles de los mexicanos: su respeto a la bandera nacional.

> Aquí venimos honradamente, pero creo que la palabra de honor vale más que la firma estampada en ese estandarte, ese estandarte que al fin de cuentas no es más que el triunfo de la reacción clerical encabezada por Iturbide... Señores, jamás firmaré sobre esta bandera. Estamos aquí haciendo una gran revolución que va expresamente contra la mentira histórica, y hay que exponer la mentira histórica que está en esta bandera.

Enardecido, Soto y Gama tomó la enseña tricolor y se dispuso a romperla frente a todos. La respuesta fue unánime: los revolucionarios reunidos en el teatro Morelos desenfundaron sus armas y cortaron cartucho. La muerte parecía dispuesta a izar la enseña patria sobre el cadáver del zapatista.

¿Bandera de la reacción?

En estricto sentido histórico, Soto y Gama tenía razón. La bandera era de factura iturbidista y como tal debía ser rechazada por los revolucionarios. Pero si la historia oficial liberal había condenado a su creador al infierno cívico –lo hizo con todos los derrotados: Alamán, Santa Anna, Miramón, Maximiliano–, los símbolos patrios en cambio –bandera, escudo e himno-, sin importar su origen y por encima de la lucha de facciones, arraigaron en lo más profundo de la conciencia cívica. Así, en cuanto al himno nacional, hay que destacar la paradoja de que siendo el autor de la música el español Jaime Nunó, y habiendo sido compuesto en plena dictadura conservadora santanista, siga vigente.

Con respecto a la bandera, cabe mencionar que si bien entre 1812 y 1817 las guerrillas de Guadalupe Victoria utilizaron por vez primera una bandera tricolor, al erigirse como jefe del Ejército Trigarante, Agustín de Iturbide tuvo la visión de otorgar a los colores un significado incluyente. En la Villa de Iguala, el 24 de febrero de 1821, el sastre José Magdaleno Ocampo fue el encargado de confeccionar la enseña de las tres garantías. Sus franjas estaban dispuestas en forma diagonal. En primer lugar aparecía el blanco, que simbolizaba la pureza de la religión católica; en el centro se encontraba el verde, que representaba la independencia –color eminentemente insurgente por su devoción a la Guadalupana–; y al final, el rojo, símbolo de unión entre mexicanos y españoles.

Por sus colores, y sobre todo por el significado que el libertador les otorgó, aquella primera bandera se ganó la aceptación de la sociedad. Por un momento, y aunque sólo fuera a través del discurso, bajo la enseña tricolor los habitantes del nuevo país se percibieron iguales, como parte de un todo. A nadie resultó extraño que siete meses después de la creación de la bandera trigarante, la ciudad de México se vistiera de verde, blanco y rojo para recibir al libertador.

> Las casas estaban adornadas –escribió Lucas Alamán– con arcos de flores y colgaduras en que se presentaban, en mil formas caprichosas, los colores trigarantes que las mujeres llevaban también en las cintas y moños de sus vestidos y peinados. La alegría era universal. Puede decirse que el 27 de septiembre de 1821 ha sido el único día de puro entusiasmo y de gozo... que han disfrutado los mexicanos.[1]

Consciente del entusiasmo de la sociedad por la bandera trigarante, el 2 de noviembre de 1821, Iturbide expidió un decreto por el cual se estableció que la bandera nacional "adoptaría perpetuamente" los colores verde, blanco y rojo, en ese orden. Las franjas diagonales fueron modificadas por franjas verticales y se añadió un elemento: un escudo plasmado sobre la parte blanca de la enseña, cuyo origen se remontaba a la época prehispánica y que, con ligeras variaciones, había sido el emblema del pueblo azteca: un águila posada sobre un nopal, devorando a una serpiente.

La idea del águila en el escudo no era original de Iturbide. En 1815, José María Morelos había establecido que la bandera nacional debía tener un "tablero de cuadros blancos y azul celeste" –colores de la Virgen María– y en el centro, un águila mexicana de frente, con las alas extendidas.[2] Iturbide recuperó la idea de Morelos y fundió en la enseña del nuevo país el pasado remoto de México –representado en el escudo– y el futuro de la nación, plasmado en los colores que alumbraban el sendero de la unión y la independencia.

Con el tiempo, y el triunfo del proyecto liberal en 1867, la imagen del libertador fue prácticamente borrada de la historia mexicana. Las sombras del olvido lo confinaron a una pequeña urna en la catedral de México –el mayor símbolo del conservadurismo– y, acusado de reaccionario, fue expulsado del panteón cívico por haber pretendido establecer un imperio. Sin embargo, nadie cuestionó su bandera.

La enseña de la "reacción" pasó la prueba de los años, arraigó en la conciencia nacional y logró ascender en el cielo de la patria para convertirse en su símbolo. "Tres garantías –escribió el liberal Justo Sierra–: 'religión, unión e independencia', materialmente simbolizadas en la bandera tricolor, adoptada por la patria y divinizada por el río de sangre heroica que ha corrido por ella."

Los colores de la patria

En los años que siguieron, los colores de la bandera no variaron. El escudo, en cambio, tuvo ligeras modificaciones que dependían del grupo en el poder. Poco antes del establecimiento de la primera república federal, el 14 de abril de 1823, el Congreso ordenó que se retirara la corona imperial de la cabeza del águila, la que sería vuelta a coronar durante el imperio de Maximiliano (1864-1867). En ocasiones el mítico animal apareció con las alas extendidas, en otras, de perfil, y en algunas más, de frente.

Durante la guerra de Reforma (1858-1861), el águila también tomó partido. Los conservadores la estamparon mirando hacia la derecha; los liberales la hicieron ver hacia la izquierda. En otros periodos, como en la república restaurada y el porfiriato, la discusión giró en torno a colocar o retirar las ramas de laurel, modificar la peña de la que nace el nopal, o decidir si la peña debía estar rodeada de un bordado que representara el lago de Texcoco.

A pesar de los cambios en el escudo, los tres colores fueron invariablemente defendidos y enarbolados por los mexicanos. El pabellón tricolor ondeó frente al intento de reconquista española de 1829, la guerra de los pasteles contra Francia en 1838, la invasión estadunidense de 1846 a 1848 y la intervención francesa de 1862 a 1867. Ni siquiera partidos o facciones en conflicto, como federalistas y centralistas, liberales y conservadores, republicanos e imperialistas, porfiristas y lerdistas, huertistas y revolucionarios, federales y cristeros pensaron en modificar los colores nacidos en Iguala en 1821.

La bandera presenció verdaderos actos de heroísmo individual, como la empecinada defensa de Molino del Rey, el 8 de septiembre de 1847, cuando el capitán Margarito Zuazo, miembro del batallón Mina, se quitó la chaqueta y envolvió su cuerpo con el pabellón mexicano antes de regresar al combate final para caer atravesado por las bayonetas estadunidenses.[3]

También en los momentos de zozobra, cuando la nación parecía caer en el abismo de la desintegración, la bandera se convirtió en un símbolo de esperanza:

> El 31 de mayo de 1863 –escribió Juan A. Mateos– el pueblo armado se dispersaba a defender el suelo patrio de los franceses, llevando consigo el sagrado depósito de nuestra bandera. Sobre aquel estandarte ungido con la sangre de los mártires de la independencia, y en aquellos momentos solemnes, la sombra inmortal de Zaragoza

se alzó con sus sudarios e impuso sus manos sobre la enseña de la patria pronunciando las misteriosas palabras que resuenan aún proféticas en el mundo del porvenir: "Con este signo vencerás".[4]

El símbolo que fue expropiado

Al fundarse el partido oficial, el Partido Nacional Revolucionario (PNR), en 1929, la familia revolucionaria –tan liberal y jacobina–, no prestó importancia al "origen reaccionario" de la bandera; consideró más importante su tradición histórica y lo que representaba dentro del imaginario colectivo de la sociedad mexicana. De ese modo, decidió apropiarse de los tres colores para legitimarse frente a la nación; un partido con el verde, blanco y rojo en su emblema –y además revolucionario– sólo podía "procurar el bien de la patria".

Con el tiempo, el propio partido oficial se asumió como único depositario del pabellón tricolor. En su informe del 1 de septiembre de 1953, Adolfo Ruiz Cortines estableció que era resolución inquebrantable del gobierno acrecentar el "culto permanente a los campeones de nuestra nacionalidad y al símbolo patrio: la bandera nacional". A nadie parecía importarle el frustrado intento de la oposición por reformar la ley electoral para prohibir el uso de sus colores como distintivo de un partido político, "porque el símbolo de la patria debe estar [por] encima de cualquier división de los grupos que la integran".

La historia oficial contribuyó a la legitimación del sistema político mexicano y más temprano que tarde le arrebató a Iturbide la potestad sobre la bandera. En un acto supremo de autoritarismo, y violentando hechos comprobados, el presidente Echeverría decretó que el consumador de la independencia nacional había sido Vicente Guerrero, con lo cual borró la figura histórica de Iturbide. En relación con el significado original de los colores de la bandera trigarante, la situación no fue diferente. Comenzaron a circular versiones señalando que el blanco nunca había significado la religión, ni el verde la independencia y mucho menos el rojo, la unión, como se estableció en 1821. Bajo la más completa manipulación histórica, para el sistema político mexicano el verde sólo podía representar la esperanza; el blanco, "las nieves de nuestros volcanes"; y el rojo, la sangre de los héroes de la historia oficial.[5]

El sistema político quiso consolidar su dominio sobre la enseña nacional y en 1984 entró en vigor la Ley sobre los símbolos patrios, en la que se estableció "solemnemente" el 24 de febrero como Día de la Bandera. La fecha es paradójicamente un reconocimiento tácito al día en que Iturbide promulgó el plan de Iguala –cuyo triunfo derivó en la consumación de la independencia– y le otorgó una bandera a la nueva nación.

Pero, a pesar de la manipulación histórica o los colores de un partido, la enseña nacional –muda protagonista de la historia– ha demostrado que gravita por encima de las pasiones políticas. En un acontecimiento más de su larga historia, el 2 de julio del año 2000 acompañó al presidente Zedillo cuando anunció que después de 71 años de un solo partido en el poder, había llegado finalmente la alternancia presidencial. Para la bandera no era un momento inédito, durante más de 100 años había visto la elevación y la caída de hombres, caudillos y regímenes.

El tiempo ha demostrado que, dentro del sentimiento de nación, por encima de la bandera no existe nada. Más que un símbolo patrio, es un elemento profundo de la conciencia nacional. El propio Soto y Gama lo descubrió frente a las pistolas y carabinas de los revolucionarios reunidos en Aguascalientes. Sus palabras, que comenzaron en el rojo, pasaron al verde y terminaron en el blanco, y corrigió: "Si bien es una bandera de la reacción, el pabellón se santificó con los triunfos de la república contra la intervención francesa". Ya sin dudas sobre la legitimidad de la bandera –y con su vida a salvo–, Soto y Gama también se inclinó, como el resto de los mexicanos, ante sus tres colores.

El otro día de la patria

¿Celebrar el centenario de la consumación de la independencia? ¿Elevar a Agustín de Iturbide al cielo de la patria junto a Hidalgo y Morelos? Y, en un acto de justicia, ¿concederle también la paternidad de la nación mexicana? Parecía una decisión disparatada, propia, tal vez, de la reacción mexicana, de los mochos y "cangrejos" conservadores, pero no de un gobierno revolucionario, progresista y jacobino como el que representaba Álvaro Obregón en 1921.

Algunas voces revolucionarias, alarmadas tan sólo por la idea, recordaron que apenas unos años atrás, en 1914, Antonio Díaz Soto y Gama –intelectual zapatista y en 1921 obregonista– en plena convención revolucionaria había intentado destruir la bandera mexicana, porque con sus tres colores –verde, blanco y rojo– Iturbide, el más reaccionario de los reaccionarios, logró unificar bandos que parecían irreconciliables y alcanzó a consumar la independencia, otorgándole a la Nueva España la calidad de nación libre y soberana. Era imperdonable: la independencia era obra de Hidalgo, Morelos y Guerrero, pero jamás de Iturbide.

Y, sin embargo, la familia revolucionaria, que ya entonces comenzaba su camaleónica vocación, olvidó su jacobinismo y decidió conmemorar el 27 de septiembre bajo una lógica típicamente revanchista: si en septiembre de 1910 el porfiriato había rendido honores a la patria con las fastuosas fiestas del centenario de la independencia, el nuevo gobierno emanado de la sacrosanta revolución no podía ser menos y echó su cuarto a espadas para celebrar el centenario, pero de la consumación de la independencia.

"Aquel centenario fue una humorada costosa", escribiría años después José Vasconcelos. El gobierno de Obregón dejó de lado el significado histórico de la fecha y atendió más a la formas. Aun así, los festejos quedaron lejos de la expectación, el lucimiento y la alegría que recorrió el país en septiembre de 1910. Resultaba lógico: "Nunca se habían conmemorado los sucesos del Plan de Iguala y la proclamación de Iturbide, –escribió Vasconcelos– ni volvieron a conmemorarse después".

En 1921, el gobierno de Obregón tuvo la posibilidad de realizar un acto de justicia, una reivindicación histórica y reconciliar a la nación mexicana –que apenas salía de terrible guerra fratricida–, a través del reconocimiento de una fecha de igualdad como lo había sido el 27 de septiembre de 1821. Pero, lejos de hacerlo, ratificó la sentencia que desde 1823 caía sobre la memoria histórica de Iturbide: estaba condenado al infierno cívico de la historia mexicana. La consumación de la independencia seguiría siendo una fecha más en los almanaques de la historia patria.

Iturbide: de la gloria al infierno

En un acto de legítima justicia, el 19 de julio de 1823, el Congreso declaró beneméritos de la patria a Hidalgo, Morelos, Allende, Aldama, Jiménez, Abasolo, Galeana, Matamoros, a los Bravo, Moreno y a Mina, no obstante su conocido origen español. Y se ordenó el traslado de sus restos a la capital de la república para depositarlos con todos los honores en la catedral.

El Congreso reconoció a casi todos los insurgentes que combatieron en las etapas previas a la consumación de la independencia y, de manera premeditada, cometió un acto de omisión, al negarse a otorgar un reconocimiento en vida, igualmente necesario, legítimo y justo, al caudillo que encabezó la consumación de la independencia. En pocos meses, don Agustín, había palpado la gloria y el infierno.

La fecha, por demás, parecía tener ciertos rasgos premonitoriamente macabros en la biografía de Iturbide. El 19 de julio de 1823 el Congreso le negó para siempre la patria potestad sobre la nación mexicana, que debía compartir con Hidalgo, Morelos y el resto de los insurgentes. Un año después, en otro 19 de julio, el gobierno mexicano consumó la vida del "consumador": sin considerar su papel en la independencia, ordenó su ejecución.

Iturbide jamás se vio a sí mismo como el héroe de héroes. Bajo su imperio, en 1822, el Congreso decretó como días de indiscutible fiesta nacional el 16 y el 27 de septiembre. La primera fecha porque en ella "fue herido de muerte" el virreinato novohispano; la segunda, porque significaba la puntilla final, el tiro de gracia a los 300 años de dominación española.

El 27 de septiembre de 1821, día de gran gozo para todos los mexicanos, fue un momento fundacional, lleno de esperanzas. Marcaba para la posteridad el verdadero alumbramiento de la nación y sólo bastaron tres años para que los odios de partido, la lucha de facciones y la intolerancia borraran de la memoria colectiva fecha tan memorable. Y, como un gran drama histórico, hacia noviembre de 1824, cuando Iturbide ya se encontraba en el infierno cívico luego de ser fusilado el 19 de julio anterior, el exaltado Congreso expidió un decreto que suprimía el 27 de septiembre como "fiesta patriótica", quedando como tales exclusivamente el 16 de septiembre y el 4 de octubre, fecha de promulgación de la primera Constitución de México. La consumación de la independencia había sido suprimida por decreto.

¿Cuándo se hará justicia histórica?

> Nunca se había visto en Méjico –escribió Alamán– una columna de diez y seis mil hombres... El concurso numeroso que ocupaba las calles los recibió con los más vivos aplausos, que se dirigían especialmente al primer jefe Iturbide, objeto entonces del amor y admiración de todos... Los que lo vieron, conservan todavía fresca la memoria de aquellos momentos en que la satisfacción de haber obtenido una cosa largo tiempo deseada, y la esperanza halagüeña de grandezas y prosperidades sin término, ensanchaban los ánimos y hacían latir de placer los corazones.

El mérito de Iturbide –no conseguido por ninguno de los jefes insurgentes– fue lograr que la sociedad novohispana se viera a sí misma como parte de un todo; creyera en la igualdad dentro del espacio común que representaba la nueva nación. Aquel 27 de septiembre, el país de la desigualdad –así llamado por Humboldt– dejaba de serlo y todos se reconocían bajo el mismo gentilicio: mexicanos.

Lejos quedaba la anárquica lucha de Hidalgo y las atrocidades que las tropas insurgentes habían cometido en Guanajuato. Pocos recordaban las disciplinadas y bien organizadas campañas militares de Morelos y su visionario proyecto de nación. Ni siquiera la férrea resistencia del decano de los insurgentes, Vicente Guerrero, era tan importante para opacar al hombre providencial que logró unir a todo el virreinato y llevar a feliz término la lucha comenzada por Hidalgo.

La historia escrita por los liberales en el siglo XIX y por la familia revolucionaria en el XX –en ocasiones tristemente mezquina– no quiso reconocer mérito alguno a Iturbide y ambas coincidieron en minimizar la significación histórica del 27 de septiembre, para establecer de manera exclusiva la no menos importante del día 16. No era una fecha de los vencedores y, por tanto, no merecía un lugar en el calendario cívico oficial.

Pero si la consumación de la independencia no le fue reconocida a Iturbide, los colores que defendía su ejército, el trigarante, paradójicamente se convirtieron con el tiempo en perenne símbolo del nuevo país. La enseña patria fue el único triunfo que Iturbide le arrebató a la historia oficial. Nadie, ni sus enemigos ni sus detractores, pudieron arrebatarle tal honor. A través de los años, voces disonantes se han alzado infructuosamente para reivindicar el verdadero día de la patria y a su infortunado caudillo. A principios del siglo XX Francisco Bulnes escribió:

> Espero que para el Centenario de 2110, dentro de doscientos años, se habrá reconocido que los tres héroes prominentes de nuestra independencia fueron Hidalgo, Morelos e Iturbide. Como los muertos no se cansan de reposar en sus tumbas, Iturbide bien puede esperar algunos cientos de años a que el pueblo mexicano, en la plenitud de su cultura, le reconozca con moderados réditos lo que le debe. Mientras no se honre como debe ser a los verdaderos héroes de la independencia y se llegue hasta suprimir de los homenajes la figura de uno, o algunos de los más grandes, habrá derecho para decir que en las solemnes fiestas patrias... quedó vacío el lugar del primero de los personajes: la Justicia.

Han transcurrido casi 100 años desde que Bulnes escribió exigiendo la reivindicación del héroe de Iguala y el reconocimiento de la fecha que la historia registró como el nacimiento del México libre y soberano. Para desgracia de propios y extraños, como en muchos otros ámbitos de la vida mexicana de finales del siglo XX, la justicia histórica ha sido doblegada por la impunidad histórica. ¿Tendrán que transcurrir otros 100 años antes de que Iturbide descanse en el seno de la patria como uno más de sus hijos? ¿Será hasta el año 2110 cuando la historia mexicana esté por encima de los odios de partido y las verdades absolutas? ¿Llegará el momento en que el 27 de septiembre sea reconocido como el día de la patria?

El propio don Agustín, desde su exilio en Liorna, Italia, vislumbró que el juicio de sus contemporáneos y de futuras generaciones podría ser tan adverso que concluyó sus memorias escribiendo: "Cuando instruyáis a vuestros hijos en historia de la patria, inspiradles amor al primer jefe del ejército trigarante, quien empleó el mejor tiempo de su vida en trabajar porque fuesen dichosos".

La patria recobrada

El día de la patria

Septiembre parecía estar marcado por la fatalidad. Los indescifrables designios de la Providencia jugaban a confabularse con la adversidad en contra de la nación mexicana. Un ejército invasor mancillaba nuevamente el suelo nacional, la tierra de los padres, la que proveía de vida y albergaba en la muerte, la que guardaba la memoria histórica y todos conocían con el nombre de Patria.

Por segunda vez, en su corta historia de nación independiente, en el día de la Patria el pabellón tricolor ondeaba asido a una humillante asta: la bayoneta de un ejército invasor. Muchos recordaron entonces el oprobioso mes de septiembre de 1847, cuando las tropas estadunidenses arriaron la bandera mexicana para izar la de barras y estrellas que sobre el Palacio Nacional saludó al valle de Anáhuac, el mismo día en que México recordaba el inicio de la revolución de independencia. Dieciséis años después no eran los estadunidenses sino los franceses quienes violentaban la fecha cívica más importante de la historia mexicana.

Transcurría 1864. El mes de septiembre de los años anteriores había dejado muy malos recuerdos. Así, en 1862, Ignacio Zaragoza, el general que venció el 5 de mayo a los franceses en Puebla ganando un día de gloria en favor de la patria, falleció víctima de tifo. Un año después, el ejército de Napoleón III, dueño de la ciudad de México, presenció extrañado cómo los conservadores se atrevían a celebrar la independencia nacional cuando los uniformes del ejército francés estaban salpicados con sangre mexicana. En 1864 la situación no parecía mejorar: el 28 de mayo desembarcaron en Veracruz Maximiliano y Carlota, y en septiembre el emperador decidió pasar las fiestas de "su nueva patria" en el pueblo de Dolores, cuna de la independencia, "rindiendo honores" a Miguel Hidalgo.

Las condiciones no podían ser menos propicias para el gobierno republicano. Luego de enterarse de la rendición de Puebla en mayo de 1863, y la consiguiente destrucción del ejército nacional que defendía aquella plaza de los franceses, el gobierno de Benito Juárez decidió abandonar la ciudad de México. Comenzó entonces su legendaria peregrinación por los confines del territorio nacional. Por momentos, la patria sólo ocupó un pequeño y modesto carruaje negro, escoltado por algunos soldados y perseguido por el ejército francés que, con paso firme, avanzaba sobre las principales ciudades del país. Como lo había augurado tiempo atrás Melchor Ocampo, la nación estaba en peligro.

Durante varios años –de 1862 a 1866–, las fiestas cívicas que conmemoraron el inicio y la consumación de la independencia –16 y 27 de septiembre– se cubrieron de luto con un manto de dolor y tristeza teñido de sangre. La situación parecía irremediable, pero en aquel septiembre de 1864 la patria se levantó nuevamente.

Era la patria de todos. En su seno recogía la nobleza indígena, la valentía de Cortés, la caridad de los primeros franciscanos, el orgullo nacionalista de los jesuitas criollos y la decisión de Hidalgo, Allende, Aldama, Morelos, Guerrero, Bravo, Victoria e Iturbide, que con diferentes motivaciones personales decidieron abrazar una causa común: la independencia. Desde 1810 las generaciones quedaron marcadas por aquella fecha.

Bajo el auspicio de Ignacio López Rayón –intelectual insurgente que había tomado el mando del movimiento luego del fusilamiento de Hidalgo y sus compañeros– septiembre de 1812 registró la primera celebración del "grito de Dolores" con una pequeña ceremonia cívica. Un año después, en plena guerra, Morelos presentó al Congreso de Anáhuac el documento *Sentimientos de la nación*, en el cual propuso

> que... se solemnice el día 16 de septiembre todos los años como el día aniversario en que se levantó la voz de la independencia y nuestra santa libertad comenzó, pues en ese día se abrieron los labios de la nación para reclamar sus derechos y empuñó la espada para ser oída.

Ni en los momentos en que el país frisaba los límites de la desintegración, la anarquía y el caos; ni en medio de guerras civiles y dictaduras que azotaron al México independiente durante décadas, el día de la Patria dejó de celebrarse:

> El 16 de septiembre –escribió Justo Sierra a finales del siglo XIX– fue desde entonces [1810] una festividad nacional. Jamás ha dejado de serlo. Se han aumentado o suprimido otras fiestas patrióticas; pero ningún gobierno, ni el del imperio acaudillado por Iturbide, ni los que han buscado el apoyo de la antigua España, ni el segundo imperio, se han atrevido a arrancar esa fecha de los fastos mexicanos que el primer acto de la voluntad de la nación declaró sacrosanta.

La fecha se convirtió en un símbolo. Por un instante, por un solo momento la independencia hizo a todos los hombres iguales en un sentido tan amplio que el único elemento que podía llevarlos a la desigualdad –como escribió Morelos en 1813– era el vicio o la virtud. La nobleza de la nación no radicaría en los títulos nobiliarios o en las propiedades sino en el saber, el patriotismo y la caridad.

En 1821 Agustín de Iturbide comprendió las implicaciones políticas de enarbolar la causa de la independencia a través de la igualdad y convocó a todos los habitantes de la Nueva

España a contemplarse a sí mismos bajo un gentilicio común. Ya no se hablaría de castas, peninsulares, criollos o mestizos; desde 1821 todos serían americanos.

El manto de la nueva patria era tan extenso que abarcaba los poco más de 4 000 000 de kilómetros cuadrados de territorio y en él a todos sus hijos. El júbilo se desbordó. Al menos por un día todos fueron iguales. Un día de júbilo y alegría. Era la patria que al fin se llamaba mexicana.

La segunda guerra de independencia

Las pocas noticias recibidas por el gobierno republicano en septiembre de 1864 eran desoladoras. Según algunos informes, después de la fría recepción que el pueblo veracruzano había brindado a sus majestades imperiales, Puebla y México se habían entregado por completo ante Maximiliano y Carlota.

La esperanza de la nación descansaba en los restos del ejército mexicano que, invadido por el desánimo, se agrupaba en guerrillas y combatían aisladamente en diversos puntos del territorio. Se estaba peleando la segunda guerra de independencia.

El día de la Patria de 1864, el modesto carruaje negro hizo alto en una inhóspita región de Durango, cerca de los límites con Chihuahua, llamada la Noria Pedriceña. Sus ocupantes, Juárez, Prieto, Iglesias y Lerdo de Tejada decidieron buscar un lugar donde pasar la noche. Empezaba a soplar un viento frío sobre aquel desértico paisaje; se encendieron algunas fogatas y se habló poco. Fue la propia adversidad la que propició una de las celebraciones patrióticas más emotivas del siglo XIX.

> Los aniversarios comunes de las fiestas de la independencia –escribió José María Iglesias– tienen necesariamente algo de rutina. A seme-

janza de lo que ocurrió en el humilde pueblo de Dolores la noche del 15 de septiembre de 1810, el 16 de septiembre último [1864] vio congregados [a] unos cuantos patriotas, celebrando una fiesta de familia, enternecidos con el recuerdo de la heroica abnegación del padre de la independencia mexicana, y haciendo en lo íntimo de su conciencia el solemne juramento de no cejar en la presente lucha nacional, continuándola hasta vencer o sucumbir.

La noche había caído y sólo se escuchaba el crujir de la madera que se consumía entre las llamas de las fogatas. Reconocido por sus dotes oratorias y su excelente pluma, alguien sugirió que Guillermo Prieto elevara una oración para evocar la gloriosa jornada de 1810.

La patria es sentirnos dueños de nuestro cielo y nuestros campos, de nuestras montañas y nuestros lagos, es nuestra asimilación con el aire y con los luceros, ya nuestros; es que la tierra nos duele como carne y que el sol nos alumbra como si trajera en sus rayos nuestros nombres y el de nuestros padres; decir patria es decir amor y sentir el beso de nuestros hijos... Y esá madre sufre y nos llama para que la libertemos de la infamia y de los ultrajes de extranjeros y traidores.

En sus palabras se combinaron las imágenes del tiempo, el paisaje mexicano, su historia, la época prehispánica, la colonia, la independencia y el primer imperio, las guerras y los conflictos internacionales y en todo momento, a pesar de las pruebas, la Providencia había concedido a la patria salir airosa de la adversidad, y la guerra contra la intervención y el imperio no sería la excepción.

El 16 de septiembre fue llamado por la historia, y con razón, el día de la Patria. Ese día es no sólo el del recuerdo de Hidalgo y su estandarte de la Virgen de Guadalupe, de Morelos y los *Sentimientos de la nación*, de Iturbide y la consumación de la independencia; sino el del reconocimiento de todo lo que fue conformando a la patria que nació en 1821, nutrida con su pasado prehispánico y colonial, su presente insurgente y su futuro independiente. Muchos creyeron en ella aun en la adversidad y pensaron que momentos como 1847 o 1864 podían superarse. Sus palabras resultan vigentes:

> Basta que no se desespere de la salvación de la patria –escribió Lucas Alamán –, para que se trabaje con empeño en procurarla. Las desgracias que ella ha experimentado, los desaciertos que se han cometido... no deben abatir el ánimo ni abatir las esperanzas de los que aman a su país. Todas las naciones han tenido épocas de abatimientos; pero la constancia en la adversidad, la prudencia de los gobiernos y la ilustrada cooperación de los ciudadanos, las han salvado de situaciones que parecían irremediables, y las han elevado después al colmo del poder y de la gloria.

Los padres de la patria

Desde el pedregoso camino, al pie de la sierra, era imposible divisar Juchipila, pueblo zacatecano donde la familia Robles Villegas había echado raíces. Aquel atardecer soleado de marzo de 1913, don Crispín, el joven jefe de familia, detuvo su caballo –un hermoso garañón de nombre Flor de Durazno– y ordenó a sus hijos, Ramiro de 12 años y Alfredo de 9, desmontar. Él hizo lo propio con Luis, el más pequeño, a quien cariñosamente llamaban Güi.

Entusiasmados, los niños se colocaron alrededor de su papá, sin imaginar siquiera que aquélla sería una conversación "entre hombres". Mientras atusaba su gran bigote, aquel señor de 36 años, comenzó a narrar una historia que, al llegar a los oídos de los niños, se convertía en un cuento, donde uno tras otro desfilaban los personajes: Porfirio Díaz, un viejo dictador; ejércitos enteros luchando entre sí; pistolas, rifles y cananas y al final un hombre de corazón puro llamado Francisco Ignacio Madero, que había liberado al pueblo mexicano. Más interesado parecía don Crispín contando lo sucedido en la reciente revolución que sus hijos en escucharlo. Niños, finalmente, perdían su atención en el laberinto de sus propios sueños.

> Donde sí pusimos mucha atención –escribiría Alfredo años después– fue cuando papá comenzó a relatar la forma cruel e infame en que acababan de ser asesinados los señores Madero y Pino Suárez, no sólo a tiros, sino acribillados a puñaladas y arrastrados como malhechores, por los esbirros del bestial y traidor Victoriano Huerta.

Luego de concluir su relato, don Crispín preguntó a sus hijos: "¿Verdad que tales hechos deben ser castigados?" "Sí, papá" –contestaron los niños visiblemente impresionados. “¿Verdad que es una villanía la que han cometido esos malvados?” –inquirió de nuevo el padre, obteniendo por respuesta un ademán afirmativo–. “¿Verdad que esos crímenes reclaman venganza de los hombres honrados? –cuestionó por última vez don Crispín– y en esa ocasión sólo uno respondió: “Sí, papá; pero ya vámonos... ya se hizo de noche y estamos lejos de la casa”.

Tardarían en comprenderlo. Aquella conversación era una despedida formal. El padre decía adiós a sus hijos. Días después, el 15 de abril, Crispín Robles dejó a su familia, tomó su rifle, ensilló su magnífico caballo y se levantó en armas.

La revolución mexicana no fue el único momento donde se pusieron a prueba los lazos filiales, en ocasiones dolorosamente rotos por el destino. Desde tiempos inmemoriales, la paternidad ha sido un tema recurrente en la historia de México. Si la madre sale a relucir con frecuencia cotidiana, la invocación al padre, no lo es menos. Célebres se volvieron frases como: “aquí está su padre...”; “porque soy tu padre, por eso”. De la época revolucionaria se recuerda el breve, pero siempre paternal diálogo, que anunciaba el inminente inicio de un tiroteo: “¿quién vive?” –preguntaba el centinela–. “¡Tu padre, güey! ¡Viva Villa!” –respondían los rebeldes y comenzaban a tronar los fusiles.

En la galería de personajes de la historia, varios tienen argumentos suficientes para reclamar la patria potestad sobre la nación mexicana. Para los supuestos reaccionarios, el verdadero padre de la patria, fue Hernán Cortés, forjador de nuestra nacionalidad, como lo llamó José Vasconcelos. Los liberales del siglo XIX pensaban lo contrario, optaron por enviarlo a los mismísimos infiernos de su sagrada historia y reconocieron la paternidad del cura Hidalgo, no por la prole que dejó –es lo de menos– sino porque “hirió de muerte al virreinato”, al hacer fecundar una idea de la que nació una patria.

Con los "ires y venires" de la convulsionada historia política, algunos gobernantes se asumieron "padre de todos los mexicanos". Al borracho, parrandero y jugador Antonio López de Santa Anna, el pueblo, como abnegada esposa, todo le perdonó. Autoritario pero justo, don Benito castigaba con la ley. Severo, pero nunca cruel, don Porfirio fue "farol de la calle y oscuridad de su casa". Paternalista, sobreprotector y siempre al pendiente de sus hijitos: *tata* Lázaro. Mentiroso, deshonesto y cínico: el PRI, único e irresponsable padre institucional capaz de corromper su propio hogar. En todos los casos, "sus hijos" –los mexicanos– han cuestionado en mayor o menor medida la autoridad, buscando su libertad lejos de la dañina sombra paternal.

¿La familia o la patria?

La Providencia, el destino y la historia jamás respetaron las relaciones entre padres e hijos. Hubo padres que, huyendo de una difícil situación familiar, optaron voluntariamente por incorporarse a otro escenario con alcance nacional. Hubo hijos que, al no soportar a sus padres, tomaron las armas e hicieron carrera. En ciertas circunstancias ambos combatieron juntos; en otras, las despedidas fueron tristes e irremediables. Muchos padres de los hombres que descansan en el panteón cívico de la patria sobrevivieron a la muerte de sus hijos y muchos hijos mancharon la memoria de sus padres.

Con su hijo a cuestas, Morelos llevó a cabo buena parte de sus campañas militares. Para el joven Juan Nepomuceno Almonte su padre era verdaderamente un héroe, y orgulloso lo acompañó en el sitio de Cuautla y otras batallas hasta que la situación militar le fue adversa. Morelos decidió no exponer más la vida de Juan –probablemente pensó en el sufrimiento de Ignacio Allende, al presenciar la muerte de su hijo, que acompañaba a Hidalgo cuando fue capturado en 1811. Práctico en sus decisiones, no quiso beber del mismo cáliz y en 1815 envió a su hijo a Estados Unidos. No lo volvió a ver, pero su decisión fue acertada: establecido en Nueva Orleáns, Juan Nepomuceno Almonte recibió la noticia de que su padre había sido fusilado el 22 de diciembre de 1815.

Una pregunta ha gravitado eternamente en la conciencia individual de aquellos hombres –padres e hijos– que se involucraron en los asuntos de la nación: ¿la familia o la patria? En 1819, Pedro Guerrero suplicó a su hijo Vicente aceptar el indulto del virrey y renunciar a las armas. Nada conmovió al general insurgente, ni siquiera el ver a su padre arrodillado y con lágrimas en los ojos. Su respuesta fue contundente: "Compañeros, este anciano es mi padre; viene a ofrecerme el perdón de los españoles. Yo siempre lo he respetado, pero mi patria es primero".

Tiempo después, Benito Juárez asumió el mismo principio y lo llevó hasta los límites de su propia resistencia. Por algún tiempo pudo gozar de su numerosa familia. A pesar de su rostro casi inconmovible y de la aparente dureza de carácter, era un buen esposo y tierno padre. No heredó a sus descendientes bienes materiales, sino algunas notas que tituló *Apuntes para mis hijos*. Más que una serie de recuerdos, les dejó un manual para la vida: su ejemplo.

El destino lo puso a escoger y, llegado el momento, don Benito optó por la patria. Durante los intensos años de la guerra de Reforma y el imperio de Maximiliano, cinco de sus 12 hijos perdieron la vida en medio de las carencias económicas, del exilio familiar, y alejados de su padre. "No sé cómo puedo soportar tanto pesar que me agobia", escribió al recibir la noticia de la muerte de su hijo Pepe. Y en la soledad de su tristeza la patria lo cobijó.

La opción entre la fortuna o la nación ha sido otra variable en las historias de los padres. Evaristo y Francisco Madero se sintieron desfallecer cuando en una comida familiar escucharon a su nieto e hijo, Francisco Ignacio, hablando de la necesidad de establecer la democracia en México, lo cual suponía enfrentarse al dictador vitalicio. Para Madero, el apoyo familiar en su cruzada democrática lo era todo. Sin importarle la abierta oposición de su padre y abuelo –quienes veían amenazada la fortuna familiar– invariablemente los trató con respeto y tolerancia, e intentó convencerlos de que una causa justa debía de triunfar porque representaba el bien. "Es la lucha entre un microbio y un elefante", dijo alguna vez el abuelo Evaristo. Es probable que su nieto llegara a pensar lo mismo, pero quizá también reflexionó que los microbios producían infecciones y las infecciones podían acabar con los elefantes.

Pese a las advertencias, pudo más la tenacidad y, con el apoyo incondicional de sus hermanos y el respaldo a regañadientes del padre y del abuelo, Madero se lanzó a la lucha abriendo una luz de esperanza para el pueblo mexicano –sueño que terminó en poco tiempo. Su fracaso fue costoso; significó décadas de atraso político y social para la nación entera; el desmoronamiento absoluto de la inmensa fortuna familiar –como lo temía su abuelo– y su propia vida. En la desolación de la muerte, Francisco Madero debió pensar que su hijo se había equivocado al medir a todos los hombres con la misma vara y hasta el final de sus días procuró llevar en su memoria el recuerdo de aquella sonrisa de apóstol que tantas almas había conquistado.

A los revolucionarios poco les importaban los lazos familiares. Pancho Villa se asumía como el padre de todos o, al menos, eso decía. De cualquier modo, no fueron fortuitos sus ocho matrimonios y decenas de hijos. Por su parte, Emiliano

Zapata, desde niño, había prometido a su padre "hacer que nos devuelvan las tierras" y moriría en el intento.

Cuando Emiliano olía traición en el ambiente, tampoco respetaba a nadie, ni a padres ni a hijos. En 1913, Victoriano Huerta y Pascual Orozco tuvieron la ocurrencia de enviar un emisario a Morelos para persuadir al caudillo del sur de que se uniera a ellos. Muy confiado llegó el enviado de Huerta a territorio zapatista y pronto fue devuelto en una caja de madera. De un tiro, Zapata había hecho huérfano a Pascual Orozco. El cadáver de su papá era un mensaje de que el caudillo no pactaba con traidores. Para desgracia del caudillo suriano, la mayor traición a sus ideales vino de su propio hijo, quien, años después, se vendió al sistema político mexicano por unos cuantos pesos.

Eterna despedida

En el anecdotario relativo a los padres no faltan las ingeniosas frases que ponen en alto el reconocimiento al jefe de familia. Manuel González, apodado "El Manco", era compadre de Porfirio Díaz y el más fiel de todos los hombres que lo rodearon a lo largo de su vida. Esto no le impidió a don Porfirio humillarlo veladamente, inducir ataques de la prensa contra su integridad moral y financiar una guerra de calumnias en los años en que fue presidente de México (1880-1884). A pesar de todo, don Manuel le devolvió la silla presidencial a su compadre y continuó siendo su amigo incondicional. Al morir, Fernando González resumió la vida de su padre: "Tenía un solo brazo, pero de hierro y una sola mano, pero de amigo".

Hasta los temibles caciques surgidos con la revolución guardaron paternales recuerdos. Gonzalo N. Santos –el "pelón tenebroso"– fue durante décadas amo y señor de la Huasteca potosina. Mataba sin dudarlo y su calibre podía calcularse con sólo escucharlo decir: "la moral es un árbol que da moras o sirve para una chingada". Y, sin embargo, en sus *Memorias* refirió una conmovedora anécdota con su padre.

Pedro Antonio Santos tuvo la desgracia de caer en manos de un oficial de apellido Vargas Huerta que ordenó su ejecución. Tiempo después, Gonzalo se enteró de la captura del asesino de su hermano y, en un audaz movimiento, lo sacó de prisión y lo fusiló; recogió las balas que habían atravesado el cuerpo y, como un trofeo, decidió entregárselas a su padre, quien seguía pensando en su hijo Pedro Antonio. Al observar las balas detenidamente, tan sólo suspiró: "si mi hijo resucitara con su venganza, bienvenida la venganza, pero mi hijo no va a resucitar". La escena fue muy emotiva, y Gonzalo N. Santos escribió: "Le di un abrazo y un beso en la frente a mi padre y le dije. 'Ya nos vamos hacia el sur a combatir'. Me dio la bendición, cosa que nunca había hecho antes, y me dijo: "Mañana cumples 18 años, Dios quiera, la Patria y la Revolución que dures mucho, cuídate pues eres muy valiente, fogoso y joven". La escena no era nueva, una más entre cientas que desde siglos atrás se repetían cotidianamente y, sin embargo, para la familia Santos era una despedida dolorosa y quizá definitiva.

La historia mexicana podría comprenderse de otra forma a través de las intensas, brillantes y amargas experiencias entre padres e hijos. Hidalgo, Morelos, Juárez, Díaz, Santos, finalmente historias personales que atestiguan el andar de miles de hombres hacia un destino que traspasó los pequeños límites familiares, rompiendo lazos y uniendo otros, buscando un escenario mayor, donde la palabra "padre" logró mezclarse con las raíces más profundas de la historia y con las voces de los antepasados para devolver a la patria su sentido original y reconocer en ella la "tierra de los padres".

La bravura femenina

Por un sepulcro de honor

"Estoy aquí por haber hecho caso a mi esposa", confesó apesadumbrado Maximiliano, que junto con Miramón y Mejía esperaba el momento de su ejecución. "Nada tiene que lamentar Su Excelencia –respondió el general Miramón–, yo estoy aquí por no hacerle caso a la mía".

La anécdota revela que junto a la historia "conocida", la de héroes y antihéroes, cielos de la patria e infiernos cívicos, –donde los hombres parecen ser protagonistas únicos– camina una historia paralela, diferente, llena de sentido común y determinante para la nación mexicana: la historia femenina.

El panteón cívico de la patria concedió graciosamente algunos pedestales, sin lugar a duda bien ganados: Josefa Ortiz de Domínguez, Leona Vicario, Margarita Maza, Carmen Serdán, entre las más representativas. Pero fue al mismo tiempo injusto, al arrojar al anonimato a muchas otras, intelectuales, políticas, activistas y guerreras, en cuyo "sepulcro de honor" sólo alcanza a leerse la palabra: "desconocida".

En el siglo XIX muchas hicieron relucir sus espadas por la independencia, en la defensa del territorio nacional o en las guerras entre liberales y conservadores. Las hubo insurgentes: Rita Pérez, llamada la Generala Moreno, se encargó de administrar los recursos del fuerte insurgente El Sombrero. En los años más cruentos de la lucha perdió dos hijos en combate, a una hija, fusilada por negarse a intercambiar prisioneros con el ejército realista, y a un bebé recién nacido. Quizá su único consuelo fue presenciar el triunfo de la independencia.

Manuela Rafaela López Aguado, casada con Andrés López Rayón y viuda desde 1810, se adhirió a la causa insurgente junto con sus cuatro hijos. En diciembre de 1815 uno de ellos, de nombre Francisco, fue aprehendido y doña Manuela recibió un ultimátum: si no persuadía a sus hijos para deponer las armas, lo fusilarían. "Prefiero un hijo muerto que traidor a la Patria" fue su estoica respuesta. En los últimos días de diciembre, Francisco fue pasado por las armas.

"Con su escolta de rancheros/ diez fornidos guerrilleros/ y en su cuaco retozón/ que la rienda mal aplaca/ Guadalupe la Chinaca/ va a buscar a Pantaleón/. La célebre poesía de Amado Nervo "Guadalupe la Chinaca" es el más atinado retrato de la bélica bravura femenina ante la nación invadida. Agustina Ramírez podría ser la representación ideal de la "patria encarnada"; mujer originaria de Sinaloa, apoyó la causa de la República junto con su familia, y la guerra contra los franceses le cobró cara su heroicidad: perdió a su marido y a sus 12 hijos.

Llamada la Heroína, Soledad Solórzano apoyó a los guerrilleros republicanos de la región de Michoacán, prestando auxilio a heridos. Capturada por los imperialistas belgas, fue colocada al frente de la trinchera para impedir el asalto guerrillero sobre Tacámbaro y, a pesar del embate, salió con vida. Años más tarde, en su poema *Primero es la Patria*, Juan de Dios Peza pasaría lista ante el sepulcro de doña Soledad.

Algunas otras mujeres no tomaron las armas, pero su cercanía con el poder determinó en México la elevación del segundo imperio. La emperatriz Eugenia de Montijo con su idea de establecer una civilización latina en América –de ahí el término Latinoamérica – y Carlota Amalia con su sueño de gobernar "el imperio más hermoso del mundo" influyeron en las decisiones políticas de sus esposos: Napoleón III y Maximiliano de Habsburgo. Quizá en el cerro de las Campanas el infortunado emperador recordó las palabras de Carlota cuando pensaba abdicar: "mientras haya un pedazo de tierra, habrá un imperio," al tiempo que su inerte cuerpo caía en tierra.

Al iniciar el siglo XX, las mujeres cambiaron la espada por el activismo, la fundación de clubes políticos, las letras y la cultura, como Elena Arizmendi, fundadora de la Cruz Blanca, o la maderista María González. Los asuntos femeninos no se reducían a ser "buenas esposas" o "madres responsables". Para la historia resulta difícil imaginar a Mercedes González, la madre del presidente Madero, aconsejándolo: "...No andes con contemplaciones, imponte un poquito, porque si no tendremos que batallar... hay que quitar a Huerta... está haciendo la contrarrevolución". El propio presidente desoyó los desinteresados pero sensatos consejos maternos y terminó sus días víctima de una traición a manos de Victoriano Huerta.

Con la revolución en marcha, las mujeres no vacilaron en llevar al hombro las pesadas 30-30, infiltrarse en los campos enemigos como las célebres espías constitucionalistas que, en más de una ocasión, denunciaron los turbios negocios de los generales revolucionarios, o protestar por la dictadura y la represión, como María Arias Bernal, María Pistolas, a quien Obregón le entregó su arma "por ser ella, el 'único hombre' que hubo en la ciudad de México durante la Decena Trágica".

La historia mexicana podría reescribirse a través de los ojos de la mujer. Cientos de anécdotas y hechos de suma importancia han sido escritos por la participación femenina. El siglo XX agregó una lista interminable de mujeres valiosas: intelectuales, escritoras, políticas, artistas, profesionistas, deportistas y científicas. Son las nuevas insurgentes, las valerosas republicanas y las audaces revolucionarias que buscan que su historia no corra paralela, sino converja en una sola: la gran historia nacional.

La Virgen en pie de guerra

Ambas eran madre de Dios. En dos de sus advocaciones, la Virgen tenía miles de fieles que desde el siglo XVI se habían rendido ante sus milagrosas intercesiones. El pueblo, los indios y los mestizos se veían reflejados en la Virgen morena. Los españoles admiraban la tez rosada de la Virgen a quien atribuían el triunfo de Cortés en 1521. La primera era la Guadalupana, a la segunda le llamaban De los Remedios. Los santuarios de ambas se erigían sobre elevaciones naturales que coronaban la ciudad de México, y por años sus historias mezclaron la armonía de la devoción popular, el tañir de campanas y las fastuosas procesiones de la capital novohispana, hasta que la guerra de independencia las enfrentó como abanderadas de insurgentes y realistas, sometiendo a una prueba de fe su intercesión divina.

Patrona de la Nueva España

Hacia 1810, la imagen de la Virgen de Guadalupe era la más venerada de toda la Nueva España y la mayoría de sus habitantes eran fervorosamente guadalupanos. Desde 1531, la historia que refería la aparición de la madre de Dios en el cerro donde los aztecas veneraban a la diosa Tonantzin –"nuestra madrecita"– no tenía lugar a dudas; era aceptada y respetada por todos los estratos sociales.

No era un azar que la Virgen se hubiera mostrado ante un humilde indio, como fue Juan Diego; era una señal divina que hacía del virreinato de la Nueva España un pueblo "elegido". A mediados del siglo XVIII, el jesuita Juan Antonio de Oviedo sostenía que la aparición de la Virgen, por sí misma, había dejado una prueba irrefutable de su milagroso poder: "Con haber santificado con el sagrado contacto de sus pies la Santísima Virgen aquel cerro, se acabó del todo la adoración de aquel ídolo diabólico [la diosa Tonantzin], y de todos los contornos de México se ha desterrado la idolatría."[6]

Existían pruebas suficientes para demostrar que Dios había enviado a su madre a conquistar la fe de la América Septentrional. "En más de doscientos años... no se ha visto jamás en ella endemoniado alguno, de cuyo cuerpo tenga el demonio posesión: trabajo que se padece muy ordinario en todo el resto del mundo." Su fama se conocía allende el mar. La tradición refería el caso de un europeo que, sintiéndose poseído por un espíritu maligno, había aliviado el mal de su alma al pisar tierras novohispanas. Otra historia aseguraba que el manto de la Guadalupana era tan poderoso como para librar a la Nueva España de la peste que asolaba con frecuencia a Europa, y si bien otras epidemias habían diezmado a la población en América, nunca fueron tan graves como los cientos de miles de vidas que la peste cobró en el viejo continente.[7]

La imagen de la Virgen morena se ganó rápidamente el corazón de la mayoría de los novohispanos, sobre todo de aquéllos que ya habían nacido en territorio americano o cuyos antepasados tenían siglos de habitar en él. La devoción se desarrolló de manera natural y fue en aumento desde 1531, pero no fue sino hasta el 27 de abril de 1737 –probablemente por razones políticas– cuando se le declaró patrona de la ciudad de México. Diez años más tarde ya lo era de toda la Nueva España.

Desde su aparición, en 1531, la historia de la Virgen de Guadalupe giró básicamente alrededor de su festividad, milagros y procesiones. Pero en 1794 se agregó a sus páginas un pasaje curioso, que en su momento escandalizó a la jerarquía eclesiástica y a más de un devoto. Fray Servando Teresa de

Mier, en el sermón guadalupano correspondiente a ese año, expuso su visión de la aparición de la Virgen –que no era otra que la sostenida por el nacionalismo criollo de la segunda mitad del siglo XVIII.

Fray Servando no negaba el milagro guadalupano, pero lo situaba siglos antes de 1531, en las primeras décadas de la era cristiana. Su premisa inicial sostenía que la "imagen de Nuestra Señora de Guadalupe" no estaba pintada en la tilma o ayate de Juan Diego, sino en la capa de Santo Tomás apóstol, que llevando la palabra de Dios hasta los confines del mundo había llegado al continente americano. Hacia el año 44 de nuestra era, los indios veneraban la imagen en el cerro de Tenayuca, en donde Santo Tomás la había colocado, pero varios infieles renegaron de la fe cristiana y atentaron contra la imagen guadalupana. Para protegerla, el apóstol la escondió y diez años después de la conquista la Virgen se apareció frente a Juan Diego, le mostró la capa de Santo Tomás y le ordenó que la llevara ante fray Juan de Zumárraga. El resto de la historia era conocida por todos.[8]

A la jerarquía eclesiástica, presente en el evento, le pareció una historia absurda, propia de un enemigo de la religión y de la Virgen; razones de sobra para desterrarlo de la Nueva España. Sin embargo, su trasfondo era claramente político: si la conquista y la dominación españolas se habían justificado en nombre de la evangelización, al aceptarse la explicación de fray Servando, de que tiempo antes de la llegada de los conquistadores los indios ya conocían el cristianismo, la conquista quedaba sin legitimación moral, legal y espiritual

El famoso sermón era una indicación de lo que sucedía en los últimos años del siglo XVIII en la capital de la Nueva España. Los criollos, que por generaciones habían nacido en este territorio, comenzaban a reivindicar elementos que podían constituir la patria mexicana criolla: territorio común, historia compartida desde 1521, cultura y religión. Por sobre todos estos elementos se levantaba la devoción por la Virgen de Guadalupe, aparecida en tierras mexicanas y a los propios mexicanos –"con ninguna otra nación hizo nada igual". A partir de entonces, y sólo por algunos años, a los ojos de los criollos que iniciarían la independencia, la Guadalupana sería la Virgen de los nacidos en el territorio de la Nueva España y, por tanto, bandera de los insurgentes. Era la reivindicación de una patria por nacer.

La aparición de la Virgen de los Remedios

Cuando inició la guerra de independencia, la Virgen de los Remedios tenía una clara ventaja sobre la Guadalupana: experiencia en combates; su historia era épica. Según cuenta la tradición, Juan Rodríguez de Villafuerte, uno de los hombres de Hernán Cortés, trajo a territorio americano una imagen de la Virgen de los Remedios "para su consuelo". Era un regalo de su hermano que, al entregársela, le había dicho "que tuviera en ella mucha confianza, porque a él le había librado de grandes peligros en las batallas en que se había hallado y esperaba que le sucediera lo mismo en el Nuevo Mundo".[9]

Al llegar a la capital del imperio azteca, Cortés ordenó a Villafuerte que colocara la imagen de la Virgen de los Remedios en un altar del templo mayor, donde solían efectuarse los sacrificios humanos. Allí fue expuesta por algunas semanas hasta que estalló la guerra y no se supo nada más de la pequeña imagen labrada en madera.

Durante la derrota de "la Noche Triste", el 30 de junio de 1520, Cortés tuvo que retirarse precipitadamente de México-Tenochtitlan. La escena –según cuentan los cronistas– fue espantosa: mientras intentaban huir por la calzada de Tlacopan

(Tacuba), muchos de los españoles habían caído prisioneros y podía divisarse cómo eran sacrificados por los aztecas. Exhausto y desmoralizado, el conquistador y sus hombres llegaron a un pequeño monte delante del pueblo de Tlacopan y decidieron pernoctar en ese lugar. La Virgen se apareció acompañada, según se refiere, por Santiago –patrón de España– y los abatidos conquistadores encontraron un remanso de paz, confiando en que la madre de Dios los conduciría a la victoria definitiva. Un año después caía México-Tenochtitlan.

Hacia 1540, un indio cacique, de nombre Juan de Águila, caminaba por los parajes cercanos al pueblo de Tacuba y vio a la Señora en el cielo "que con voz sensible le decía: Hijo, búscame en ese pueblo". Poco tiempo después, debajo de un maguey, Juan de Águila encontró la vieja estatuilla de madera, que había desaparecido desde 1520. Hacia 1575 ya estaba concluido su templo, en el actual municipio de Naucalpan, al cual se le otorgó recientemente la distinción de basílica, y ya se veneraba la imagen de la Virgen de los Remedios.

La gente recurría a la Virgen de los Remedios "en las faltas de lluvias a su tiempo, en las epidemias de tabardillos, sarampiones y otras semejantes". Durante años su imagen recorrió la calzada México-Tacuba para proteger al pueblo de las terribles epidemias, inundaciones o temblores que de vez en cuando recordaban a los habitantes de la ciudad que la naturaleza no tenía credo religioso. En vistosas y multitudinarias procesiones, las autoridades eclesiásticas y civiles –incluyendo al propio virrey– trasladaban a la Virgen desde su santuario en las afueras de la ciudad, para colocarla durante meses en la catedral de la ciudad de México.

Cuando las calamidades no cedían, ni siquiera con la intercesión de la Virgen de los Remedios, las autoridades recurrían a la imagen Guadalupana como último recurso, lo cual no dejaba de causar cierto malestar entre el pueblo, pues era un insulto recurrir a la Virgen morena como segunda opción –aunque finalmente imperaba la alegría cuando la gente podía observar muy de cerca a la Guadalupana al frente de una procesión. Alexander von Humboldt percibió la rivalidad entre ambos grupos de fieles:

> El espíritu de partido, que reina entre los criollos y los gachupines, da un matiz particular a la devoción. La gente común, criolla e india, ve con sentimiento que, en las épocas de grandes sequedades, el arzobispo haga traer con preferencia a México la imagen de la Virgen de los Remedios. De ahí aquel proverbio que tan bien caracteriza el odio mutuo de las castas: "hasta el agua nos debe venir de la gachupina". Si, a pesar de la intercesión de la Virgen de los Remedios, continúa la sequía... el arzobispo permite a los indios que vayan a buscar la imagen de Nuestra Señora de Guadalupe.[10]

La Morena y la Generala

Cuando el cura Hidalgo decidió tomar el estandarte de la Virgen de Guadalupe, como bandera de la lucha que emprendía en septiembre de 1810, le dio un sentido religioso a la guerra de independencia. No era imposible imaginar la respuesta popular: el cura fue visto entonces como un hombre ungido por la divinidad para liberar al pueblo oprimido.

Durante los 11 años que duró la guerra, la Guadalupana ocupó un lugar fundamental para la causa insurgente. Al tomar este estandarte, Hidalgo le otorgó a la lucha un carácter sagrado. Cargaba siempre consigo, entre sus ropas, una imagen de la Virgen morena. En los *Sentimientos de la nación*, Morelos propuso que la celebración oficial de la "patrona de nuestra libertad" fuera el 12 de diciembre. Los miembros de una sociedad secreta que trabajaba en favor de la independencia desde la ciudad de México adoptaron el nombre de los Guadalupes. Los guerrilleros de Pedro Moreno portaban en sus sombreros estampas de la señora del Tepeyac, y uno de los jefes insurgentes que resistió hasta el final, Manuel Fernández Félix, adoptó su sagrado nombre creyendo fervorosamente en su intercesión para el triunfo final. Él era Guadalupe Victoria.[11]

La respuesta española fue inmediata. De poder a poder, el virrey Francisco Xavier Venegas mandó traer la imagen de la Virgen de los Remedios para resguardarla de los insurgentes, pero sobre todo para enarbolarla como bandera de los ejércitos realistas. El virrey se veía a sí mismo como Cortés siglos atrás: ante una situación que parecía irremediable, la Virgen de los Remedios había acompañado al conquistador hasta el triunfo. Tres siglos después, ¿sucedería lo mismo?

Las medidas del virrey llegaron demasiado lejos. A la Virgen de los Remedios se le dio grado militar y desde entonces se le conoció como "La Generala". Las monjas del convento de San Jerónimo la vistieron con los blasones y la banda correspondiente, y el niño Jesús –que cargaba en sus brazos– también fue vestido según la usanza. En procesión, la madre de Dios, recorrió la ciudad de México, mostrando su bastón de mando en una de sus manos, y podía observarse a su pequeño hijo portando un sable. La Virgen y su hijo, Jesucristo, en pie de guerra.

Una vez finalizados los actos públicos, la Virgen fue colocada en el altar principal de la catedral de México. En aquel santo lugar su función era doble: una espiritual, dar consuelo a los fieles, recibir ofrendas, exvotos o limosnas; la otra, muy humana, delatar insurgentes. De todos era sabido que los revolucionarios eran guadalupanos. Aquellas personas que, luego de escuchar misa en la catedral, no hicieran la reverencia correspondiente ante la Virgen de los Remedios, seguramente lo hacían ante la Guadalupana, por tanto eran insurgentes. De ese modo, mucha gente fue falsamente acusada de rebeldía. Las autoridades no repararon que, más allá de la banalidad de las cosas del mundo terrenal, había gente que de buena fe mostraba su devoción a una u otra Virgen sin tomar partido por alguna causa política.

Al final, triunfó la causa insurgente y la Virgen de Guadalupe. No en términos religiosos, ni porque fuera mayor la devoción del pueblo por ella; venció porque era un símbolo de unidad; un elemento que conjuntaba a todos aquéllos que se consideraban pertenecientes al mismo terruño; aquéllos que veían la historia desde 1521 como algo común a todos. La Guadalupana era una Virgen innegablemente mexicana. Con la consumación de la independencia, en 1821, llegó la reconciliación de ambas advocaciones a los ojos de los mexicanos: La Morena y La Generala compartirían un futuro común en un país que iniciaba su andar en la historia.

EL PANTEÓN DE LA PATRIA

La muerte en México

De harapos y reliquias

Un halo de misticismo rodea a la tradicional celebración del día de muertos. Retratos de familiares en los altares, visitas a los cementerios, cirios encendidos, veladoras, fuegos fatuos y posiblemente ánimas recorriendo la bóveda celeste. Omnipresente, la muerte se presenta en sus más variadas formas.

Y la historia no es ajena a ella. Ese halo de misticismo y misterio permite rescatar del ropero de los recuerdos y de los libros empolvados el anecdotario de lo mortuorio, lo macabro y hasta lo surrealista que por momentos suele ser la propia muerte en la historia mexicana. Se burla de los hombres, de sus pasiones y ambiciones, del poder, de la riqueza y de la pobreza. En el tablero de la historia, la Providencia y la fortuna se juegan el destino de los hombres con el infortunio y la muerte, dejando tan sólo harapos y, en el mejor de los casos, reliquias. Quedan para los hombres únicamente objetos tocados por la muerte.

Según reza la leyenda, el Carretero de la Muerte es aquel individuo que, habiendo fallecido en el último segundo del 31 de diciembre, tiene la misión de recorrer el mundo recogiendo –en su silenciosa carreta– las almas de todos aquellos seres que fallecen durante los 12 meses del año. Su paso es firme y exacto, marcado por cada segundo que transcurre, para llegar con puntualidad a su cita: la muerte espera al final del camino.

Podemos suponer que, en México, el Carretero de la Muerte detiene momentáneamente su andar el 1 y 2 de noviembre. Por una vieja tradición pagano-religiosa son días de fiesta: el culto a los muertos se hace presente; florecen los altares alrededor de los retratos de los antepasados difuntos que parecen advertir: "Como te ves, me vi...". Pero es posible que la Muerte se detenga por otro motivo: la reflexión por el sino fatal, la vocación mortuoria, la tradición funeraria que envuelve a la historia de México.

La veneración por los restos humanos

Fue durante la época colonial cuando comenzó la extraña veneración por objetos relacionados con la muerte y se desarrolló en el ámbito de mayor influencia social: la religión católica. Casos notables de cuerpos momificados se encuentran en tres lugares distintos. En el convento de San Francisco de Puebla: expuesto ante los ojos de todos los fieles y curiosos se encuentra el cuerpo incorrupto del beato Sebastián de Aparicio –franciscano constructor de los primeros caminos de la Nueva España–, a quien se le atribuye intercesión milagrosa. También del periodo novohispano, las momias de algunas monjas carmelitas "duermen" el sueño de los justos frente al público que las visita en el Museo de El Carmen en San Ángel. En Tlayacapan, Morelos, lugar que fuera evangelizado por los dominicos, religiosos momificados descansan en un pequeño y modesto museo local, en espera, tal vez, de cristiana sepultura.

Con el arribo de México a la vida independiente, la fascinación por los cuerpos incorruptos, las momias y algunas otras reliquias pasó de la veneración a la admiración, y el gusto por la exposición de objetos íntimamente ligados con la muerte arraigó dentro de la sociedad; el morbo aumentaba cuando la reliquia era de un personaje importante. Reliquias y relicarios cívicos, México se llena con los restos de sus grandes personajes.

¿Descansan en paz los personajes históricos?

El culto a los muertos y la mitificación de la historia –la idea de rendir honores a los personajes que han contribuido a formar la patria– han impedido que muchos de ellos finalmente descansen en paz. La fijación de hacer monumentos, crear urnas especiales, esculpir enormes estatuas con notorios pedestales para depositar los restos, han creado una especie de "nomadismo" mortuorio.

La Muerte ha de sonreír cuando piensa que el último instante de vida y el paso a otra supone "descansar en paz y eternamente". ¿Ya descansan en paz los restos mortales de los personajes de nuestra historia? Algunos, solamente. Tan azarosa fue su vida como lo ha sido su muerte.

Así, de los primeros años del México independiente, cuando estalló el sentimiento antiespañol, al grito de "mueran los gachupines" –enarbolado por algunos grupos radicales, lo que culminó con la expulsión de españoles–, hay que mencionar la persecución de los restos de Cortés. Gracias a la intervención de Lucas Alamán, quien los escondió, estos restos fueron puestos a salvo de la turba enardecida.

Los héroes de la Independencia no corrieron con mejor suerte. Al momento de morir fusilados, Hidalgo, Allende, Aldama y Jiménez fueron decapitados y sus cabezas –por orden del virrey Francisco Xavier Venegas– fueron expuestas públicamente durante diez años en la alhóndiga de Granaditas. Al consumarse la independencia, con Iturbide en 1821, pudieron reunirse los restos de los principales insurgentes, los que fueron cambiados de sitio en varias ocasiones. El peregrinar de estos restos y las malas condiciones en que se encontraban propició una investigación (1911) para identificar de quién eran cráneos, fémures y demás huesos que se encontraban en la urna. La odisea terminó cuando fueron trasladados al Ángel de la Independencia (1925), pero con una nueva baja entre las filas insurgentes: los restos de Morelos desaparecieron y hasta la fecha se desconoce su paradero.

De aquellas primeras décadas del siglo XIX, la catedral de México guarda algunas reliquias: en la capilla de San Felipe de Jesús, en un osario cuyos cristales permiten ver su interior, se asoman los restos óseos de Agustín de Iturbide. En 1838, Anastasio Bustamante los rescató de Padilla, Tamaulipas, donde muriera fusilado injustamente en 1824, y los trasladó a la ciudad de México. Años después, como última voluntad, Bustamante pidió que, al morir, su corazón, separado de su cuerpo y puesto en una pequeña urna, fuera colocado junto a los restos del héroe de Iguala; tal era su admiración por Iturbide. A partir de 1853, su sueño se hizo realidad, huesos y corazón hasta el final de los tiempos, como reliquias, ambientan la capilla.

En el anecdotario histórico mortuorio no podía faltar el gran Santa Anna. La Providencia le concedió cambiar un miembro de su cuerpo por un momento de gloria y así perdió parte de una pierna en 1838, durante la guerra de los pasteles. Por única vez en la historia de México, la capital del país se entregó espontáneamente a una pierna; en gran procesión ese fragmento del cuerpo de Santa Anna fue llevado al panteón de Santa Paula; años después sería exhumada y arrastrada: la pierna se perdió para siempre. Siendo ya un viejo, algunos charlatanes lo visitaban para ofrecerle su "auténtica" pierna, la que compró varias veces. Nunca la recuperó.

Así, podría decirse que, con excepción de su pierna, Santa Anna "casi" descansa en paz, aunque para muchos no lo merezca. A partir de entonces, una prótesis de madera lo acompañó en sus marchas, cabalgatas, batallas y huidas. Y el caudillo jalapeño pasó a la inmortalidad, pero no como hubiera querido, nos dejó una reliquia: su pierna de madera se conserva en el Museo Nacional de Historia en el Castillo de Chapultepec.

Si la historia de Juan Escutia tomando el pabellón mexicano, envolviéndose en él y aventándose desde lo alto del castillo resulta difícil de creer y huele más a historia oficial, en cambio, es posible comprobar, al menos un caso, donde la muerte decidió cubrir con la bandera a uno de los defensores de la patria, dejando para la posteridad y para el relicario nacional la enseña tricolor manchada con sangre mexicana.

Al ver que la embestida del ejército estadunidense sobre Molino del Rey (8 de septiembre de 1847) ponía en riesgo la bandera de su batallón, el Mina, el abanderado Margarito Zuazo se envolvió en ella y acribillado, arrastrándose por el campo de batalla, logró ponerla a salvo, pero a cambio de su vida. Hasta la muerte tuvo que reconocer ese acto de heroísmo. La bandera ensangrentada puede admirarse en el Castillo de Chapultepec. Los verdaderos héroes no se encuentran en la historia oficial.

Si la admiración puede ser eterna, la rivalidad también. Durante los últimos meses del Imperio de Maximiliano, Miramón estuvo a unas cuadras de capturar a Juárez (Zacatecas, 1867); lo habría fusilado. Juárez aprehendió a Miramón y fue ejecutado. El panteón de San Fernando recogió los restos de ambos, pero ni muertos podían estar juntos. Al regresar a México, Concha Lombardo de Miramón –esposa del general– se indignó de saber que su esposo yacía a unos cuantos metros de Juárez. Exhumó el cuerpo de su marido, para llevarlo lejos del zapoteca; sus restos ya descansan en la catedral de Puebla.

Junto con las reliquias de Maximiliano, por una cuestión de dignidad nacional, no podían faltar las de su acérrimo adversario: Benito Juárez. Su recinto, en Palacio Nacional, alberga al menos dos que se relacionan directamente con su último suspiro: la mascarilla mortuoria hecha de bronce y la cama donde se encontró con la Muerte. Eran viejos conocidos; durante los intensos días de la intervención, con una pequeña escolta en medio del desierto, lejos de su familia, don Benito tuvo tiempo de pensar en ella: varios de sus hijos perdieron la vida a temprana edad y nada pudo hacer. Ese 18 de julio de 1872, cuando la Muerte pasó a visitarlo, ya la conocía.

Entrado el siglo XX, la revolución mexicana también aportó su cuota de reliquias. Los revolucionarios se encargaron de heredar a la museografía mexicana prendas, balas y otros objetos que testificaron el último momento de vida de cada uno.

Las primeras gotas de sangre vertidas por la revolución de 1910 se pueden apreciar en Puebla. En la otrora casa de Aquiles Serdán –actual Museo de la Revolución–, un pequeño grupo de antirreeleccionistas, delatados a las autoridades porfiristas, hicieron frente al ejército federal el 18 de noviembre de 1910. Todos los combatientes murieron, varios de ellos desangrados. En alguna de las salas pueden verse sendos retratos de los combatientes acompañados por sus corbatas ensangrentadas, como si la muerte hubiera querido dejar constancia de su presencia.

Venustiano Carranza, muy dado a la evocación histórica, también le otorgaba un valor especial a las reliquias: de algún modo llegaron a su poder las balas extraídas de los cuerpos de Madero y Pino Suárez y las conservó hasta el día de su muerte. ¿Se veía a sí mismo también asesinado? Es difícil responder, pero en 1920, cuando la revolución se levantaba contra él, probablemente pensó que su fin estaba cerca. Por una extraña coincidencia, Carranza pagó por adelantado la renta de una casa ubicada en la calle de Río Lerma, en la ciudad de México, que cubría hasta mayo de 1920, mes en que murió. De esa casona porfiriana salió Carranza el 7 de mayo, rumbo a Veracruz, para regresar semanas más tarde, el día 24, en una caja de madera listo para ser velado. Había sido asesinado el 21 de mayo de 1920.

Curiosa coincidencia: la ropa que llevaba Carranza en el momento de ser asesinado, con todo y sangre, se expone en el cuarto contiguo a donde se encuentran en exposición las balas extraídas a Madero y Pino Suárez, en el Museo-Casa de Carranza.

El Primer Jefe no sabía lo que el destino le tenía reservado, pudo haber presentido su próximo fin, pero todo era mera especulación. No así cómo profetizó y predijo la muerte de Zapata un año antes. Sabía que el caudillo del sur moriría en abril de 1919, pues el viejo de la barba florida fue el autor intelectual. El propio Carranza autorizó a Pablo González a utilizar cualquier medio para acabar con el jefe de la revolución del sur. De manera inexplicable, Zapata cayó en la emboscada, no obstante que los días anteriores la gente del pueblo le advirtió que tuviera cuidado, pues la muerte rondaba por aquellos parajes. Tlaltizapán, Morelos, guarda las reliquias del caudillo. La casa que fuera el cuartel general de la revolución zapatista alberga, como lo más preciado, el sombrero, el calzón de manta y el pantalón que llevaba puesto Emiliano el jueves 10 de abril de 1919. La sangre del caudillo impregna el silencio de aquella modesta propiedad.

Se dijo que Zapata no murió en Chinameca, que había huido con un compadre árabe. Un lugareño solía contar que hasta hace algún tiempo, cada año, el 10 de abril, religiosamente regresaba a Tlaltizapán, para mezclarse entre la multitud y presenciar los honores que le rendían los gobiernos corruptos, luego se reunía con viejos zapatistas y tomaban algunas cervezas.

Por muchos años la reliquia de reliquias de la familia revolucionaria fue la mano derecha de Álvaro Obregón. Había perdido tan importante miembro durante los combates del Bajío en 1915. Estaba expuesto en el monumento que se levantó en honor del caudillo sonorense en el mismo lugar donde cayó asesinado en 1928. Poco estético y bastante macabro, el antebrazo de Obregón presidió muchas ceremonias luctuosas de funcionarios y políticos que lo recordaban año tras año. En un acto de piedad y respeto, hace algunos años la familia decidió incinerarlo.

El 17 de julio de 1928, Obregón recibió sentado la visita de la Muerte. El restaurante La Bombilla, en San Ángel (donde ahora está su monumento), fue el escenario. Dicen las malas lenguas que, al recibir los impactos de bala, cayó de bruces sobre un plato de mole, mezclándose su sangre. La silla tocada por la muerte reposa en San Ángel, en el Centro Cultural.

A pesar de su violentísima muerte –asesinado con balas expansivas– Pancho Villa tuvo una cristiana sepultura y "descansó en paz" por algunos años. Una noche, desconocidos entraron al panteón donde fuera sepultado; su tumba fue violada. A la mañana siguiente, el cuerpo del Centauro apareció sin cabeza. Nadie sabe qué fue de ella. Las "malas lenguas" cuentan que fueron los "gringos", quienes querían analizar su cerebro, para saber qué tenía en la cabeza aquel hombre que se atrevió a invadir su territorio.

Hay un grupo de personajes, cuyos restos, evidentemente, no alcanzarán el descanso –al menos dentro de sus urnas, en el monumento a la Revolución. Ellos son los jefes de la revolución: Madero, Carranza, Villa, Calles y Cárdenas. Paradójicas resultan la historia y la muerte; la primera se encargó de separarlos, haciéndolos irreconciliables enemigos; la segunda se ha encargado de juntar sus restos –bromas de la vida ¿o de la muerte?

Las aproximaciones

Sin lugar a duda, la Muerte está presente en todas las épocas y en todos los pasajes de la historia universal. Sin embargo, en México hay casos muy concretos que demuestran que la Muerte ronda en el aire con especial predilección sobre ciertos individuos y por momentos los ha cubierto con su manto, algunas veces rozándolos, otras, tocándolos en forma definitiva.

¿Qué factores influyen para que un hombre común se acerque tanto a la muerte pero logre evadirla? La muerte encuentra en la fortuna a una de sus principales rivales. El último minuto de vida tiene que llegar fatalmente, pero en ocasiones la fortuna, para bien o para mal, le arrebata algo de tiempo.

Una broma cruel jugó la fortuna, la muerte –y Juárez– a Maximiliano, Miramón y Mejía. Confirmada la pena capital para el 16 de junio de 1867, los reos fueron puestos en capilla; momentos antes de ser conducidos al lugar señalado para la ejecución, ésta se pospuso para tres días después. El 19 de junio, fecha en que fueron fusilados, ya estaban muertos; murieron dos veces.

Durante su vida el general Manuel González fue herido en 17 ocasiones –sable, bala, metralla–, perdió un brazo, le abrieron el muñón durante otro combate... Fue un gran militar y llegó a ser presidente de México (1880-1884). Ninguna de sus 17 heridas lo llevó a la tumba; falleció de causas naturales en su vieja hacienda de Chapingo.

¿Qué hubiera sido de la revolución si Pancho Villa hubiera muerto en sus inicios? En 1912, por órdenes de Huerta, Villa fue colocado frente al pelotón de fusilamiento; en el último momento, cuando se disponía la ejecución, llegó el perdón de Madero a través de uno de sus hermanos.

En 1915, herido por una granada, Obregón cayó al suelo sin un brazo; retorciéndose de dolor, sacó su pistola, la colocó sobre su cabeza y jaló el gatillo... estaba descargada –un día antes había sido limpiada por su asistente. Cuando el teniente coronel Jesús M. Garza se dio cuenta de las intenciones del general, le arrebató la pistola y lo condujo ante el médico. Tiempo después, y por otras circunstancias, Garza se suicidó.

Cuando el alma del cuerpo se desprende...

Para aquellos estudiosos de las cuestiones parapsicológicas, la personalidad de Álvaro Obregón merece un acercamiento. Además de su frustrado intento de suicidio, otras experiencias de su vida muestran un contacto cercano, la clara presencia de la muerte, por lo menos en tres ocasiones.

Obregón así lo percibía. En 1909 escribió un poema titulado "Fuegos fatuos", cuyas primeras estrofas revelan la personalidad de un hombre desdeñoso del tránsito físico, terrenal, pero implícitamente convencido de la existencia de otra vida, marcada por el plano espiritual:

> Cuando el alma del cuerpo se desprende/ y en el espacio asciende,/ las bóvedas celestes escalando,/ las almas de otros mundos interroga/ y con ellas dialoga, /para volver al cuerpo sollozando;
>
> Sí, sollozando al ver de la materia/ la asquerosa miseria/con que la humanidad, en su quebranto,/arrastra tanta vanidad sin fruto,/ olvidando el tributo/que tiene que rendir al camposanto.

El espiritismo fue una doctrina que tuvo toda la formalidad y el impacto de una corriente filosófica en Estados Unidos y Europa durante la segunda mitad del siglo XIX y las primeras décadas del XX. En México, el espiritismo practicado por Francisco I. Madero fue el argumento utilizado por sus enemigos para tildarlo de "chiflado". Convencido de las doctrinas básicas espíritas –contenidas en obras como *El Evangelio según el espiritismo* o *El libro de los espíritus*– y seguidor de su principal profeta, Allan Kardec, Madero –como ya se ha dicho– fue médium escribiente. Su comunicación con los espíritus y las bondades del espiritismo –justicia, fraternidad, libertad– influyeron en cierta medida para que abrazara la causa de la democracia.

Más asombroso –pero menos conocido que el espiritismo de Madero– fue el espiritismo ortodoxo que Plutarco Elías Calles abrazó en los últimos años de su vida. Calles, el mismo hombre que había tratado de "extirpar la fe católica de México", en el ocaso de su vida concurría "religiosamente" al círculo de investigaciones metapsíquicas de México, donde se comunicaba con almas que recorrían los diferentes planos metafísicos. Desde ese lugar, hizo la única profesión de fe de toda su existencia: creyó en otra vida. Ambos recurrían a la muerte... como fuente de vida.

Muda testigo de la historia: la Muerte; su manto va cubriendo todo y tras su estela fúnebre se perciben "Fuegos fatuos" que danzan entre los sauces y las lápidas del cementerio cuando cae la tarde:

> Allí donde "el monarca y el mendigo"/uno de otro es amigo;/donde se acaban vanidad y encono;/allí donde se junta al opulento/el haraposo hambriento/para dar a la tierra el mismo abono...
>
> Allí todo es igual; ya en el calvario/es igual el osario;/y aunque distintos sus linajes sean, de hombres, mujeres, viejos y criaturas,/ en las noches obscuras/los fuegos fatuos juntos se pasean.

Los infortunios de un cadáver: Maximiliano de Habsburgo

Y de pie frente al cadáver,
clavó en él sus ojos negros,
se lo quedó mirando
con un semblante de hierro.

"La calle de Xicoténcatl",
Juan de Dios Peza

Benito Juárez escribió, el 21 de junio de 1867, a su yerno Pedro Santacilia: "Hoy se ha rendido [la ciudad de] México y es natural que Veracruz se rinda también dentro de pocos días... El día 19 fueron fusilados en Querétaro Maximiliano, Miramón y Mejía. No hay tiempo para más."[1]

El mensaje de Juárez era particularmente frío. Cuatro años recorriendo el país hasta los confines del territorio habían terminado por endurecer su carácter, de por sí inconmovible ante los asuntos de la nación. Por eso no vaciló ante las numerosas peticiones de indulto para el archiduque y sus generales. Por eso no cedió un ápice cuando la princesa de Salm Salm se arrodilló suplicando por la vida del emperador. Juárez tenía razón, no había tiempo para más porque el tiempo había terminado.

Y, sin embargo, mucho habrá reflexionado don Benito desde el mismo instante en que fue enterado de la rendición de Maximiliano, el 15 de mayo de 1867, hasta el día en que pudo visitar –cinco meses después– el templo de San Andrés, lugar donde reposaban los restos mortales del archiduque, en espera de ser trasladados a su destino final en Austria. Faltaba el epílogo de la trágica historia del imperio y Juárez lo escribiría en la ciudad de México, en una fresca noche de octubre.

La maldición de una momia

A las siete de la mañana con cinco minutos del 19 de junio de 1867, Maximiliano, Miramón y Mejía cayeron atravesados por las balas republicanas. Todavía no se disipaba el olor a pólvora cuando dos médicos se acercaron para certificar la muerte de los tres hombres y acto seguido fueron envueltos con sábanas de lienzo para depositarlos en sendos ataúdes de madera corriente que había mandado hacer el gobierno mexicano.

Seguramente, por el tenso ambiente que se respiraba en Querétaro los días previos a la ejecución, nadie reparó en la estatura de Maximiliano –desde luego, no era como la de Miramón o Mejía–, y ese pequeño detalle se hizo evidente cuando los médicos trataron de colocar el cuerpo del archiduque dentro del féretro correspondiente: era tan chico que sobresalían sus pies. A partir de ese momento, una serie de equívocos determinaron el progresivo deterioro del cadáver que no pudo partir hacia Europa hasta finales de noviembre de 1867.

El mismo hombre que, dos horas antes, había salido rumbo al patíbulo, regresaba al convento de capuchinas en calidad de difunto. La capilla fue alistada para recibir al ilustre muerto y sobre una mesa de madera fue colocado el cadáver. "He aquí la obra de la Francia", dijo el coronel Palacios, señalando el cuerpo inerte del infortunado Maximiliano.[2] El cadáver presentaba cinco impactos de bala a la altura de las cavidades toráxica y abdominal, y uno más, el famoso "tiro de gracia", en el corazón. El rostro no mostraba ninguno, pero varias contusiones eran notorias: tras recibir la descarga, el exánime cuerpo del emperador se había golpeado de frente contra el suelo; nada que no pudiera arreglar un poco de barniz.

La circunstancial designación del doctor Vicente Licea para realizar el embalsamamiento no fue, como lo demostró el tiempo, la decisión más afortunada. Pesaba sobre su reputación el cargo de haber entregado a Miramón a los republicanos mientras se atendía de una herida en la mejilla y esto provocó una serie de rumores, que semanas más tarde eran del dominio público: se le acusó de haber tratado como carnicero el cuerpo del archiduque y de querer lucrar con sus órganos, vísceras y sangre. El escándalo fue tan grande que llegó a oídos del presidente Juárez. Licea fue enjuiciado y condenado a dos años de prisión; pero su abogado, Manuel Romero Rubio, apeló la sentencia y fue liberado.

Con seguridad, en los días posteriores a la ejecución, la adquisición de algún objeto que hubiese tenido contacto con el cadáver o fuera parte del mismo se convirtió, para muchos, en un tesoro de valor incalculable. Entre las damas de sociedad fue notorio este hecho, presentándose casos bastante singulares. Se cuenta que durante los siete días que duró el proceso de embalsamamiento era común observar a los sirvientes de las señoras entrar al convento de capuchinas a entregarle al doctor Licea "lienzos y pañuelos para humedecerlos en la sangre del Habsburgo..."[3], después de todo, sangre azul.

Más tardó el doctor Licea en embalsamar al difunto archiduque que el ambiente en empezar a descomponerlo. El 28 de junio, dos días después de que fue puesto en su ataúd provisional, uno de los cristales del féretro fue roto accidentalmente por un soldado que, curioso, se acercó al cuerpo de Maximiliano para ver de cerca al llamado emperador. Nadie se percató del accidente o nadie quiso hacerse cargo. Pasó la estación de lluvias y el cadáver permaneció con el cristal roto hasta los primeros días de septiembre, cuando se ordenó su traslado a la capital de la república. Paradójicamente, "el cadáver se conservó, durante su permanencia en Querétaro, sin la más leve alteración, y sin despedir el más ligero mal olor".[4]

Pero el muerto estaba marcado por el infortunio. Durante el trayecto a la capital, el carro que transportaba los restos del Habsburgo volcó dos veces, y cayó en un arroyo. "La acción del agua que penetró permaneciendo en contacto con el cadáver y macerándolo produjo la degeneración grasosa que sufren algunas momias."[5] Al llegar a la ciudad de México, el cadáver era un desastre, del archiduque sólo quedaba el recuerdo y un cuerpo momificado que se iba ennegreciendo.

El archiduque y el carnicero

El templo de San Andrés había sido construido en la segunda mitad del siglo XVII. Cerca de la Alameda Central, la iglesia se erigía al lado de una construcción aún más antigua, cuyo uso había cambiado con el paso de los años: noviciado, colegio de jesuitas, casa de ejercicios y finalmente hospital.[6] Con la expulsión de la orden de San Ignacio de Loyola, a fines del siglo XVIII, inició su paulatino deterioro y no fue sino hasta 1866 cuando fue reconstruida. Sin ser de las construcciones religiosas más importantes del periodo virreinal, el destino le reservó un pequeño papel en la historia que significó su destrucción definitiva: albergaría el cuerpo inerte del archiduque.

En los meses inmediatos al triunfo de la República, la ciudad de México empezó a mostrar visos de normalidad. Si bien los periódicos publicaban editoriales justificando la legalidad del juicio y muerte de Maximiliano, aplaudían el triunfo de la causa republicana o reproducían notas provenientes de Europa donde acusaban de bárbaros a los mexicanos, la mayor parte de la información se concentraba en las elecciones presidenciales que se avecinaban. Algunos anuncios seguían haciendo mofa del imperio: "Para que nuestros suscriptores no se vean en el mismo conflicto que Conchita Méndez, si les piden que canten "mamá Carlota", les anunciamos que una edición de esta canción, con muy bonita impresión se expende en la redacción del Orquestón [*La Orquesta, periódico*...]".[7]

El traslado de los restos del emperador a la ciudad de México se había realizado con mucha discreción. Ni siquiera los diarios dieron cuenta de ello, probablemente para evitar tumultos o manifestaciones en favor del imperio. En los primeros días de septiembre, las monjas que cuidaban el templo de San Andrés retiraron del sagrario "al Santísimo, los vasos sagrados, las aras, y los manteles". En la parte más amplia de la iglesia fue colocada una larga mesa del siglo XVIII que, según se decía, había sido utilizada por el Tribunal de la Inquisición, en cuyo derredor se reunían sus miembros. Sobre ella fue puesto el cadáver del austriaco.[8]

Los médicos iniciaron el segundo embalsamamiento de Maximiliano un 13 de septiembre de 1867. Nota curiosa, se trató de un día 13, como los que habían marcado fatalmente su vida: el 13 de agosto del año anterior Carlota había partido hacia el viejo continente y jamás la volvió a ver; un 13 de febrero el archiduque marchó optimista hacia Querétaro dispuesto a jugarse la última carta de su efímero imperio; un 13 de marzo decidió establecer su cuartel general en La Cruz, donde días después caería prisionero; un 13 de junio había sido sentenciado a muerte.[9] Todo ocurrió en poco más de un año.

Más que templo u hospital, San Andrés parecía cuartel. Había guardias en los principales accesos: las puertas, la azotea, las bóvedas... nadie podía acercarse, ni siquiera asomarse, so pena de una severa sanción. En un ambiente de extrema seguridad, los médicos iniciaron un trabajo nada agradable. Extrajeron el cadáver de las cajas de zinc y madera en donde venía colocado y procedieron a desvendarlo.[10] Una vez desnudo el cuerpo, se ató en posición vertical a una escalerilla, y fue colgado hasta que escurrió todo el bálsamo que se había inyectado en Querétaro. "Y allí estaba aquel cadáver,/ Limpia la faz, roto el pecho,/ Como una lección terrible,/ Como un inmortal ejemplo.../ Pendiente de los dos hombros/ En un arco de aquel templo/ Y con los ojos de esmalte/ Retando al abismo negro."[11]

El cadáver había dejado una estela de rumores en torno al primer embalsamamiento y, al llegar a la ciudad de México, salieron a la luz las historias más asombrosas. Según se dijo, los ojos del archiduque habían sido reemplazados por unos de cristal tomados de una imagen de Santa Úrsula; pero eran oscuros. También se llegó a mencionar que, por las caídas que sufrió el cadáver en el trayecto de Querétaro a México, le faltaba un pedazo de nariz, el cual había sido reconstruido con cera.[12]

Las aberrantes historias, sin fundamento alguno, sostenían que el doctor Licea colocó sobre el cuerpo del archiduque los intestinos, al tiempo que le decía: "Querías una corona. Aquí tienes una que debería agradarte". Según esas narraciones, al hacer la primera incisión al cadáver, el mismo doctor habría dicho: "¡Qué voluptuosidad es para mí poder lavar mis manos en la sangre de un emperador!"[13] En más de una ocasión El *Diario Oficial* desmintió estas historias y otras más, acerca del supuesto estado de descomposición en que se encontraba el difunto. Por mucho tiempo, en toda Europa se habló de la barbarie mexicana; en México, Juárez no había perdido el sueño.

Juárez frente a Maximiliano

De camino a la capital de la república, don Benito se detuvo en la ciudad de Querétaro el 7 de julio de 1867, casi tres semanas después del fusilamiento de Maximiliano. El cadáver se encontraba abandonado en el Palacio de Gobierno. Juárez no reparó en ello. Decidió pasar sólo una noche en aquella ciudad y continuar su camino a la mañana siguiente: la ciudad de México lo esperaba. El cadáver tendría que hacer una larga antesala antes de que Juárez le concediera audiencia.

¿Qué motivos reales impidieron la pronta entrega de los restos de Maximiliano a sus deudos? ¿Por qué transcurrieron cuatro meses antes de que partieran rumbo a Europa? ¿Fue un asunto político o una cuestión personal? ¿Existía en Juárez el deseo de ver el cadáver del archiduque? Difícil resulta encontrar una respuesta. Don Benito nunca mostró ninguna inclinación ni deseo alguno por conocer a Maximiliano, no obstante las comunicaciones que recibió del archiduque exponiendo ese deseo. Juárez ni siquiera se dignó en contestar, pero unos meses después de la ejecución, ya instalado en Palacio Nacional, el presidente se tomó algunas horas de la noche para visitar el cadáver del Habsburgo.

Si el traslado de los restos de Maximiliano a la ciudad de México fue hecho con gran discreción, la visita de Juárez no lo fue menos. En una noche de octubre, un carruaje detuvo su andar frente al templo de San Andrés. Al abrirse la puerta, descendieron dos individuos a cuyo paso se cuadró la guardia que custodiaba el acceso principal de la iglesia. Era cerca de la media noche. El día anterior había concluido el segundo embalsamamiento. Todo estaba oscuro y sólo algunas velas iluminaban la entrada del templo.

> [Los dos hombres] se descubrieron la cabeza y se dirigieron a la gran mesa en la que estaba tendido el cadáver de Maximiliano, completamente desnudo y rodeado de gruesas hachas encendidas, y se pararon junto al cuerpo. Juárez se puso las manos por detrás, y por algunos instantes estuvo mirando el cadáver sin hablar palabra y sin que se le notara dolor ni gozo: su rostro parecía de piedra. Luego, con la mano derecha midió el cadáver desde la cabeza hasta los pies, y dijo: "Era alto este hombre; pero no tenía buen cuerpo: tenía las piernas muy largas y desproporcionadas." Y después de otro momento de silencio, agregó: "No tenía talento, porque aunque la frente parece espaciosa, es por la calvicie." Don Sebastián Lerdo de Tejada, quien lo acompañaba, no dijo nada. Luego se sentaron en una banquilla que estaba frente al cadáver, siempre mirándolo. Juárez atravesó una que otra palabra con el jefe de la tropa, manifestándole su afecto por lo bien que estaba desempeñando su comisión de la custodia del cadáver.

Minutos después los dos hombres salieron de la iglesia y el carruaje se perdió en la oscuridad de la noche. La visita duró cosa de media hora.[14]

La visita se realizó con tanto sigilo que los periódicos de la época no la registraron. Tal vez aquella noche, de nuevo en la capital del país, con el poder en sus manos, frente al cuerpo de Maximiliano, Juárez pudo concebir en toda su magnitud el triunfo de la República y su victoria personal.

Sólo faltaba esa visita. Algunos días después, a principios de noviembre, el gobierno mexicano entregó al vicealmirante Tegetthoff –representante personal del emperador de Austria– los restos mortales del archiduque. Para prevenir cualquier otro contratiempo, se mandó construir un carro especial para trasladar el ataúd y evitar que en el sinuoso camino a Veracruz cayera nuevamente.

A las cinco de la mañana del día 13 de noviembre –un día 13, curiosamente– una fuerza de 300 hombres de caballería se alistó para escoltar el cadáver hasta el puerto de Veracruz. Salían así "los restos mortales del hombre que, el 12 de junio de 1864, había sido recibido con extraordinario entusiasmo, en medio de una lluvia de flores arrojadas por un pueblo ansioso de paz y de ventura".[15]

El convoy partió de la calle de San Andrés (Tacuba) y dobló a la derecha en Vergara (Allende), que cuadras adelante cambiaba su nombre por el de Coliseo. Era miércoles y la actividad citadina apenas comenzaba. Los carruajes atravesaron San Francisco (Francisco I. Madero) y dieron vuelta en Coliseo Viejo (16 de Septiembre), rumbo al Zócalo, pero no entraron en él. De cualquier modo, a Maximiliano nunca le gustó el viejo palacio virreinal; prefería despachar desde el Castillo de Chapultepec. Al llegar a Monterilla y su continuación, Bajos de San Agustín (5 de Febrero), la escolta volvió a doblar a la derecha para buscar la salida hacia el oriente de la ciudad. Casi no había gente en las calles. Más que una escolta, aquel numeroso contingente parecía un cortejo fúnebre. El convoy dio vuelta a la izquierda al encontrar la calle de Jesús (República de El Salvador). Los cascos de las patas de los caballos y las ruedas de los carruajes resonaban en todo el centro de la ciudad. Finalmente, la escolta llegó a la calle del Rastro de Jesús (Pino Suárez), la que los conduciría hasta la puerta de San Antonio Abad en las afueras de la ciudad. Algunos curiosos se detuvieron a observar cómo se alejaban lentamente los carruajes; el ilustre muerto abandonaba para siempre la ciudad de México.[16]

Para los periódicos de la capital, que habían dado un amplio seguimiento a las noticias publicadas en Europa atacando al gobierno mexicano, la entrega del cadáver significó una especie de liberación moral para la república. Inexplicablemente, habían pasado varios meses desde el fusilamiento del archiduque y nunca se había dado una razón de fondo para retener el cadáver. Al fin se iba el muerto y, como en sus mejores tiempos, con todo y escolta.

> Aprobamos la entrega, pues por más que en muchas partes de Europa hayan juzgado a los mexicanos injustamente, queremos probarles todavía que si la necesidad nos obliga a hacer justicia, no nos cebamos en los cadáveres ni queremos que la familia del archiduque carezca de los restos de un desgraciado pariente.[17]

San Andrés volvería a ser un lugar sagrado. Se abriría de nuevo al culto público. Reconstruida un año antes, la iglesia tenía un futuro prometedor. Así parecía. Mas una noche, un individuo se embriagó a tal extremo que en unión de "otros traidores, gritó vivas a Maximiliano, a Márquez y a otros corifeos de la traición".[18] Algunos liberales puros –no sin cierta exageración– veían en esas escasas muestras de adhesión al extinto imperio una amenaza para la república y un desafío a sus instituciones. Ante el temor de que el templo de San Andrés se convirtiera en un símbolo, en una reliquia, en el bastión espiritual de los imperialistas, Juan José Baz, político liberal que con anterioridad había promovido la mutilación del convento de San Francisco, también se manifestó en este caso y a pico y pala –"la piqueta de la Reforma"– lo destruyó en una sola noche. De esta manera, la iglesia desapareció para siempre; el último reducto del imperio también había sucumbido ante los republicanos.

El monumento a la revolución. ¿La paz de los sepulcros?

Un proyecto fallido

El monumento a la Revolución es la máxima representación del fracaso histórico de México en el siglo XX. En él se refleja el fallido y desigual proyecto nacional del porfiriato y el derrotero de corrupción e impunidad que siguió el movimiento revolucionario iniciado en 1910. La dictadura de Díaz condujo al país a una guerra civil sin precedentes; la revolución, a una situación que por momentos ha tocado los límites del caos.

La flamante construcción nació como un sueño que debía mostrar al mundo la grandeza del México de don Porfirio. Entre las fastuosas obras públicas del régimen –como el edificio de Correos o el palacio de Comunicaciones–, el nuevo edificio estaba llamado a ser la sede y el bastión del poder legislativo.

Diseñado por el arquitecto Émile Bernard, la capital mexicana albergaría en la plaza de la República –que paradójicamente recibía ese nombre por el triunfo nacional alcanzado sobre los armas francesas y el imperio de Maximiliano–, una construcción en el más puro estilo clásico del renacimiento francés: fachada de mármol, enormes columnas, frontón con altorrelieves, gran cúpula, acabados de ónix y esculturas monumentales que sólo hacían referencia a la cultura universal.

La construcción del palacio legislativo debía comenzar durante las fiestas del Centenario de la Independencia. Don Porfirio preparó todo para la magna celebración y, a pesar de sus 80 años de edad, a lo largo del mes de septiembre de 1910, en cada evento, en cada ceremonia, en cada acto mostró una fortaleza inquebrantable. Satisfecho con su obra, pronunció un breve discurso –como era su costumbre– ante los representantes extranjeros:

> Hemos querido festejar nuestro centenario con obras de paz y de progreso. Hemos querido que la humanidad, congregada por intermedio vuestro en nuestro territorio, juzgara de lo que son capaces un pueblo y un gobierno cuando un mismo móvil los impulsa, el amor a la patria, y una sola aspiración los guía, el indefinido progreso nacional. El pueblo mexicano, con vigoroso empuje y con lúcido criterio, ha pasado de la anarquía a la paz, de la miseria a la riqueza, del desprestigio al crédito y de un aislamiento internacional... a la más amplia y cordial amistad con toda la humanidad civilizada. Para obra de un siglo, nadie conceptuará que eso es poco.

El día 23 el general Díaz inauguró las obras del futuro palacio legislativo. Paradójicamente, con la colocación de la primera piedra pretendía acallar el grito democrático que, desde diversas cárceles de la república, lanzaban Francisco I. Madero y sus partidarios. La clase política no vio –no quiso ver– que las contradicciones sociales habían llegado a un límite sin retorno.

Para la oposición, que en el mejor de los casos operaba desde la clandestinidad, el futuro palacio legislativo era una farsa: era la victoria de la forma sobre el fondo. De acuerdo con el diseño original, cuatro esculturas coronarían la obra: la Paz, la Elocuencia, la Juventud y la Verdad. Como ejemplo de arquitectura nadie dudaba que sería majestuoso; sin embargo, el poder legislativo era oprobiosamente sumiso a la figura presidencial.

El Congreso había apoyado la *pax* porfiriana sustentada en la represión; tenía entre sus miembros notables y elocuentes oradores que pronunciaban magníficos discursos para alabar a su amo. La juventud era tan sólo un recuerdo: habían envejecido en sus curules viendo pasar ociosamente el tiempo y haciendo buenos negocios. Y la "verdad" no era un término que existiera en el vocabulario de los legisladores porfiristas; durante 34 años habían sido cómplices de la dictadura.

Canibalismo revolucionario

En 1910, el México bronco resurgió furioso de las entrañas de la nación para tocar las fibras más sensibles de la conciencia colectiva. Contra los agravios políticos la respuesta fue "sufragio efectivo, no reelección"; contra los agravios sociales el grito fue de "tierra y libertad". El reclamo era legítimo: "justicia y ley". El instrumento justiciero no pudo ser más doloroso: la muerte.

La revolución acabó con los sueños de grandeza del porfiriato. El progreso material no pudo detener el avance de las demandas sociales y políticas, y la vieja estructura del poder se vino abajo por algunas décadas para luego ser retomada y mejorada por el sistema político mexicano. Las obras del palacio legislativo quedaron inconclusas. Como vestigio de los tiempos de don Porfirio, la gran cúpula –única parte que alcanzó a realizarse– presenció los azarosos tiempos revolucionarios.

La salida de Porfirio Díaz rumbo a Veracruz y al exilio eterno anunció el inicio del siglo XX mexicano. La entrada de Madero fue apoteótica, una luz de esperanza fincada en las libertades públicas parecía anunciar un tiempo nuevo. El golpe de Estado de Victoriano Huerta y el asesinato de Madero acabaron con la incipiente democracia y dieron inicio a los años más violentos del movimiento armado. Vendrían entonces las sucesivas ocupaciones de la capital mexicana; seducidos por el poder, Carranza, Obregón, Villa y Zapata la tomaron sin miramientos. Desde 1915 la revolución se volvió contra sí misma: hambre y muerte sacudieron a la población de toda la república. En 1917, una nueva Constitución excluyó a buena parte de la vieja guardia revolucionaria.

A pesar de todo, la cúpula del palacio legislativo seguía en pie y atestiguó el canibalismo revolucionario en su máxima expresión. Junto a los grandes caudillos, una generación de hombres honestos –casi todos improvisados generales– desapareció a manos de la traición y el asesinato.

Desde 1929, con la fundación del partido oficial (PNR), todo se entendía a través de la palabra revolución. Fuera de los regímenes emanados de ella era oscuridad, anarquía, rezago y pobreza. Cualquier voz disonante se convirtió en un enemigo del sistema. El partido oficial borró de la conciencia nacional las traiciones políticas de los caudillos, al reconciliar a los viejos revolucionarios a través del discurso y de la manipulación de la historia. Nació así uno de los grandes mitos: "el pueblo decidió romper las cadenas de la opresión porfirista y como un solo hombre, unido hasta el final, tomó las armas el 20 de noviembre de 1910".

La vieja cúpula que, al iniciarse la década de 1930, aún asomaba por encima de la cada vez más populosa ciudad de México, encontró un destino nuevo. Para coronar la ficción histórica del movimiento revolucionario, en 1933 el arquitecto Carlos Obregón Santacilia propuso aprovechar la estructura inconclusa del palacio legislativo porfiriano para construir un monumento que mostrara la grandeza y la fortaleza del movimiento libertario de 1910. La sólida construcción de piedra tardó cinco años en concluirse, y el 20 de noviembre de 1938 la sombra del nuevo monumento sirvió de escenario para la celebración del vigésimo octavo aniversario de la "heroica gesta" de 1910.

Para los pocos críticos de la revolución, la escena volvía a repetirse, el monumento era una farsa: forma sin fondo. Los cuatro grupos escultóricos que rematan cada una de sus columnas representan a la independencia, las leyes de Reforma, las leyes obreras y las leyes agrarias; pero con un sistema que decidió gobernar de manera discrecional e impune, las leyes no significaron nada.

Con el paso del tiempo, diversas urnas con restos mortales ocuparon un lugar en aquella gélida construcción de piedra. Lo que no pudo lograr el "interés nacional" o el amor a la patria durante la etapa armada de la revolución, lo consiguió el sistema político mexicano con buena dosis de historia oficial: reunir a los principales jefes –Madero, Carranza, Villa, Calles y Cárdenas– en un mismo espacio, sin posibilidad alguna de nuevas confrontaciones. Y, como los muertos no tienen derecho de réplica, los caudillos debieron conformarse con su triste destino: dormir el sueño eterno junto a sus viejos enemigos.

La bala que construyó un mito

Héroes por hombres

Un solo tiro es suficiente para borrar el pasado, para olvidar los errores y exaltar sin medida los aciertos. Un disparo mortal es suficiente para construir figuras míticas y heroicos paladines, para transformar el mediano talento en genialidad. La gran tragedia de la historia mexicana es haber llevado hasta lo más alto del panteón cívico de la patria a diversos personajes que murieron arteramente, sin haberlos sometido antes al riguroso examen de sus propias obras.

El mejor ejemplo de las balas creadoras de héroes se encuentra en la revolución mexicana. Con excepción de Calles y Cárdenas, el resto de los principales caudillos cayeron abatidos violentamente, a manos de la traición, la emboscada y el complot. Al momento de ser asesinados, Madero (1913), Zapata (1919), Carranza (1920), Villa (1923) y Obregón (1928), ya tenían ganado su lugar en la historia.

Sin embargo, las balas asesinas llevaron a estos personajes a un grado de exaltación que ni lejanamente hubieran podido imaginar en vida. El sentimiento se apoderó de la razón, del juicio y de la crítica. Se les reconoció, no por lo que habían hecho en vida, sino por cómo habían muerto. No es casualidad que unos días después de la muerte de Madero apareciera una leyenda señalando: "Te faltaba morir así, esto es tu apoteosis", o que la gente que acompañó a Carranza hasta su última morada murmurara: "Ha muerto nuestro padre".

Frente a la desgracia y el dolor provocado por el asesinato –y más si se considera que, con excepción de Carranza, el resto no alcanzó los 50 años de edad–, los hombres falibles fueron sustituidos por héroes perfectos. Durante décadas fue impensable –resultaba una afrenta para la patria– señalar a Madero como responsable de su propia caída, a Carranza autorizando la eliminación de sus enemigos –entre ellos a Zapata–, a Villa como un asesino consumado o al cínico de Obregón haciendo prosperar sus haciendas con dinero público.

Colosio: ¿paladín de la democracia?

Aunque la exaltación desmedida de los personajes parecía propia de la historia oficial –alentada por el régimen priísta durante la mayor parte del siglo XX–, el asesinato de Luis Donaldo Colosio, ocurrido en 1994, constituye el último ejemplo de la facilidad con que pueden construirse mitos de la nada.

Por desgracia, el gran mérito de Colosio fue morir asesinado en Lomas Taurinas. No tuvo tiempo para más. Hasta ese funesto 23 de marzo de 1994 no era un protagonista de la historia; ni siquiera con la candidatura presidencial en sus manos había logrado ganarse un lugar diferente al de muchos otros políticos que, como él, discretamente dedican su vida al servicio público, para luego desaparecer si la diosa fortuna de la política no los favorece.

Ni siquiera el ahora célebre discurso del 6 de marzo –que, como Colosio, sería mitificado después del asesinato– logró captar la atención de la opinión pública, por entonces más interesada en el asunto de los zapatistas y en el protagonismo de Manuel Camacho Solís. Al día siguiente, algunos titulares simplemente expresaron: “Demanda Colosio imparcialidad al gobierno” o bien, “‘Habrá reformas’: Colosio”.

En su discurso del 6 de marzo, Luis Donaldo no prometió nada que no hubiesen prometido todos los anteriores candidatos priístas a la presidencia, los cuales, ya como una tradición, solían "pintar su raya" con la administración que estaba por concluir, aunque siempre se mantuvieron fieles e institucionales a su partido y fueron incapaces de denunciar la corrupción, la impunidad o el autoritarismo del presidente saliente.

Aunque parezca paradójico, la pistola de la cual salió la bala asesina estaba cargada de inmortalidad. Y, como por arte de magia, las promesas de grandes reformas políticas, de equidad, la crítica al autoritarismo, la acotación del presidencialismo, que sólo fueron eso, promesas de campaña, dejaron de ser palabras para convertirse en hechos tangibles en el imaginario de la clase política y de gran parte de la sociedad.

Desde ese momento, la figura de Colosio se agigantó. De la noche a la mañana se convirtió en el nuevo apóstol de la democracia. A partir de su muerte, sus "principios" fueron adoptados por propios y extraños; es invocado cada vez que la clase política habla de los nuevos tiempos democráticos –incluso el presidente Fox ha llegado a reconocerlo como el gran demócrata–, y es considerado como un referente en la muy larga historia de la transición.

Sin embargo, pocos han tratado de someter su recuerdo al examen riguroso de sus propias obras. Quizá por cierta lástima, quizá por el dolor que provocó su asesinato a mansalva, quizá porque al morir no tenía ni siquiera 45 años de edad, o quizá porque la historia también se escribe con mitos, ya nadie recuerda que Colosio fue parte del propio sistema que lo llevó a la muerte.

Luis Donaldo formó parte del gabinete de Carlos Salinas de Gortari, avalando con ello, de manera implícita, a un régimen surgido del fraude electoral y cuya legitimidad fue puesta en duda en todo momento. Estaba inmerso y participaba de un sistema autoritario que pretendía llevarlo al poder, y, por si fuera poco, siendo "presidente del PRI –escribió Raymundo Riva Palacio el 7 de marzo de 1994– atestiguó cómo los triunfos priístas en Guanajuato y San Luis Potosí fueron revertidos por decisión presidencial".

Sin lugar a duda, Luis Donaldo Colosio era un buen hombre. Sin embargo, su muerte no significó un atentado contra la democracia, tan sólo evidenció la descomposición interna del sistema político mexicano. Hoy la historia debería colocarlo en el lugar que le corresponde, bajándole de un pedestal que no merece y en el cual lo colocaron la retórica política y los advenedizos. Con toda seguridad, con su muerte, más que la patria, perdió su familia.

Del bronce a la pantalla grande

Héroes de películas

La escena no podía ser más conmovedora. Las tropas mexicanas arremetían furiosamente contra los franceses. Cientos de hombres preparaban sus bayonetas para una nueva carga. El primer ejército del mundo, sin embargo, parecía imponer su manifiesta superioridad a pesar del coraje de los mexicanos. El sonido de las bayonetas chocando unas con otras, la lucha cuerpo a cuerpo, las explosiones que ensordecían el ambiente mostraban los rastros de la gran batalla. En las llanuras de Puebla, México se jugaba su destino en ese terrible año de 1862.

El futuro de la batalla se antojaba incierto. Decenas de heridos se guarecían recargados en los muros de los fuertes de Loreto y Guadalupe, esperando un milagro. De pronto, el corneta del ejército republicano cae muerto. Parece el augurio de la derrota; sin embargo, algo extraordinario está a punto de suceder. En medio del fragor del combate, cuando los mexicanos necesitan algo que los impulse y los lleve hacia la victoria, aparece el gallardo teniente Luis Sandoval (Pedro Infante).

Con decisión, Sandoval toma la corneta y comienza a interpretar el himno nacional mexicano. Sus notas recorren cada palmo del campo de batalla y, al escucharlo, cada combatiente mexicano llena su corazón de patria. Hasta los heridos olvidan su dolor y luego de incorporarse comienzan a cantar cada estrofa del himno. Ha llegado la hora de México y el ejército republicano, con emoción, con valentía y sacando fuerzas de la flaqueza, avanza imbatible sobre los franceses que comienzan la retirada.

De pronto, una bala impacta sobre el cuerpo de Luis Sandoval, pero su patriotismo es más grande y con lo último de sus fuerzas continúa su interpretación del himno, hasta que los mexicanos cantan la victoria definitiva. Momentos después agoniza en el campo de batalla, pero con el rostro satisfecho pues la patria se ha salvado.

La gente salía verdaderamente conmovida de las salas cinematográficas luego de ver la actuación de Pedro Infante en *Mexicanos al grito de guerra* (Álvaro Gálvez y Fuentes, 1943) o lloraba amargamente al ver a Jorge Negrete como uno más de los "niños héroes" sacrificando su vida en aras de la patria, en *El Cementerio de las águilas* (Luis Lezama, 1938), o se regocijaba con la valentía del Centauro del Norte, interpretado primeramente por Domingo Soler (*Vámonos con Pancho Villa,* Fernando de Fuentes, 1935) y luego por Pedro Armendáriz (*Cuando viva Villa es la muerte,* Ismael Rodríguez, 1958).

Todas parecían contar la historia de México con veracidad y realismo. Sin embargo, no fue así. Durante años la pantalla se llenó con los iconos de la historia oficial.

El cine se llena de bronce

El cine mexicano no pudo escapar a la inercia del sistema político mexicano, que se empeñó en escribir su propia versión de la historia y los cineastas compraron su interpretación. En casi todas las películas históricas era evidente la exaltación de los héroes, la visión maniquea, los personajes que frente a las cámaras no hablaban, sino pontificaban. Las caracterizaciones no eran difíciles de realizar, pues los héroes nacionales siempre aparecían con el rostro de piedra y con una mirada perdida en el horizonte, como pensando permanentemente en el porvenir de la patria.

Aunque la presencia del cura Hidalgo en *La Virgen que forjó una patria* (Julio Bracho, 1942) es muy breve, los pocos minutos que aparece en cuadro son suficientes para mostrar al cura grave, serio, patriótico hasta en su manera de hablar. Nada parecido a como verdaderamente era Hidalgo, risueño, juguetón, abierto, afable, excelente conversador, muy animado; incluso en los momentos de mayor gravedad no perdía el buen talante.

El caso de Pancho Villa es muy semejante. Quizá dentro de la historia del cine mexicano la más famosa caracterización fue la que, durante años, realizó Pedro Armendáriz. En películas como *Cuando viva Villa es la muerte* o *Así era Pancho Villa* de Ismael Rodríguez, el espectador llega a encariñarse no sólo con el Centauro del Norte sino hasta con uno de sus lugartenientes más sanguinarios, Rodolfo Fierro, interpretado de manera magistral por Carlos López Moctezuma.

Este tipo de películas les hizo, con mucho, un favor a los dos revolucionarios. Villa fue un justiciero, pero también un asesino consumado que, por momentos, era incapaz de sentir piedad. Fierro fue definido simplemente como una "bestia sedienta de sangre". Ambos personajes estaban muy lejos de aquella maravillosa secuencia de la película de Rodríguez, donde Villa ordena traer nieve de limón para él, para Fierro y para los rehenes que mantienen secuestrados en un banco.

Juárez es quizá el personaje que jamás ha podido desprenderse del baño de bronce de la historia oficial. No sólo en la película *Aquellos años* (Felipe Cazals, 1972), realizada con motivo de su centenario luctuoso, sino también en teleseries, como *El Carruaje* y *La Tormenta*, se presenta un don Benito incapaz de mostrar sus sentimientos, firme, sereno y empeñado en sacrificarse en aras de la patria. El cine nos negó la posibilidad de ver a un Juárez cariñoso con su esposa, amantísimo padre de familia, buen jugador de naipes, sentimental y tierno.

Desde luego, no podían faltar las varias versiones de Zapata, aunque la más conocida es la caracterización de Antonio Aguilar, que termina por convertirse en otra apología del caudillo sureño. También tenemos las comedias que muestran los últimos días del porfiriato, aunque su sentido no es histórico y toman el periodo sólo como un pretexto para contar una historia. Tal es el caso de *México de mis recuerdos* o *¡Qué tiempos aquellos señor don Simón!*

La historia oficial se apoderó del cine mexicano. Sin embargo, estas cintas invitan a redescubrir la historia. El manejo de las situaciones, de los sentimientos, de las fibras patrióticas, mantienen al espectador atento al desarrollo de los acontecimientos. Hasta hace algunos años era obligado que el 5 de mayo se pasara *Mexicanos al grito de Guerra* por el canal de las estrellas o el 13 de septiembre pudiera verse *el Cementerio de las águilas* y después de la ceremonia del "grito", invariablemente iniciaba la proyección de *La Virgen que forjó una patria.* Con todo y el discurso broncíneo, el cine histórico nacional es una buena manera de acercar a las generaciones actuales al conocimiento de su pasado.

EL EJERCICIO DEL GOBIERNO

El presidente que no escuchaba

Ceguera democrática

El día era particularmente frío. En lo alto de Chapultepec soplaba un ligero viento helado propio del invierno que se mostraba con plenitud en la última semana de enero de 1913. La caravana de automóviles avanzó por la rampa que conducía hasta las rejas del Castillo y ahí detuvo su marcha. Gustavo Madero bajó de uno de los autos y vio a su hermano que esperaba el arribo de un grupo de diputados del bloque renovador de la XXVI Legislatura, quienes habían solicitado una reunión privada con el presidente.

Madero se veía tranquilo. Saludó afectuosamente a cada uno de los miembros de su partido –el Constitucional Progresista– que ocupaban una curul en la máxima representación del país. A Gustavo le dio un abrazo e invitó a todos a pasar a una de las salas del Castillo. La presencia de los diputados, sin embargo, debió extrañarle. A los ojos de don Francisco las tormentas políticas que habían azotado a su régimen durante el año anterior parecían alejarse.

Gustavo y el resto de los diputados no compartían el optimismo del presidente Madero. Los trabajos de la XXVI Legislatura habían comenzado apenas en septiembre de 1912 y a tan sólo cuatro meses el gobierno se encontraba paralizado. A pesar de que el grupo maderista tenía la mayoría en la Cámara, su falta de experiencia abrió paso a la demagogia, y el primer periodo de sesiones –del 16 de septiembre al 15 de diciembre– estuvo marcado por la argumentación apasionada, el arrebato y el encono de los miembros del Congreso, que tomaban la tribuna para entablar discusiones que no conducían a nada.

Desde la óptica del presidente, las noticias que recibía de la Cámara de Diputados eran parte del aprendizaje democrático.

Durante la dictadura porfirista, los miembros del Congreso se habían acostumbrado a "callar y a obedecer". Madero consideraba que bajo su régimen los representantes de la nación asumirían de manera responsable su tarea pública y en poco tiempo alcanzarían un grado de civilidad que alentaría la marcha del gobierno.

Pero la visita a la casa presidencial no tenía como fin tratar en exclusiva asuntos del Congreso. Los rumores de un golpe de Estado recorrían las calles de la ciudad, la prensa continuaba lanzando encarnizados ataques contra el presidente y su familia; la administración pública se encontraba a la deriva y las noticias enviadas a Washington por el embajador estadunidense Henry Lane Wilson eran alarmantes.

A los diputados encabezados por Gustavo Madero les preocupaba sobremanera que don Francisco desestimara la gravedad de los asuntos nacionales. Si la situación en el Congreso era difícil, la posición de los diputados maderistas se tornaba aún más complicada por la falta de cohesión en el poder ejecutivo y por su escasa vinculación con el poder legislativo, pero sobre todo por el evidente distanciamiento que guardaba el presidente con sus propios diputados.

En los días previos a la reunión en el Castillo de Chapultepec, la casa de Gustavo Madero se convirtió en la última esperanza del régimen maderista. Durante tres días –16, 17 y 18 de enero– los más leales partidarios del gobierno discutieron sobre los problemas nacionales y el futuro del régimen. De las reflexiones nació un Memorial, en el cual criticaban las decisiones y actitudes tomadas por el presidente en los últimos meses; señalaban que su obstinación en mantener dentro del gabinete a elementos reaccionarios opuestos a las reformas revolucionarias era el principal obstáculo para el éxito de la administración y, más que solicitar, suplicaban un cambio de postura. El maderismo estaba por jugarse su última carta.

"La revolución va a su ruina..."

Catorce meses de gestión fueron suficientes para desalentar a la población. La promesa del cambio, de la restitución de tierras, del desarrollo de la sociedad se transformó en retórica frente a la crisis política y económica que sacudía hasta el último rincón de la república. El desencanto se apoderó de la conciencia social y todo el régimen cayó en el descrédito.

> Si Madero hubiera podido cumplir sus promesas, su prestigio se habría conservado –escribió su ministro Manuel Calero–. Madero, como todos los agitadores, había hecho promesas imposibles de cumplir... Las masas le creían, pero cuando llegó el momento decisivo de la prueba y las mágicas transformaciones no se efectuaron, las multitudes se dieron por burladas. Entonces aquel hombre, que no inspiraba respeto más que a los que veíamos de cerca sus altas virtudes, se transmutó, en el concepto de sus improvisados admiradores, en objeto de fisga y vilipendio.

Para los diputados que presentaron el Memorial al presidente, el incumplimiento de las promesas de campaña no era el problema central. Una vez que el gobierno lograra consolidarse, quedaría demostrado que la palabra de Madero tenía valor. La gravedad de la situación era que "las transacciones y complacencias con individuos del régimen político derrocado" habían creado un abismo entre los propios revolucionarios. La "funesta conciliación" era la piedra angular de la inestabilidad del gobierno.

Desde el triunfo de la revolución, Madero le había dado la espalda a sus adeptos, al aceptar el interinato de Francisco León de la Barra y permitir el licenciamiento de las tropas revolucionarias. A principios de 1913 buena parte de los miembros originales del maderismo habían roto con el presidente por su falta de carácter para deshacerse de los integrantes del gabinete ajenos a los principios revolucionarios.

Los diputados del bloque renovador eran la sangre más joven del maderismo. De ahí la combatividad y el ánimo revolucionario que impulsaban sus acciones; a la caída de Madero, varios se incorporarían a las filas del Constitucionalismo, como Félix Palavicini, Juan Sánchez Azcona o Luis Cabrera. La inexperiencia política del grupo, sin embargo, propició discusiones acaloradas en el Congreso y creó diferencias que impidieron la unidad frente a otras fracciones dentro de la Cámara.

Esta circunstancia llevó al presidente Madero a ignorar a sus diputados y a desestimar la fuerza que representaban dentro del Congreso. En el Memorial, los renovadores se quejaban de semejante situación:

> Debe el gobierno, por interés propio, reaccionar sobre sí mismo, pues a pesar de la fuerza, de la más profunda de las convicciones, a pesar del entusiasmo, del más hermoso de los ideales, si a cambio de nuestra adhesión y de nuestra lealtad, el gobierno sigue convenciendo a la sociedad de que nada valemos ni significamos para él, la única fuerza política con que hasta hoy cuenta el gobierno, este bloque Renovador, acabará por desmoronarse y hacerse polvo.

Si el propio Madero ignoraba a sus diputados, del resto de sus ministros no podían esperar nada. En el Memorial, los renovadores sólo se atrevieron a solicitar la renuncia del ministro de Justicia, Manuel Vázquez Tagle, por aplicar la ley frente a la difamación, la calumnia y el abuso en que incurrían algunos periódicos que abiertamente favorecían la sedición o conspiraban sin reparos. Pero, quizás a instancias del diputado Gustavo Madero, no pidieron el retiro de dos ministros que también obstaculizaban el programa revolucionario: Ernesto Madero, secretario de Hacienda, y Rafael L. Hernández, ministro de Gobernación. Los dos eran familiares del presidente. La conclusión de los diputados era clara:

> La revolución va a su ruina, arrastrando al gobierno emanado de ella, sencillamente porque no ha gobernado con los revolucionarios. Es necesario, señor presidente, que la revolución gobierne con los revolucionarios, y se impone como medida propia de conservación que dará fuerza y solidaridad al gobierno, que los empleados de la administración pública sean todos, sin excepción posible, amigos del gobierno.

"Oídos sordos"

En el Castillo de Chapultepec el presidente Madero trató de manera afable a los diputados. Escuchó pacientemente sus observaciones y su análisis de la situación del país, agradeció su patriotismo y sus buenas intenciones, pero calificó de "exagerados" sus temores. Con todo, prometió en los días siguientes responder a cada una de sus inquietudes.

Los diputados sintieron desconsuelo por la actitud del presidente y por primera vez palparon la inminente caída del régimen. A instancias de hombres como José Vasconcelos, Alberto J. Pani y Serapio Rendón, en los primeros días de febrero de 1913 volvieron a entrevistarse con Madero para convencerlo de la necesidad de hacer cambios. La respuesta del presidente dejó en claro que vivía ajeno a la realidad: "Nada hay que temer mientras el pueblo me aplauda". Días después estalló la Decena Trágica.

¿Siervos de la nación?

"Que la nación me lo demande"

Desde antes de que México viera consumada su independencia, la Constitución de Apatzingán (1814), en su artículo 52, contemplaba las virtudes imprescindibles para el ejercicio del gobierno. Los servidores públicos debían gozar de "buena reputación, patriotismo acreditado con servicios positivos, y tener luces no vulgares para desempeñar las augustas funciones de este empleo". Otro de sus artículos –adelantado para su época, pero derogado en las constituciones posteriores– ponía límites a los excesos del poder, al considerar delito de Estado la dilapidación de los caudales públicos.

Inspirada en los Los sentimientos de la nación de José María Morelos, la célebre Constitución de Apatzingán nunca entró en vigor; la guerra de independencia lo impidió, pero incluso el propio cura de Carácuaro llegó a considerarla "mala por impracticable". Los principios contenidos en ella parecían una utopía para un país analfabeto, terriblemente desigual, sin una conciencia cívica y mucho menos política. Luego de 300 años de dominación, la sociedad se había acostumbrado al paternalismo virreinal, a la postración cívica. ¿Qué clase de servidores públicos tendría el nuevo país?

En las primeras décadas del México independiente la mayoría de los funcionarios públicos, sobre todo de los poderes Ejecutivo y Legislativo, mostraron un ánimo natural de servicio que se mezclaba, sin lugar a duda, con el interés particular o de clase. Con algunas excepciones, los pocos presidentes que pudieron ejercer el gobierno, sin verse amenazados por las revueltas y golpes de Estado, lo hicieron con probada honestidad y cultura de servicio; aun los gobernantes que provenían de las "terribles entrañas de la reacción" predicaron con el ejemplo. El servicio público estaba lejos de identificarse con el enriquecimiento, y la mayoría dejaba sus cargos sin un centavo que no proviniera exclusivamente de sus salarios.

> Después de Guadalupe Victoria –escribió Manuel Payno– los presidentes de la república, cualesquiera que hayan sido su conducta y opiniones políticas, continuaron viviendo en una especie de simplicidad y pobreza republicanas a que se acostumbró el pueblo. El sueldo señalado al primer magistrado de la república ha sido de 36 mil pesos cada año, y de esta suma han pagado su servidumbre privada y sus gastos y necesidades personales. Para honra de México, se puede asegurar que la mayor parte de los presidentes se han retirado del puesto, pobres unos, y otros en la miseria.

Por entonces el presidente de la república no gozaba de pensión vitalicia –que sería establecida en los últimos días del sexenio de Luis Echeverría–; al concluir su gobierno regresaba a su vida profesional o se dedicaba a escribir. Para muchos, la mayor riqueza que conservaban, luego de haber cumplido su mandato, era la de mantener limpia su reputación. No era concebible tampoco el enriquecimiento de la familia del presidente. En uno de tantos casos, al morir el presidente Miguel Barragán, en 1836, su hija sólo heredó su buen nombre y para sobrevivir estableció un estanquillo de tabaco.

Desde luego, la austeridad y la honradez no garantizaban el buen gobierno. No faltaba "el presidente –escribió Francisco Zarco– que suele dar audiencia al empezar a gobernar; después se cansa de oír una misma cosa y se declara incomunicado". Cada primer mandatario imprimió al gobierno su sello personal, como José Justo Corro (1836 -1837), quien se pasmó frente a la rebelión de los texanos y su administración terminó siendo considerada como "una de las más funestas para México", o el caso de Mariano Paredes y Arrillaga (1845-1846), quien siendo presidente de una república quiso establecer un proyecto monárquico cuando la invasión estadunidense amenazaba al país.

Claroscuros

La cultura de servicio tuvo su época de oro en el periodo de la República Restaurada (1867-1876). Junto al poder Ejecutivo, los miembros del Congreso y del poder Judicial gobernaron el país con apego irrestricto a la ley y con una moral política honesta e independiente, que difícilmente se puede encontrar en otro periodo de la historia mexicana.

Con un sueldo de 333 pesos mensuales como magistrado de la Suprema Corte de Justicia de la Nación, Ignacio Manuel Altamirano escribió:

> No tengo remordimientos. Estoy pobre porque no he querido robar. Otros me ven desde lo alto de sus carruajes tirados por frisones, pero me ven con vergüenza. Yo los veo desde lo alto de mi honradez y de mi legítimo orgullo. Siempre va más alto el que camina sin remordimientos y sin manchas. Esta consideración es la única que puede endulzar el cáliz, porque es muy amargo.

A pesar de las candentes discusiones y polémicas que se desataban en el Congreso, los diputados tenían un verdadero compromiso con la nación. No aspiraban a ocupar una curul para mejorar su posición económica. Sus palabras encontraban sustento en su vasta formación –eran abogados, médicos, periodistas, escritores, militares, científicos– y en su conocimiento de los asuntos políticos, económicos e históricos. Por sobre todas sus cualidades existía una fundamental: la capacidad de autocrítica.

En momentos en que la nación no podía darse el lujo de perder tiempo y recursos económicos, José María Mata señalaba acremente a los diputados faltistas: "Si en todo esto hay infamia, vergüenza y humillación, no es para la mayoría de los diputados, sino para los propios que faltan a su deber, para los que se fingen enfermos para ir al teatro y atender sus negocios particulares".

Bajo la célebre máxima "poca política, mucha administración", Porfirio Díaz enterró la práctica del servicio público eficiente, honesto e independiente en todos sus niveles: de la presidencia de la nación al último peldaño de la administración pública, aunque hubo casos de excepción entre los funcionarios de su régimen. Treinta y cuatro años de dictadura bastaron para trastocar la ética de los servidores, al propiciar el servilismo y la lealtad incondicional de la burocracia hacia el sistema porfiriano. El mismo don Porfirio dejó un retrato inmejorable de los servidores públicos, que parece no haber perdido vigencia:

> Los mexicanos están contentos con comer desordenadamente antojitos, levantarse tarde, ser empleados públicos con padrinos de influencia, asistir a su trabajo sin puntualidad, enfermarse con frecuencia y obtener licencias con goce de sueldo, divertirse sin cesar, gastar más de lo que ganan y endrogarse para hacer fiestas onomásticas. Los padres de familia que tienen muchos hijos son los más fieles servidores del gobierno, por su miedo a la miseria; a eso es a lo que tienen miedo los mexicanos de las clases directivas: a la miseria, no a la opresión, no al servilismo, no a la tiranía; a la falta de pan, de casa y de vestido, y a la dura necesidad de no comer o sacrificar su pereza.

¿Honorable? Congreso de la Unión

Gestado con la constitución del partido oficial en 1929, el neoporfirismo dio la puntilla final al servicio público, al trastocar la ética política y al violentar su relación con aquellos grupos que, a su juicio, ponían en riesgo su permanencia en el poder. Alrededor del servicio público se fue creando una fama que, por desgracia para la sociedad mexicana, no era del todo falsa: trabajar dentro de alguna de las ramas de la administración pública era sinónimo de enriquecimiento y la garantía de asegurarse el patrimonio.

El Congreso, por años tan sumiso, acostumbrado a la máxima clásica del despotismo ilustrado: "callar y obedecer", cedió de manera voluntaria su responsabilidad política de servicio público a cambio de beneficios materiales, concesiones y ascensos políticos garantizados por el sistema político mexicano. Pero su mayor culpa histórica fue el haber renunciado al poder de limitar el poder.

Desde luego han existido –y existen– notables excepciones, pero el ambiente general tendía a reconocer ese pacto entre los servidores públicos y el sistema político mexicano. La sociedad civil y los partidos de oposición se contaminaron en este proceso, y sexenio tras sexenio acumularon rencor y odio por la represión, la humillación y la intolerancia del sistema. Esto explica que las tres últimas legislaturas (1997-2006) –en las cuales el presidente no ha tenido la mayoría– hayan caído en el revanchismo político y en la apuesta del fracaso del otro –que es también el del país– para obtener posiciones de poder más ventajosas.

Sin duda, el servicio público y los llamados representantes de la nación han caído en el mayor descrédito posible. Ante el ya cercano inicio de sesiones del Congreso, sus miembros necesitan recurrir a la historia como maestra del porvenir y recuperar la conciencia cívica de aquellos hombres que entendieron el significado de la palabra "mandato", otorgado por el pueblo para dirigir con inteligencia, prudencia y acierto los destinos del país. Cuando la democracia parece desfallecer, las palabras de Benito Juárez recobran su sentido:

> A propósito de malas costumbres, había otras que sólo servían para satisfacer la vanidad y la ostentación de los gobernantes. Las abolí porque tengo la persuasión de que la respetabilidad del gobernante le viene de la ley y de un recto proceder y no de trajes ni de aparatos militares propios sólo para los reyes de teatro.

Los diputados peregrinos o de cómo los legisladores llegaron a San Lázaro

Durante el siglo XIX

La historia mexicana puede contarse a través de sus recintos legislativos. Desde 1821 –año en que México nació a la vida independiente–, 16 construcciones han albergado al Congreso de la Unión. Templos, teatros, colegios religiosos, auditorios y hasta el inmueble que ocupara un circo y un estadio deportivo fueron acondicionados para recibir al poder Legislativo, y en ocasiones al Ejecutivo cuando, por mandato de ley, debía presentar sus informes a la nación. En esos edificios, el Congreso redactó a través de leyes –escasamente sabias y justas– la historia de México.

El 24 de febrero de 1822 se instaló el primer Congreso del México independiente en la catedral metropolitana, cuando en el horizonte político asomaba el imperio de Iturbide. Luego de la magna ceremonia, los diputados ocuparon el viejo colegio jesuita de San Pedro y San Pablo. El recinto presenció el ascenso de Iturbide (1822), la disolución del Congreso y su posterior restauración, que llegó acompañada con la abdicación del emperador (1823), la jura de la primera Constitución (1824) y la elección del primer presidente constitucional, Guadalupe Victoria.

En 1829 la Cámara de Diputados inició su largo peregrinar. Un elegante salón en el Palacio Nacional fue su sede hasta septiembre de 1847, cuando los poderes de la federación se trasladaron a Querétaro mientras las tropas estadunidenses ocupaban la capital de la república. No fue, sin embargo, la única vez que el Congreso sesionó fuera de la ciudad de México.

Durante la guerra contra la intervención francesa y el imperio de Maximiliano (1862-1867) la Cámara de Diputados, que acompañaba al presidente Juárez, ocupó el Colegio Guadalupano de San Luis Potosí (9 de mayo – 12 de julio de 1863). Ante el avance incontenible de las tropas francesas, el gobierno republicano se replegó hacia el norte del país y en 1864 se estableció en Saltillo. El Congreso encontró su nueva sede en la Casa del Obispado, pero sólo sesionó por algunos días, los suficientes para otorgarle facultades extraordinarias a Benito Juárez y desintegrarse hasta que la situación política del país favoreciera a los republicanos.

Con excepción de los periodos en que México fue ocupado por fuerzas invasoras, el Congreso sesionó en el Palacio Nacional hasta 1872. La Constitución de 1857 fue jurada en uno de los salones del viejo palacio virreinal y al triunfo de la República, en 1867, el Salón de Embajadores –conocido anteriormente como Salón del Trono– fue designado recinto parlamentario.

En 1868, el Congreso dejó de sesionar en el Palacio sólo por unos meses. Se trasladó al edificio que había ocupado el Circo Chiriani en la calle de Gante. No fue el sitio indicado para la tarea legislativa, ya que la lluvia producía un ruido insoportable en el techo y era prácticamente imposible escuchar a los oradores.

De vuelta en Palacio Nacional, el 22 de julio de 1872 un terrible incendio consumió el recinto donde sesionaba la Cámara de Diputados. El fuego se produjo de manera accidental; la presencia de centenares de personas que se volcaron al Palacio para presentar sus respetos al cadáver de Juárez –fallecido el 18 y expuesto del 19 al 22 de julio– provocaron que se cayera alguna vela, lo que inició el siniestro. El Congreso tuvo que buscar un recinto y se estableció en el teatro Iturbide, ubicado en las calles del Factor –hoy Donceles y Allende– e inaugurado en 1856.

El lugar resultó mucho más cómodo y funcional que el Salón de Embajadores del Palacio Nacional y desde 1874 el gobierno pagó lo necesario para utilizarlo de manera permanente como recinto legislativo. Durante 35 años la Cámara de Diputados sesionó en el teatro Iturbide. Con la llegada de Porfirio Díaz a la presidencia, el recinto dejó atrás su carácter político para convertirse literalmente en el "club de amigos del presidente", como lo llamaron los críticos del porfiriato.

En el siglo xx

Un nuevo incendio despertó de su letargo a los legisladores, que volvieron a la actividad para trasladar sus cosas al viejo Palacio de Minería de la calle de Tacuba. En el célebre colegio permanecieron del 1° de abril de 1909 al 31 de diciembre de 1910, mientras se construía el recinto sobre los escombros del teatro Iturbide.

Los diputados inauguraron su edificio en abril de 1911. El 25 de mayo aprobaron el dictamen más importante de las últimas décadas: la renuncia de Porfirio Díaz. Por motivos de salud, el caudillo no se presentó al recinto, sólo pudo enviar el trascendental documento. La misma suerte tuvieron Madero y Pino Suárez en 1913, y Victoriano Huerta en 1914.

Desde 1911 hasta 1981, el recinto de Donceles fue la sede permanente de la Cámara de Diputados. Los legisladores sólo cambiaron de recinto para eventos especiales. De diciembre de 1916 a febrero de 1917, el teatro Iturbide de la ciudad de Querétaro recibió a los constituyentes que le dieron una nueva Constitución al país. El teatro tenía su historia, en 1867 habían sido juzgados en él, Maximiliano, Miramón y Mejía. Con el tiempo cambió su nombre por el de teatro de la República.

Con la fundación del partido oficial en 1929, el Congreso recuperó su pasado porfirista: se convirtió en un nuevo club de amigos del presidente. Durante décadas, la mayoría de los legisladores ocuparon sus curules para aplaudir y alabar al "señor presidente" y cantar sus loas a la revolución mexicana.

A lo largo del siglo XX, los legisladores ocuparon su tiempo buscando nuevos recintos para los eventos especiales. Tres construcciones fueron declaradas "recinto oficial" por un día, para celebrar en ellas el cambio de poderes. En el Estadio Nacional –magna obra construida por el secretario de Educación Pública José Vasconcelos, en 1924– fueron ungidos Plutarco Elías Calles, Emilio Portes Gil, Pascual Ortiz Rubio, Abelardo L. Rodríguez y Lázaro Cárdenas.

Para gustos más refinados, el Palacio de Bellas Artes, lugar en el que protestaron Miguel Alemán Valdés, Adolfo Ruiz Cortines, Adolfo López Mateos y Gustavo Díaz Ordaz. Por su capacidad, en el mismo recinto de avenida Juárez, López Portillo rindió sus informes de gobierno en 1979 y 1980. Dos presidentes abarrotaron el Auditorio Nacional –inaugurado en 1952–, declarado recinto oficial por los legisladores para la toma de posesión de Luis Echeverría en 1970 y José López Portillo en 1976.

A finales de la década de 1970 la capacidad del inmueble de Donceles era insuficiente. Se ordenó la construcción de un recinto en el sitio que ocupó la estación ferrocarrilera de San Lázaro. El 1º de septiembre de 1981, López Portillo inauguró la construcción al rendir su V informe de gobierno. La alegría duró hasta 1989, cuando otro incendió obligó a los diputados a emigrar por tres años al Auditorio del Centro Médico Siglo XXI, y a partir de 1992 regresaron a San Lázaro para seguir escribiendo su historia de claroscuros.

Vasconcelos y Calles: la amargura del exilio

Acérrimos enemigos

Como sucedió en México hasta la tercera década del siglo XX, el "menos malo" de los destinos al que podía aspirar un político, caudillo civil o militar, presidente o dictador, caído en desgracia era el exilio; cuando menos, conservaba la vida. Muchos hombres sintieron en carne propia la soledad del exilio y la cara oculta del poder: la indiferencia, que en cierto modo también era una forma de morir.

Plutarco Elías Calles no fue la excepción, Vasconcelos tampoco. Quizá el exilio era el único vínculo que podía unirlos, si se considera que eran hombres social, cultural y políticamente antagónicos. A más de 60 años de la muerte de Calles, resulta interesante recordar cómo el exilio fue la única oportunidad para que estos dos hombres, habiendo sido acérrimos enemigos en la arena política, y despojados de todo poder, pudieran olvidar sus diferencias.

En diciembre de 1929 José Vasconcelos tuvo que recurrir al autoexilio, tras haber sido víctima del primer fraude electoral con que el partido oficial (Partido Nacional Revolucionario-Partido de la Revolución Mexicana- Partido Revolucionario Institucional, PNR-PRM-PRI) inauguraba su vocación alquimista. Vasconcelos dejaba el país de manera voluntaria porque no tenía otra opción, pero de haber podido permanecer en territorio mexicano, seguramente no lo habría hecho.

La nueva política mexicana, "a la revolucionaria", establecida por los gobiernos postrevolucionarios y perfeccionada e institucionalizada con Plutarco Elías Calles, despertó en Vasconcelos la temprana vocación por una opción política muy mexicana: el exilio. La derrota del 29 no sólo confirmó esa vocación, también lo llevó a una conclusión irrebatible: en su cercanía con el poder desde 1910, había ocupado el lugar equivocado. Las cifras lo demostraban; al cruzar la frontera hacia Estados Unidos, en diciembre de 1929, Vasconcelos partía al exilio por quinta vez.

El exilio, al ser voluntario, supone la existencia de una alternativa más que lógica: no realizarlo. Vasconcelos tenía la opción de desistir, pero tan grande era su aversión hacia el poder que representaba Calles, "el Jefe Máximo", que no contempló la posibilidad de permanecer en México y ser cómplice, reconociendo a un gobierno –el de Ortiz Rubio– surgido de la ilegalidad.

Desde su renuncia como secretario de Educación Pública, en 1924, Vasconcelos había manifestado su oposición a la corrupción política de los sonorenses y sus críticas más severas iban dirigidas contra el Turco: "el furor de Calles era el del verdugo que pega desde la impunidad, siempre a mansalva". De hecho, uno de los motivos de su renuncia al gabinete de Obregón –no expuesto en ella–, fue la imposición que el Manco pretendía hacer, al nombrar a Calles su "heredero" en la silla presidencial.

Años más tarde, entre 1927 y 1928, –por coincidencia, desde el exilio– Vasconcelos escribió cualquier cantidad de críticas contra Calles y en todos los tonos: "lo más repugnante del obregonismo es el callismo"; "ni vale Calles más que un gendarme"; "...prefiero a los obregonistas: después de todo Obregón es sanguinario, pero Calles facineroso"; "lo antipatriótico es estar sirviendo a asesinos analfabetos como Calles".

Ante todos los ataques, la respuesta de Calles fue siempre la misma: el silencio. Con excepción de su exacerbado sentimiento antirreligioso –que le costó muy caro–, Calles tenía una virtud básica para gobernar: ecuanimidad. Todas las invectivas en contra de su gobierno y de su persona –la Plutarca, por ejemplo– fueron aceptadas sin respuesta. Vasconcelos pudo hablar pestes del régimen callista y del Maximato (1924-1934), de la manera de gobernar, de la corrupción del sistema, de la represión, del gobierno dictatorial del sonorense. Escribió lo que quiso, algunas veces asistido por la razón de los hechos, otras, mal aconsejado por la amargura de la derrota.

Ese diciembre de 1929, Vasconcelos salió del país como un fugitivo. Derrotado física y moralmente, llevaba consigo la seguridad de que el único responsable de su fracaso electoral era Calles y su mayor decepción, la apatía del pueblo mexicano: no había respondido –como no respondió a Madero en 1913– al llamado de la democracia. "México no tenía salvación". Era el más doloroso de sus exilios.

Como todos los hombres públicos, cuando finaliza su intervención en el escenario nacional dejan de existir casi de hecho, no obstante que tengan vida privada, familia, amigos, recuerdos. Así sucedió con Vasconcelos, así sucedería con Calles.

El reencuentro

Cuando en 1936 Calles fue obligado a dejar el territorio nacional, al abordar el avión que lo llevaría a su destierro en Estados Unidos, su semblante era el de Vasconcelos en 1929. Apesadumbrado, cabizbajo, derrotado, subió lentamente la escalera del avión. Salvo algunas excepciones, muchos autonombrados "callistas", como "buenos políticos" se habían "cuadrado" al cardenismo. Fue en esos momentos cuando sintió de verdad la soledad de la derrota y, más aún, la impotencia de aquél que teniendo todo el poder en sus manos ve cómo se disuelve entre ellas para no recuperarlo más –situación que para México no podía ser mejor.

Para Calles fue por demás un momento doloroso, afloraron las pasiones escondidas, el deseo de venganza, la revancha... El tiempo lo cura todo, las reflexiones "en frío", la claridad en los pensamientos vendrían con el paso de los meses. El Turco, quien siete años atrás había propiciado la salida de Vasconcelos del país, entraba ya a la galería de "ilustres" desterrados mexicanos. Tal vez en esas horas de soledad, al escuchar el oleaje del mar golpeando en la playa –a donde asistía con regularidad–, asimiló su triste condición y comprendió a Vasconcelos. Entonces lo buscó.

Un día de 1936, en un pequeño rancho cercano a San José, California, a petición de Calles, los dos hombres se reunieron. Existía un paralelismo sentimental, una necesidad de desahogo mutuo, tal vez mayor en Calles –llevaba pocos meses en el exilio– que en Vasconcelos –cumplía casi siete años fuera del país. Con todo, ambos estaban marcados por la impotencia y la amargura; estos sentimientos y la distancia física de México desvanecieron todo rastro de enemistad. Años después de la muerte de Calles, al referirse a las circunstancias que motivaron ese encuentro –que ya en sí mismo parecía contradictorio–, Vasconcelos declaró sinceramente: "Nos unió la derrota".

> El general Calles me recibió como los hombres. Me dio un abrazo y, después de un cordial saludo verbal, me dijo: "Hemos sido enemigos, licenciado, pero yo nunca le hice daño alguno. Desde este momento queda liquidado el pasado entre los dos".

Impresionado por el trato recibido en aquel encuentro, Vasconcelos recordaba:

> Trazamos un plan para reinstaurar la libertad electoral. Calles lo hacía para vengarse de Cárdenas... luego se habría retirado. Estoy seguro. Él era un hombre de palabra; sin hipocresías. "Vea –me dijo Calles– yo he sido ya cuanto se puede ser en este país: dictador omnímodo. No me interesa más el poder." Queríamos los dos reimplantar la democracia.

Seguramente que sí... de haber sido otro tipo de hombres. Calles era autoritario por naturaleza, Vasconcelos era un demócrata convencido. Calles era un militar y como tal procedía. Vasconcelos era un civil formado en el maderismo y no esperaba otra cosa que el respeto irrestricto a las libertades públicas. Era imposible una alianza semejante. Resulta imposible imaginar a Vasconcelos aliado con otro militar –siendo que a los militares siempre los vio con desconfianza– o a Calles apoyando a un civil y respetando la voluntad del pueblo, la que ignoró en 1929.

Nada se concretó de esa entrevista. Sin embargo, a partir de entonces, los dos hombres en el destierro sostuvieron una cordial relación que se prolongó por muchos años. Los resentimientos personales, las críticas, todo quedó olvidado. Ambos se reconocían como "hombres de palabra; sin hipocresías". El general sonorense solía comentar con agrado: "toda conversación con [Vasconcelos] resulta por demás interesante".

La "histórica reconciliación", como la titularon los diarios, produjo reacciones encontradas en México. Se decía que conspiraban, que se unirían para "reimplantar la democracia", "Vasconcelos pondría la popularidad, Calles la fuerza". Algunos estudiantes y viejos militantes del vasconcelismo del 29 criticaron de manera severa tan "ignominiosa reconciliación". No sin cierto dejo de reproche, pero mordazmente, Vasconcelos apuntaba: "Calles, en el destierro, vale mil veces más que todos los que están en el gobierno y los que quedan en la oposición".

Su conclusión era clara: con la derrota del 29 no había perdido él, había perdido México.

Los años y las cartas convirtieron aquel encuentro en una cordial relación. En 1945, cuando Calles falleció, Vasconcelos acudió al sepelio. Mientras hacía guardia de honor frente al féretro, llegó una ofrenda de Cárdenas que fue rechazada por la familia. ¿Qué pensamientos cruzarían por la mente de Vasconcelos ese 19 de octubre? Tal vez sólo uno que lo impresionó desde aquella entrevista en California: "Tengo que reconocer una calidad moral muy grande en el enemigo que es capaz de perdonar como Calles".

La ley contra los ciudadanos

> Hemos visto casos en que la expulsión de un extranjero ha sido notoriamente injusta y en cambio se han visto otros en que la justicia nacional reclamaba la expulsión y, sin embargo, no ha sido decretada.
>
> *Los Constituyentes de 1917*

Creadas o reformadas para prevenir o solucionar una situación concreta, ciertas leyes o algunos de sus artículos –como el 33 constitucional– se convirtieron en el instrumento con el que el sistema político mexicano mantuvo bajo control a los actores potencialmente peligrosos para su permanencia en el poder o que aparentemente podían poner en riesgo su estabilidad. La historia contemporánea de México registra varios casos en donde el autoritarismo del sistema político mexicano se vistió de un legalismo simulado, alejado de la justicia.

Un delito para la oposición: la disolución social

Algunos meses antes de que México ingresara en la Segunda Guerra Mundial, el gobierno de Manuel Ávila Camacho tomó las providencias necesarias para hacer frente al conflicto internacional con miras a evitar elementos que desestabilizaran políticamente al país. En octubre de 1941, se reformó el artículo 145 del Código Penal y se integró un delito nuevo: la disolución social. De acuerdo con la reforma, incurrían en él, el extranjero o nacional mexicano que realizara propaganda política defendiendo "ideas, programas o normas de acción" de cualquier gobierno extranjero que perturbaran el orden público o pusieran en riesgo la soberanía de la nación.

Parecía una ampliación del artículo 33 constitucional, pero con una diferencia: no era privativo de los extranjeros, podía aplicarse también a cualquier mexicano. En esos términos, la tipificación de la "disolución social" como delito estaba plenamente justificada. Por su posición geográfica con respecto a Estados Unidos, México era un lugar estratégico para que los servicios de inteligencia de las potencias del Eje desarrollaran sus operaciones de espionaje. Además, la sociedad mexicana estaba dividida, no existía un verdadero sentimiento de empatía hacia la causa aliada e incluso llegaron a darse muestras de apoyo al fascismo. Razones de seguridad nacional impulsaron al gobierno mexicano a tomar la decisión de aplicar, a mexicanos y a extranjeros por igual, el artículo 145 del Código Penal, y más aún cuando el país ingresó formalmente al conflicto bélico.

En manos de un poder autoritario que empezaba su consolidación y buscaba perpetuarse, el delito de disolución social representó el gran instrumento de coerción, no contra el extranjero, sino contra los propios mexicanos. El concepto de disolución social rebasó la temporalidad de los sexenios y los siguientes gobiernos recurrieron a él, en repetidas ocasiones, para destruir a los movimientos opositores independientes. La mayor parte de los líderes obreros encarcelados en los sexenios de Alemán, Ruiz Cortines y López Mateos fueron juzgados por el delito de disolución social.

¡Fuera extranjeros!

Los extranjeros, por su parte, sobre todo los nacionales de Italia, Alemania y Japón, padecieron los efectos de las reformas al Código Penal pero sólo mientras duró la guerra, al gobierno ya no le interesó aplicarlo después, puesto que podía recurrir en cualquier momento y ante cualquier circunstancia al artículo 33 constitucional, mucho más efectivo, ya que no daba ninguna alternativa de defensa para los extranjeros.

Desde su aprobación en el Congreso Constituyente de 1916-1917, el artículo 33 ha permanecido intacto; bien podría afirmarse que hoy en día es tal vez la mayor de las facultades metaconstitucionales que tiene el presidente de la república.

Sin lugar a dudas, en 1917 la redacción de un artículo como el 33 estaba histórica y políticamente justificada. Era el producto de la dramática experiencia política del siglo XIX y principios del XX, en la que los embajadores u otros representantes no oficiales de gobiernos extranjeros habían desempeñado un papel eminentemente intervencionista en los asuntos de México. Con seguridad, al discutir el proyecto del artículo 33, en la memoria de los constituyentes aparecieron los nombres de Poinsett, Butler, McLane o Henry Lane Wilson, todos ellos extranjeros, de tan infausta memoria para la historia mexicana.

Y, sin embargo, en los planteamientos iniciales no imperó el sentimiento antiextranjero, como afloraría con el artículo 27, relativo a la propiedad originaria del suelo y del subsuelo a favor de la nación mexicana. El debate fue corto pero profundo, no visceral y mucho menos patriotero. En el dictamen presentado el 18 de enero de 1917, varios constituyentes se inconformaron con la excesiva facultad que pretendía otorgarse al presidente de la república, puesto que presuponía "en el Ejecutivo una infalibilidad que desgraciadamente no puede concederse a ningún ser humano". Era necesario limitar el poder presidencial.

El análisis del artículo partía de una contradicción fundamental: "después de consignarse que los extranjeros gozarían de las garantías individuales, se dejaba al arbitrio del Ejecutivo suspenderlas en cualquier momento". Los diputados reconocían para la nación mexicana –y en ese punto había una aceptación unánime– la facultad de revocar la hospitalidad que hubiese concedido a un extranjero cuando éste se hubiere hecho indigno de ella, pero sostenían que "debería ajustarse a las formalidades que dictara la justicia".

De ese modo, propusieron determinar los casos en que el extranjero sería expulsado de manera inmediata y sin necesidad de juicio previo:

> I. Por inmiscuirse en asuntos políticos.
> II. Por dedicarse a oficios inmorales (toreros, jugadores, tratantes de blancas).
> III. Por ser vagos y ebrios consuetudinarios.
> IV. A los que pusieren trabas al gobierno legítimo de la república o conspiraran en contra de la integridad de la misma.
> V. A los que en caso de pérdida por asonada militar presentaran reclamaciones falsas al gobierno.
> VI. A quienes representasen capitales clandestinos del clero.
> VII. A los ministros de los cultos religiosos cuando no fueran mexicanos.
> VIII. A los estafadores y timadores.

El proyecto agregaba:

> En todos estos casos la determinación que el Ejecutivo dictare en uso de esta facultad no tendrá recurso alguno, y podrá expulsar en la misma forma a todo extranjero cuya permanencia en el país juzgue

inconveniente, bajo el concepto de que en este último caso sólo procederá contra dicha resolución el recurso de amparo.

Artículos que requerían mayor discusión por su importancia política, económica y social, como el 27, impidieron una lúcida reflexión al momento de aprobar el artículo 33. La prioridad del constituyente no era defender al extranjero, desde luego, y el texto que limitaba la facultad presidencial no prosperó; tal y como fue aprobado en 1917 ha llegado hasta nuestros días, con todo y la manifiesta contradicción señalada por los constituyentes, ya que, después de otorgar a los extranjeros las garantías individuales, añade:

> ... el Ejecutivo de la Unión tendrá la facultad exclusiva de hacer abandonar el territorio nacional, inmediatamente y sin necesidad de juicio previo, a todo extranjero cuya permanencia juzgue inconveniente. Los extranjeros no podrán, de ninguna manera, inmiscuirse en los asuntos políticos del país.

Anacrónico y obsoleto en la actualidad, el discutido artículo 33 no debe desaparecer, pero es imprescindible su reforma. Es innegable que la nación mexicana, como cualquier otro país del mundo, se reserva con justa razón el legítimo derecho de aceptar o rechazar a los extranjeros de acuerdo con sus leyes, pero considerando en todo momento "las formalidades que dicte la justicia" y rechazando la facultad discrecional de un solo hombre. Sólo así, limitando el autoritarismo presidencial, "desaparecerá de nuestra Constitución –como lo esperaban los constituyentes del 17– el matiz despótico de que aparece revestido el Ejecutivo tratándose de extranjeros".

¡Vivan los charros sindicales!

> Los políticos no salvarán nunca a la clase obrera a pesar de todas sus promesas.
>
> *Antonio Díaz Soto y Gama*

Enemigos del movimiento obrero: sus líderes

Por razones de dignidad nacional, la que ha sido recuperada por la sociedad civil y no la manipulada por el gobierno, México debería desistir de conmemorar el día del trabajo, al menos hasta que se genere un nuevo pacto social, con el cual el movimiento obrero redescubra la dignidad y la independencia con la que combatieron hombres como Ricardo Flores Magón, Antonio Díaz Soto y Gama, Juan Sarabia, Vicente Lombardo Toledano, Demetrio Vallejo y Valentín Campa, entre muchos otros que fueron víctimas de la represión de la dictadura porfirista o del autoritarismo neoporfirista del sistema político mexicano.

¡Quién no recuerda aquellos demagógicos y populistas desfiles en los días primero de mayo de cada año!, cuyos contingentes de acarreados llenaban el Zócalo de la capital y en los que hasta los burócratas eran obligados a marchar so pena de severos castigos. Y al frente del desfile, siempre tomados del brazo, como símbolo de unidad, el presidente en turno y el eterno Fidel Velázquez. Todavía resuenan los "arriba y adelante" de Echeverría o los famosos "estamos haciendo patria" de Alemán, mientras en la cárcel permanecían los líderes obreros que se habían opuesto a la subordinación oficial.

Un sistema político no puede funcionar sin haber desarrollado y consolidado redes de intereses con los distintos factores de poder; su auge, permanencia o caída dependerá del fortalecimiento de dichas redes y del equilibrio e independencia que guarden entre sí. Sólo a través de la negociación y del cumplimiento de objetivos predeterminados se puede garantizar la lealtad al sistema y su apoyo político.

En el caso de México, el sistema político revolucionario institucional encontró uno de sus pilares básicos en la organización obrera. Hasta hace algunos años, las redes tendidas entre el gobierno y los sindicatos a través de la principal central de control obrero, la Confederación de Trabajadores de México (CTM), habían permitido al sistema político garantizar su estabilidad y permanencia, a cambio de algunas curules, una que otra senaduría y no pocas gubernaturas, es decir, sacrificando la libertad e independencia sindicales.

Para fortuna de la nación, la lenta pero inexorable agonía del sistema político mexicano supone también la muerte del sindicalismo caciquil, hijo legítimo y reconocido de la revolución institucionalizada y plantea, además, la posibilidad real de que el movimiento obrero se reestructure de tal forma que recupere una posición verdaderamente independiente dentro de un sistema democrático.

De manera contraria a lo sucedido en otras partes del mundo, donde el movimiento obrero logró consolidar su posición frente al gobierno a través de sindicatos honestos y efectivos, que llegan a convertirse en un factor de poder independiente dentro de la estructura del Estado, en México el sistema coartó paulatinamente al movimiento obrero hasta subordinarlo por completo. Su gran aportación a la historia sindical, además de las páginas de represión, fue esa figura oscura, zalamera, servil y detestable –y en este caso no son los antiguos diputados cortesanos del presidente– mejor conocida como "líder charro", aquél que se vendía en cuerpo y alma al gobierno en perjuicio de sus agremiados, o que, en un grado mayor de cinismo político, era elegido por el propio sistema y no por los obreros.

"Todo cambia para seguir todo igual", Fidel Velázquez

El mejor ejemplo de cómo los líderes se entregaron de manera indiscriminada al poder presidencial fue Fidel Velázquez. Desde 1946, Fidel fue el encargado de mostrar la supuesta adhesión y "fidelidad" del sector obrero a los distintos candidatos presidenciales. Alguna vez comentó que el sistema siempre pudo escoger "al mejor hombre de la revolución". No importaba que el presidente en turno sofisticara aún más sus mecanismos de represión contra los obreros y mucho menos que las condiciones socioeconómicas de los trabajadores se deterioraran paulatinamente. Para el sistema, el obrero no tenía ningún valor como fuerza política independiente, era tan sólo un voto asegurado.

"Todo cambia para seguir todo igual", reza un dicho popular. Ésta es la historia del sindicalismo cetemista y su discurso –en las diversas sucesiones presidenciales– así lo demuestra: no varía un ápice con ninguno de los candidatos del partido oficial. Ante Miguel Alemán, la CTM sostuvo: "No deseamos ser los favoritos de su gobierno, deseamos ser sus amigos. Aspiramos a ser los colaboradores más sinceros de su política". Con Ruiz Cortines, Fidel sostuvo que mantendrían los más fuertes lazos de amistad, al considerar que "tanto él, como los regímenes a quienes se hace mérito, tienen un mismo origen y una misma trayectoria a seguir, puesto que han surgido de la revolución y coinciden con sus propósitos". Al destaparse la candidatura de López Mateos, la CTM se pronunció a su favor "porque no había otra gente tan conocida y tan relevante en sus ideas revolucionarias como él... la figura que se presenta ante el consenso nacional emerge de las entrañas mismas de nuestro pueblo, se nutre de los más claros ideales de la revolución, rechaza toda mistificación y se opone abiertamente a cualquier propósito contrario a los principios básicos de la democracia y la libertad". Con Díaz Ordaz, el apoyo era innegable: "ha mantenido la bandera de la revolución mexicana siempre... Estamos apoyando a un hombre que sí garantiza los intereses de la clase trabajadora". Éste era, y por momentos continúa siendo, el "profundo" discurso político cetemista; es el tradicional lenguaje de la simulación, tan característico del México contemporáneo.

Por décadas, el movimiento obrero ha sido un instrumento dependiente de un poder central, sin capacidad de decisión y sin autonomía. La muerte de Fidel evidenció que la unidad se mantenía en torno a un solo hombre, y su incapaz y poco inteligente sucesor, Rodríguez Alcaine, fue sólo una muestra más de que la nueva y politizada sociedad mexicana rechaza por completo a los caciques sindicales, autoritarios, corruptos y faltos de sensibilidad social. El movimiento obrero actual es sólo el reflejo de la crisis que padece el sistema político mexicano en su conjunto y lo que representa para la sociedad mexicana: un laberinto de corrupción, de ambiciones, de falta de principios; un sistema anquilosado que se niega a morir.

El sindicalismo mexicano debe dejar de reconocer en el presidente de la república al "Obrero de la Patria", como llegó a llamársele a Miguel Alemán, en una muestra de sumisión absoluta. Así como los poderes de la federación deben ser independientes entre sí, los factores de poder que se mueven dentro del Estado necesitan de su independencia para cumplir con su función social, que no es otra que equilibrar el poder.

No resulta difícil comprender que, de tiempo atrás, algunos sindicatos, como el de telefonistas, hayan intentado reorganizar el movimiento obrero orientándolo hacia un sindicalismo desincorporado e independiente. Voces disidentes siempre han existido, no obstante la represión oficial; lo reclama el país. Y del mismo modo que México necesita de la democracia para caminar hacia otros rumbos, el sindicalismo y el movimiento obrero deben recuperar su autonomía y el control de su poder a través de la democratización y la depuración de sus estructuras internas; sólo así podrán reconquistarse los derechos perdidos desde aquellas primeras páginas de la lucha sindical mexicana.

Fallas de origen: la televisión mexicana

Pan y circo

En punto de las ocho y media de la noche se abrían las puertas del Instituto Nacional de la Juventud Mexicana. La esquina de Doctor Vértiz y Río de la Loza era el centro de reunión de varias decenas de niños que, con emoción, esperaban la llegada de viernes y sábados para disfrutar las primeras transmisiones de lucha libre por televisión, cuando comenzaba la segunda mitad del siglo XX.

> Nos reuníamos cerca de 50 niños de la colonia de los Doctores –recuerda el doctor Rosas Arceo. Era muy emocionante ver a la Tonina Jackson, Black Shadow o el Cavernario Galindo aplicando llaves como el tope volador y la tapatía o mirar al Médico Asesino utilizando su famosa "llave a las carótidas". Y como en aquellos días casi nadie tenía televisión en casa, el Instituto de la Juventud era la única alternativa. Creo que formaba parte del Partido Revolucionario Institucional, porque el edificio tenía un logotipo tricolor y en las afueras de la ciudad, rumbo a Puebla, contaban con muy buenas instalaciones deportivas, quizá las mejores de su tiempo, y sólo el gobierno podía mantener algo así.

La televisión llegó a México en el momento en que el sistema político mexicano alcanzaba su consolidación; se desarrolló bajo su dinámica del poder, y sutilmente, casi de manera imperceptible, se convirtió en cómplice fiel del autoritarismo a través de un mecanismo con dos caras: entretenimiento para la sociedad y apoyo para el sistema a través de la autocensura.

El 27 de julio de 1950, cuando se realizó la primera transmisión televisiva desde el edificio de la Lotería Nacional –a través de XHTV Canal 4–, comenzó el despegue de la principal atracción de mediados del siglo XX. Con sus programas de entretenimiento –concursos, musicales y deportivos– y en un cómodo horario inicial –16 a 21 horas– la televisión se ganó en poco tiempo la aceptación de la sociedad.

> Causó mucha expectación –recuerda la señora Ileana Robles. La gente se aglomeraba frente a los aparadores de H. Steel & Co. y de Salinas y Rocha –ubicados al lado del Hotel Regis–, para ver las imágenes que se transmitían en los televisores. Una de las marcas de mayor publicidad era Admiral. La televisión en ningún momento fue satanizada. No se pensaba que fuese a tener gran auge por el impacto que todavía tenía el cine. Además, no era un artículo que pudiera adquirir cualquier persona; en un principio era un lujo tener un aparato en casa. Ocho años después, allá por 1958, algunas tiendas departamentales comenzaron a dar facilidades para comprarlas.

El entretenimiento cumplió con creces. Programas patrocinados por importantes compañías, como Colgate, poco a poco llenaron las horas de programación. "Zarzuelas y Operetas"; "Los quehaceres de Emmita"; "Senda Prohibida" –primera telenovela–, la lucha libre y el box se ganaron un espacio en las conversaciones cotidianas de la gente, mientras la política iba quedando exclusivamente en manos del sistema.

No podían, desde luego, faltar los grupos que de manera invariable buscan "moros con tranchetes" y cuya moral –en todos los periodos de la historia nacional– pretende enarbolar la supuesta bandera de la verdad absoluta. Desde las primeras transmisiones, algunas organizaciones intentaron que la televisión "como invento modernísimo de gran difusión, se moralice, evitando que pasen películas inmorales en las primeras horas de la tarde, cuando los niños son los únicos que pueden ver los programas por las ocupaciones normales de sus padres".

Así comenzaba un documento firmado por la Federación de Asociaciones de Padres de Familia de las Escuelas Secundarias del Distrito Federal,[1] dirigido al presidente de la república, Adolfo Ruiz Cortines, en el cual solicitaba, además, su apoyo para "suprimir las exhibiciones de lucha libre por televisión", porque el ejemplo que daban los "magnates de la fuerza bruta" afectaba a los niños y jóvenes que se aplicaban llaves y saltos a diestra y siniestra.

Pero el temor de tan insigne Federación iba más lejos, pues temían que "también las niñas, las jovencitas y hasta algunas mujeres maduras gustasen de tan vulgar espectáculo y mañana la mujer mexicana no sería la abnegada y buena madre, sino la brutal golpeadora".

Para estos grupos, la televisión no era una diversión; representaba "el peligroso abismo que tienden los eternos enemigos" contra la moral y las buenas costumbres.

Cómplices del sistema

Mientras el entretenimiento por televisión hacía su trabajo ganando conciencias, el sistema político afinaba los mecanismos para su control permitiendo el monopolio. En 1955 –sólo cinco años después de la primera transmisión– el canal 4 de Rómulo O'Farril, el 2 de Emilio Azcárraga Vidaurreta y el 5 de González Camarena se fusionaron para formar Telesistema Mexicano y dominar así el mercado televisivo.

Como todo monopolio, la televisión sufrió los estragos de falta de competencia y su programación se inclinó básicamente por mantener la línea del entretenimiento, mezclada con información de noticieros donde se consignaba un México progresista, estable, unido y desarrollado, que sólo existía en la imaginación del sistema político mexicano.

Bajo el famoso lema de "pan y circo", la televisión trastocó la importancia cultural y educativa que pudo desarrollar de manera paralela al entretenimiento. Nunca impulsó proyectos integrales a largo plazo y con objetivos bien definidos, sólo concedió graciosamente algunos espacios a programas culturales –aislados y por temporadas–, que servían para mostrar ante el público una imagen de compromiso y responsabilidad social.

Al igual que otros medios de comunicación, como la radio y la prensa, la televisión inició con algunos programas donde se podían escuchar críticas al gobierno. Algunos años antes de su muerte (1959), José Vasconcelos participó en "Charlas Mexicanas", espacio dedicado sobre todo a los temas culturales, pero donde el célebre escritor mostraba, sin tapujos, su abierta animadversión a la familia revolucionaria y su condena a los vicios políticos que sustentaban al partido oficial desde 1929. El programa se transmitía todos los jueves y tuvo una duración de nueve meses.

En las décadas de 1950 y 1960, cuando el sistema político mexicano gozaba de una legitimidad proporcionada por el desarrollo económico y la estabilidad política, las voces críticas en los medios de comunicación comenzaron a ser satanizadas, incluso por grandes sectores de la sociedad. El mito de la revolución progresista se había consolidado y sólo había dos alternativas: o con ella o contra ella.

El 22 de noviembre de 1954, el Comité Ejecutivo de la Federación de Sindicatos de Trabajadores al Servicio del Estado envió un telegrama al presidente Ruiz Cortines, en el cual protestaba "enérgicamente" por los "violentos ataques" que el periodista Pedro del Villar –director de la revista Hoy– había expresado en un programa televisivo, en contra de la revolución y del gobierno:

Consideramos como complacencia de la secretaría de Comunicaciones tolerar que los enemigos del régimen usen vías comunicación. Fomenta la desorientación y siembra la anarquía en el pensamiento del pueblo mexicano. Pedímosle respetuosamente intervenga la secretaría Gobernación con el objeto de que cesen los ataques sistemáticos.[2]

La televisión prefirió la alianza con el gobierno antes que mantener su libertad de opinión. Al igual que casi todo el resto de la sociedad, la estabilidad política y el desarrollo económico eran suficientes para apoyar al sistema. La democracia y el respeto a los derechos políticos podían esperar.

Con el consentimiento tácito de los dueños de la televisión, el gobierno tomó posición y se abocó a seguir las transmisiones –no como entretenimiento, desde luego–, sino para detectar posibles enemigos del régimen.

Antes de la constitución de Telesistema Mexicano, la radio XEX y el canal 4 de televisión fueron acusados de transmitir programas "en los cuales se ataca, critica y ridiculiza ante el auditorio a funcionarios del nuevo régimen [de Ruiz Cortines]".

"Vitapenicilina", "Corona Extra", "Hora Exacta omega" y "Casa de alojados", que pasan entre las 20 y 21 horas, es donde se aprovechan los comentaristas Ernesto Julio Tessier y la señora Elvira Vargas... para lanzar sus ataques abiertos e injuriosos contra los funcionarios del Gobierno. En virtud de que el Jefe del Departamento de Contratos y Programas de Radio de la SCOP, personalmente se dio cuenta de los ataques lanzados contra funcionarios del régimen [uno de ellos era Ernesto P. Uruchurtu] se hizo un citatorio a los comentaristas, Tessier Flores y Elvira Vargas, presentándose éstos en dicho Departamento en un plan agresivo y amenazando al censor Armando de Maria y Campos, quien tiene a su cargo el control de los programas de la XEX, con obtener su cese si continuaba metiéndose con ellos.[3]

Con la reconocida figura del "censor", y la propia autocensura, en poco tiempo la televisión privada se insertó de manera definitiva dentro del sistema político mexicano. Desde la óptica reduccionista del mito revolucionario surgieron programas que enaltecían el pasado mexicano a través de la historia oficial, donde los derrotados eran poco menos que traidores a la patria; las telenovelas históricas fueron los casos más notables.

El cura Hidalgo –representado por Enrique Rambal– en Los Caudillos (1968) parecía un ser predestinado desde la infancia a romper las cadenas de la opresión que sumían al pueblo en la peor de las miserias; su única motivación era el patriotismo. En La Tormenta (1967), Ignacio López Tarso y Columba Domínguez encarnaban al humilde pueblo que, siempre lleno de sabiduría, se levantaba como un solo hombre para apoyar las grandes causas de la historia mexicana: la Reforma, la República y la Revolución. En La Constitución (1969), María Félix dio vida a una mujer que padecía en carne propia los excesos del porfiriato y compartía el sufrimiento de los campesinos, pero que luego de una revolución, una nueva Carta Magna redimía al pueblo de sus miserias; no obstante que desde su promulgación, en 1917, nadie la respetaba.

La apoteosis de la historia oficial en televisión llegó en 1972, al cumplirse el centenario de la muerte de Juárez. Una telenovela colocó en las alturas del cielo de la patria al célebre don Benito: El Carruaje. Su título resumía la incansable lucha del hombre de Guelatao. El carruaje no era otra cosa que la patria misma, encarnada en don Benito, quien recorría el territorio para sembrar el patriotismo en cada uno de sus hijos frente al invasor, hasta alcanzar la victoria final.

El monopolio y el poder de la televisión se consolidaron

con el paso de los años. En 1973 Telesistema Mexicano se fusionó con Televisión Independiente de México –y su famoso canal 8– para crear una empresa que, con el tiempo, sería la famosa Televisa, S.A.

Establecida bajo un régimen antidemocrático, la televisión siguió necesariamente el mismo derrotero. Y, al igual que el sistema político mexicano –que desde la década de 1970 inició un largo y lento proceso de decadencia y descrédito– la televisión privada perdió su credibilidad: los años de complicidad con el autoritarismo la marcaron para siempre. Su nuevo proceso de legitimación, y la bandera democrática que pretende enarbolar, parece ser tan sólo un capítulo más de alguna de sus telenovelas o, en el mejor de los casos, otro programa de entretenimiento.

Juárez contra Madero

Ignorancia histórica

Uno de los primeros conflictos entre Fox y López Obrador ocurrió en diciembre del año 2000 y fue en los terrenos de la historia. Desde la toma de posesión se vislumbraba el terrible enfrentamiento: Madero versus Juárez. Basta recordar a los diputados del PRI y del Partido de la Revolución Democrática (PRD) invocando una y otra vez al benemérito durante la ceremonia de toma de protesta del presidente.

Cuando Vicente Fox decidió retirar el cuadro de Benito Juárez de Palacio Nacional y poner en su lugar el de Francisco I. Madero, el Jefe de Gobierno del Distrito Federal y los perredistas consideraron aquella acción como una verdadera atrocidad; era el anuncio definitivo de que la temida reacción se había apoderado de la presidencia y en poco tiempo la memoria de Juárez quedaría sepultada.

Con un mínimo de conocimiento histórico y sentido común –ausentes en nuestra clase política–, cualquier voz sensata se hubiera alzado para señalar que ambos personajes fueron defensores del liberalismo político. Podría incluso afirmarse que Madero recuperó los principios básicos defendidos por Juárez: respeto a la ley y a las instituciones, seguridad jurídica y justicia, entre otros, y agregó los propios, como el sufragio efectivo y la no reelección. Así, desde inicios del sexenio, las dos figuras históricas manipuladas por la clase política sirvieron para delimitar muy bien los territorios: la derecha con Madero, la izquierda con Juárez.

A partir de entonces comenzó un singular jaloneo de nuestra clase política, donde volvieron a desfilar por el escenario nacional los personajes de la historia mexicana. De pronto,

Santiago Creel se presentaba como el primer juarista del país; López Obrador lo retomaba para darle su propia interpretación. La presidencia seguía fiel a Madero, pero para justificar la posibilidad de abrir la industria petrolera a la inversión privada, incluso llegó a recurrir a lo que el propio presidente Lázaro Cárdenas escribió en sus apuntes sobre el tema. ¿Qué nos faltaba por ver?

Gracias al asunto del desafuero y a la inconsistencia del gobierno federal, el presidente Fox se dejó arrebatar, literalmente, la figura de Francisco I. Madero, recuperada insólitamente por Andrés Manuel López Obrador y el perredismo en pleno. Resulta paradójico, si se considera que Madero nunca fue un personaje popular para la izquierda; no lo era por su origen de hacendado; no lo era por haber sido representante de la burguesía terrateniente del porfiriato; no lo era porque su revolución fue estrictamente política, no social. Razones que le impidieron ganarse un lugar en una izquierda que buscaba sus santos laicos entre los abanderados de las causas populares y sociales, como Villa, Zapata o Cárdenas.

Pero en el surrealismo político mexicano todo es posible. Así, se vio a Madero transitando por la vida pública nacional de la mano del perredismo. En el Congreso –y en varios desplegados–, el día en que se votó el desafuero, fue elocuente la manta que extendieron los diputados perredistas, donde aparecían los retratos de Madero y Huerta frente a frente con la pregunta: "cc. Diputados y diputadas: ¿Hoy por quién van a votar?"; también para la historia quedó registrado el homenaje que los diputados perredistas rindieron a Madero detrás de la antigua penitenciaría de Lecumberri –hoy Archivo General de la Nación–, donde cayó asesinado el 22 de febrero de 1913 junto con Pino Suárez.

Por si fuera poco, López Obrador mencionó a Madero en repetidas ocasiones en su discurso del 7 de abril del año 2005, durante el juicio de procedencia, e incluso citó el fragmento de una carta que escribió Madero desde la cárcel:

> Efectivamente, es un atentado incalificable el que se ha cometido conmigo, pero ha servido para quitar definitivamente la careta a nuestros gobernantes, para exhibirlos como tiranos vulgares y para desprestigiarlos completamente ante la opinión pública, a la vez que nuestro partido se ha fortalecido de manera increíble. Por estas circunstancias no me aflige mi prisión, pues aquí, descansando, creo que estoy prestando grandes servicios a nuestra causa.

La izquierda recuperó a Madero; sin duda, no por una reivindicación histórica, sino por una necesidad política. Pero le abrió un espacio para que la gente que comulga con sus ideas conozca verdaderamente a hombres que, como Madero, desde otras posiciones y otras ideologías, creían en las leyes, en la democracia y en las instituciones, como base para la consolidación de un país más justo y más digno.

La historia es de todos. En su mensaje a la nación, del 27 de abril de 2005 –cuando anunció la renuncia del Procurador General de la República y el fin de la confrontación política por el asunto del desafuero–, el presidente Fox se hizo acompañar de una memorable foto del presidente Madero. A partir de su anuncio se abrieron los caminos de comunicación para salvaguardar la democracia. Quizá en otro momento habría sido impensable, pero ambos adversarios regresaron al diálogo y a la razón de la mano de Madero.

Vecinos paranoicos

De la dignidad a la humillación

En los primeros años del siglo XX su temor fue por los japoneses. El gobierno estadunidense temía que el Imperio del Sol Naciente quisiera incrementar su presencia en las islas del Pacífico mexicano y en Bahía Magdalena. No pasó mucho tiempo antes de que Washington dejara de momento a los japoneses y se aterrorizara con las hordas de "salvajes mexicanos" que se levantaron en armas durante la revolución (1910-1917) y como respuesta envió 20 000 hombres a custodiar la frontera. Amenazas, invasiones y fuerza fueron los instrumentos que Estados Unidos utilizó con México, los que extendió una vez promulgada la Constitución de 1917, que en su artículo 27 reivindicaba la propiedad originaria del suelo y del subsuelo a favor de la nación mexicana, con lo cual podían revocarse las concesiones petroleras que estaban en manos de estadunidenses.

Durante la Segunda Guerra Mundial, el terror nuevamente se materializó en los japoneses, pero esta vez acompañados por los alemanes. En el frente de batalla era comprensible, pero ciudadanos de ambas naciones radicados por décadas en territorio estadunidense vivieron las de Caín durante los años de la guerra. Sin embargo, por encima de todos sus miedos, el mayor de todos en el siglo XX, fue el ascenso y la consolidación del comunismo en la época de la posguerra. Estados Unidos hizo del miedo un modo de vida, una variante más del *American way of life* que, sin embargo, siempre encontró una respuesta mexicana a la altura de las circunstancias.

Hacia las décadas de 1950 y 1960 México había sorteado con inteligencia la paranoia comunista que padecía el gobierno estadunidense. En el seno del sistema interamericano el gobierno mexicano mantuvo una posición juridicista basada en la defensa de dos principios de la política exterior mexicana: no intervención en los asuntos internos de los países y respeto a la autodeterminación de los pueblos.

De ese modo pudo criticar, e incluso reprobar inteligentemente, las acciones emprendidas por Washington en América Latina para combatir el comunismo: invasiones, presiones económicas, embargos, apoyo a golpes de Estado y sostenimiento de movimientos guerrilleros, como los Contras nicaragüenses. Ejemplos hubo muchos: Guatemala (1954), Cuba (1959, 1961), República Dominicana (1965). Resultaba asombroso observar el terror desatado entre los estadunidenses ante la posibilidad de que el fantasma comunista recorriera Latinoamérica e hiciera florecer nuevos regímenes socialistas.

Para desgracia del continente, la paranoia llevó a los estadunidenses a concebirse como "defensores de la democracia y la libertad" y, bajo ese discurso, perpetraron innumerables atropellos en contra de la soberanía de los países americanos. Con todo, la relación México-Estados Unidos se desarrolló en términos aceptables. Lejanas quedaron las décadas de 1920 y 1930, cuando la posibilidad de una nueva guerra entre ambos países parecía una realidad. La hostilidad y la desconfianza fueron sustituidas por la cooperación, las inversiones y los préstamos. Paradójicamente, los "defensores de la democracia y la libertad" fueron cómplices silenciosos del autoritarismo mexicano, de la represión del gobierno, de la corrupción y de los fraudes electorales que llevaban, cada seis años, a un miembro del PRI a la presidencia de la república. El sistema político mexicano se adaptaba perfectamente a las necesidades de seguridad regional planteadas por Washington.

Bajo el sexenio del presidente Echeverría, el gobierno mexicano desarrolló una política exterior coherente con la tradición histórico-diplomática que siempre había buscado obtener un espacio de autonomía y relativa independencia frente a Estados Unidos. El ejemplo más claro fue el desconocimiento de las barreras ideológicas imperantes en el contexto mundial bajo el concepto de "pluralismo ideológico".

Ese término significaba el desconocimiento de la barrera levantada por la guerra fría, que dividía al mundo en países comunistas y capitalistas. A pesar de ser vecino y primer socio comercial del "líder del mundo libre", México decidió atravesar las barreras ideológicas y tendió espacios de cooperación, incluso en las mismas entrañas de la "amenaza comunista": no fue casualidad que la exhaustiva agenda internacional del presidente Echeverría contemplara visitas de Estado a la Cuba socialista, a la Unión Soviética –ninguno de los presidentes mexicanos lo había hecho jamás–, además de algunos países de Europa del Este y China.

El juego diplomático con el bloque socialista tenía asimismo una clara intención en la política interna de México: buscaba reconciliar al gobierno con la izquierda o al menos evitar su franca oposición. Los hechos de 1968 habían dejado a la izquierda mexicana fragmentada; algunos grupos se radicalizaron, otros aprobaron el acercamiento con los países socialistas y aplaudieron la actitud del gobierno mexicano frente al caso chileno.

Con su paranoia anticomunista, Washington apoyó a un grupo de militares chilenos encabezados por Augusto Pinochet, quienes el 11 de septiembre de 1973, en un exitoso golpe de Estado, lograron derrocar a Salvador Allende para garantizar "la libertad y la democracia" en Chile y el resto de América. México respondió como en tiempos del cardenismo: abrió sus puertas a los exiliados chilenos y recibió a la esposa del extinto Salvador Allende, muerto al defender las instituciones democráticas.

Sin considerar las desastrosas intromisiones presidenciales de Estados Unidos en el terreno de la política exterior mexicana, el país mantuvo su tradicional postura y defendió tantas veces como fue necesario los principios de no intervención y autodeterminación. La cancillería mexicana seguía jugando un papel fundamental; era el único órgano que permanecía coherente en medio de los desaciertos de la política interna.

A pesar de las crisis económicas, todavía bajo el gobierno de Miguel de la Madrid, pese a su anodina administración, la política exterior desarrolló una buena defensa de los principios frente a la paranoia comunista estadunidense, que tomó nuevos bríos luego de la invasión soviética en Afganistán.

Cuando sobrevino el recrudecimiento del conflicto entre el bloque capitalista y el socialista, Estados Unidos volvió a ver "moros con tranchetes" en su zona de influencia y sobre todo en Nicaragua, donde la revolución sandinista había triunfado. Para Washington el pequeño país centroamericano era un satélite de la Unión Soviética y como tal había que tratarlo. El gobierno mexicano no quiso intervenir como mediador si no era con el apoyo de otros países americanos –hacia 1985 la capacidad negociadora de México frente a Estados Unidos era francamente nula–, por lo que buscó aliados y, junto con Venezuela, Colombia y Panamá, constituyó el Grupo de Contadora.

Con el arribo del sandinismo al poder en Nicaragua la situación se tornó difícil por la franca oposición de la casi totalidad de los países centroamericanos y por la abierta hostilidad de Estados Unidos. Contadora no pudo lograr la paz en la región, pero sirvió de contención ante los intentos intervencionistas en Nicaragua. Hacia 1987 disminuyó de manera considerable la participación de Contadora en la región y con ello las fricciones que se habían derivado entre México y Estados Unidos por la situación centroamericana. El gobierno mexicano había logrado una vez más el respeto de los principios de no intervención y solución pacífica de controversias.

Washington no llegó a comprender nunca la posición mexicana frente a los países socialistas en los momentos más críticos del enfrentamiento ideológico. México no encontró razón alguna para temer al comunismo; quizá algunos sectores de la sociedad eran suspicaces por razones de índole religioso, sin embargo, pesaba más la tradición histórica y la evolución de los principios de política exterior, que defendían a capa y espada la no intervención y la autodeterminación de los pueblos.

Dependencia oprobiosa

Con el fin de la guerra fría Estados Unidos encontró dos nuevas paranoias que le darían sentido a su lucha por "la libertad". La primera y principal, durante la década de 1990, fue el narcotráfico, que veía inmerso en todos los países de América Latina, pero no dentro de su propio territorio. La segunda es el terrorismo, nacida el 11 de septiembre de 2001 con el ataque a las torres gemelas de Nueva York. Ambos casos le permitieron a Estados Unidos encontrar el argumento ideal para intervenir, a sangre y fuego, en distintos países del orbe.

Hasta antes de la época de las crisis sexenales, del excesivo endeudamiento externo en el que incurrieron los gobiernos de Echeverría, López Portillo, De la Madrid y Salinas, y de la apertura indiscriminada de fronteras para permitir el libre comercio, no hubo paranoia estadunidense que obligara al gobierno mexicano a postrarse frente a Washington. Sin embargo, los desaciertos de los expresidentes se encargaron de sumir al país en la más oprobiosa de las dependencias, al entregar hasta la dignidad al vecino del norte.

Desde la década de 1990, México se sometió por completo a los dictados de la Casa Blanca. En el tema del narcotráfico, el gobierno mexicano siempre aceptó el asunto de la "certificación"; pero, con respecto a la paranoia terrorista, el gobierno mexicano ha rebasado sus propios límites de humillación. En la actualidad, cualquier agravio, cualquier ofensa, cualquier abuso o cualquier maltrato a nuestros connacionales es recibido con una amplia y amistosa sonrisa de parte del gobierno mexicano, que prefiere ver humillados a sus ciudadanos antes que expresar una protesta mínima frente al paranoico vecino. A esto se ha reducido la política exterior mexicana: a callar y obedecer. Lamentablemente, el gobierno del presidente Fox terminó por sacrificar la tradición diplomática para garantizar una amistad que nunca ha existido y que, indudablemente, nunca existirá.

LA CIUDAD DEL ÁGUILA
Y LA CRUZ

La nueva Tenochtitlan

> Siempre deseé que esta ciudad se reedificase, por la grandeza y maravilloso asiento de ella.
>
> *Hernán Cortés*

La conquista

Luego de 75 días de sitio, el 13 de agosto de 1521, la legendaria Tenochtitlan sucumbió ante el embate de los españoles y los miles de indígenas que se unieron a los conquistadores para terminar con el yugo del imperio azteca. No quedó piedra sobre piedra. Cortés avanzó con dificultades entre los escombros de las casas señoriales y de los palacios que lo habían maravillado en noviembre de 1519. La muerte impregnaba el ambiente.

> Cientos de cadáveres tapizaban las calles de tierra; las de agua estaban anegadas. Conforme se fue desarrollando el sitio, los españoles tomaron calle por calle y casa por casa. Destruyeron todo a su paso para crear tierra firme en donde sólo corría agua. Un año antes, la tristemente célebre "Noche Triste" había marcado a los españoles. En la retirada muchos murieron ahogados en los canales al no encontrar caminos de tierra firme por donde huir. Al iniciar el sitio, Cortés cuidó hasta el último detalle y no olvidó la amarga experiencia: ordenó destruir las construcciones tomadas y arrojar los escombros sobre las acequias para garantizar una rápida retirada, sobre terreno sólido, en caso de que fuera necesario.

El hedor era insoportable. Se llegó a decir que los indios habían decidido no sepultar a sus muertos para utilizar la putrefacción de los cadáveres y sus fétidos olores como un arma contra los españoles. El aspecto general de la ciudad era lamentable, difícil se hacía la respiración por el aire contaminado, no había suministro de agua potable –el acueducto estaba destruido desde los primeros días del sitio– ni alimentos, y en las pocas acequias, que todavía funcionaban en la ciudad en ruinas, se combinaban agua y sangre. Aquel 13 de agosto de 1521, Tenochtitlan era prácticamente inhabitable.

Hernán Cortés ordenó iniciar los trabajos de limpieza enterrando de inmediato los cadáveres para prevenir una posible epidemia de peste. El trabajo se llevaría varios meses. Mientras abandonaba la ciudad, en su cabeza surgió una nueva disyuntiva que debía meditar en los próximos días: ¿debía fundar la ciudad capital del vasto reino recién conquistado sobre aquella isla o edificarla sobre tierra firme?

Por lo pronto, el conquistador decidió establecerse en un pequeño pueblo que se encontraba en la costa sur del extenso lago. "Parecióme por el presente –escribió Cortés al rey Carlos V– no ser bien residir en ella [Tenochtitlan], por muchos inconvenientes que había y paséme con toda la gente a un pueblo que se dice Cuyoacán".[1]

Sobre las ruinas del imperio azteca

De acuerdo con las leyes españolas, antes de poblar una región, los conquistadores debían constituir un Ayuntamiento cuya primera función era elegir un sitio adecuado para edificar. Al igual que lo sucedido en la Villa Rica de la Vera Cruz, en 1519, Cortés organizó en Coyoacán el primer Ayuntamiento del valle de Anáhuac, que se encargó de otorgar las mercedes reales, es decir, tierras, a todos los conquistadores para garantizar el poblamiento de lo que sería la capital de la Nueva España. En Coyoacán, la "amada villa" del conquistador, nació formalmente la noble y leal ciudad de México.

Para fundar un poblado, el Ayuntamiento atendía a las condiciones naturales del entorno, considerando que fuera sano, cómodo, ventilado y seguro, con agua potable, materiales de construcción, pastizales para ganado y de fácil acceso. A finales de 1521, el Ayuntamiento todavía no designaba el lugar donde se levantaría la ciudad española, pero había descartado casi por completo hacerlo sobre la isla que servía de capital del imperio azteca. Aparentemente, el propio Cortés era renuente a edificar sobre Tenochtitlan. Al menos eso hacía pensar a los miembros del Ayuntamiento y a sus hombres. En su opinión, lo más conveniente era concluir los trabajos de limpieza de la isla, despoblarla y castigar con la horca a los indios que se establecieran en ella. La nueva ciudad se fundaría fuera de la isla, en tierra firme.[2]

Conforme pasaban las semanas, la isla fue recobrando su dignidad. Por las acequias volvió a correr el agua y el aire recobró su legendaria pureza. Aun así, los españoles sólo consideraban tres lugares para fundar la ciudad española sobre tierra firme: Tacuba, Texcoco y Coyoacán, los tres sitios reunían las condiciones adecuadas. Pero en los primeros meses de 1522, Cortés tomó la gran decisión de fundar la capital de la Nueva España sobre los restos de México-Tenochtitlan, y el conquistador profetizaba que llegaría a tener la majestad de otros tiempos, así lo hizo saber a Carlos v en su tercera carta de relación, fechada en mayo de 1522:

> De cuatro o cinco meses para acá, que la dicha ciudad de Temixtitan se va reparando, está muy hermosa; y crea v.m. que cada día se irá ennobleciendo en tal manera, que como antes fue principal y señora

> de todas estas provincias, que lo será también de aquí adelante; y se hace y hará de tal manera, que los españoles estén muy fuertes y seguros, y muy señores de los naturales.[3]

Ante los ojos de sus compañeros y de los miembros del Ayuntamiento, la decisión de Cortés no respondía a lógica alguna. Era una decisión descabellada, sin fundamento racional y tenía todos los inconvenientes: era un islote con sólo tres accesos a tierra firme, con acequias que cruzaban la ciudad por todos lados, con una fuente externa de agua potable, rodeada por un gran lago y estratégicamente vulnerable –como lo demostró el propio Cortés durante el sitio. ¿Qué ventajas tenía sobre Coyoacán o Texcoco?

Durante el juicio de residencia que se llevó a cabo en 1529 contra el conquistador, uno de los testigos declaró sobre tan controvertida decisión:

> ... edificó contra voluntad de todos por sobre agua y por el peligro que en ella tienen de cada día los españoles que en ella moran por causa de los indios y por las calzadas que podrían romper y tomar a todos los hispanos en corral y hacer de ellos lo que quisiesen pudiendo hacer esta ciudad en Coyoacán o en Texcoco que eran lugares en tierra firme donde estuviera mejor y no dónde está.[4]

Cortés había dado un paso audaz y temerario. No era la primera vez que lo hacía. Si en 1519 había quemado sus naves para no dar marcha atrás en su expedición, en 1522 las quemaba de manera simbólica, al rechazar tierra firme para fundar la capital de la Nueva España. De sus motivos destaca uno:

Esta ciudad en tiempo de los indios había sido señora de las otras provincias a ella comarcanas, que también era razón que lo fuese en tiempo de los cristianos y que así mismo decía que pues Dios Nuestro Señor en esta ciudad había sido ofendido con sacrificios y otras idolatrías, que aquí fuese servido con que su santo nombre fuere honrado y ensalzado más que en otra parte de la tierra.[5]

Para un hombre práctico como Hernán Cortés, la motivación religiosa para fundar la ciudad sobre el islote era esgrimida para convencer a sus compañeros, a los miembros del Ayuntamiento y sobre todo al rey de España, y no necesariamente por una verdadera convicción. Era creyente y respetuoso de su religión, en caso necesario sería su fiel defensor, como todos los españoles de la época, pero en su carácter pesaban más las razones de lógica política y sentido común. Ante la incertidumbre, Cortés solía tomar decisiones audaces y por lo general acertadas. Y al menos en esos primeros años inmediatos a la conquista, la fundación de la ciudad de México fue una de ellas.

La visión que tenía el conquistador era muy clara. Tenochtitlan no había sido una simple ciudad, sino el centro del universo en la cosmovisión azteca; todos los pueblos sabían de su existencia, y por voluntad o fuerza la respetaban y rendían tributo a la capital imperial. Abandonar la isla podía propiciar su transformación en un bastión moral de resistencia contra la presencia española, en un mítico lugar donde los indígenas podrían encontrarse con sus deidades. Si se reedificaba sobre ella, se consumaba la victoria de la razón española y la fe del único y verdadero Dios sobre el universo azteca.

La Nueva España

Como el resto de los conquistadores, Alonso García Bravo tenía algo de aventurero y buscador de fortunas. Pero a diferencia de otros españoles, que ávidos de riqueza se unieron a las expediciones en el interior del continente americano,

García Bravo poseía una cualidad que lo hacía diferente de sus compañeros: por sus conocimientos en geometría y cálculo se convirtió en el alarife –maestro de obras– de la expedición de Hernán Cortés.

Alonso García Bravo tuvo su bautizo de fuego en la conquista del Pánuco, en 1518. Durante la campaña en esa región construyó un sólido parapeto que sirvió de protección a los españoles. Los avatares de la conquista lo llevaron a Veracruz, al tiempo que Cortés derrotaba a Pánfilo de Narváez. Sus trabajos en la construcción de la fortaleza y proyectando la Villa Rica impresionaron gratamente a Cortés, quien decidió llevarlo a México para encargarle la primera traza de la que sería la capital de la Nueva España.[6]

Mientras Cortés despachaba desde Coyoacán, Alonso García Bravo inició la tarea de levantar la nueva ciudad sobre la isla, para lo cual encontró elementos arquitectónicos aztecas que facilitaron la obra. La manera como estaba proyectada Tenochtitlan era semejante a muchas ciudades europeas: una plaza central de forma cuadrangular, a donde llegaban calzadas principales, flanqueada en sus cuatro lados por los edificios de mayor importancia –templos, palacios, casas señoriales– y hacia atrás de cada uno de los costados, construcciones menores.

Las calzadas de Tlacopan (Tacuba al oeste), Iztapalapa (Tlalpan al sur) y Tepeyac (al norte), junto con otra pequeña, que corría del centro hacia el este y conducía al embarcadero de la Laguna de México, fueron utilizadas por García Bravo como ejes para la construcción de la ciudad española. A partir de ellas trazó líneas paralelas con respecto a las calzadas de Iztapalapa y Tepeyac, y perpendiculares en relación con Tacuba y la que corría hacia el embarcadero. La primera traza formaba un gran cuadrado y tenía una superficie un poco menor que las 145 hectáreas de la antigua ciudad indígena.[7] El lado norte de la ciudad española estaba limitado por la actual calle de Colombia; el lado sur, por San Jerónimo; el este, por la calle La Santísima; y el oeste, por el actual Eje Central. Las acequias impidieron el amullaramiento de la ciudad, mas se dispuso que en ella sólo habitaran los españoles. Los indios se agruparon en barrios –como en los viejos tiempos–, detrás de las acequias, que funcionaban como linderos naturales de la primera traza.

Antes de cambiar su residencia y la del Ayuntamiento a la ciudad que se construía en el islote, Cortés tomó sus providencias para garantizar la seguridad de los españoles en la nueva ciudad. Mandó construir la fortaleza de las atarazanas –cerca del mercado de la Merced–, que contaba con un embarcadero donde atracó los 13 bergantines utilizados durante el sitio de Tenochtitlan. La construcción guardaba los pertrechos propios de los bergantines y las piezas de artillería, además de funcionar como arsenal.[8] En caso de una revuelta indígena, los españoles podían refugiarse en las atarazanas y, en el peor de los casos, huir de la isla en los bergantines. Cortés explicó a Carlos V el objeto de tan importante construcción:

> Puse luego por obra, como esta ciudad se ganó, de hacer en ella una fuerza en el agua, a una parte de esta ciudad en que pudiese tener los bergantines seguros, y desde ella ofender a toda la ciudad si en algo se pudiese, y estuviese en mi mano la salida y entrada cada vez que yo quisiese, e hízose.[9]

Hacia 1523, una vez terminada la construcción de las atarazanas, Cortés y sus hombres dejaron Coyoacán para trasladarse a la isla donde quedaría asentada definitivamente la capital de la Nueva España. A efectos de poblar la ciudad, inició la repartición de tierras como recompensa por los servicios prestados. Cada conquistador recibió dos solares dentro de los límites de la traza, uno por haber participado en la conquista y otro por ser vecino, lo cual implicaba que debía establecer su residencia y permanecer en ella cuando menos durante diez años.[10]

A pesar de las medidas de seguridad tomadas por Cortés –como favorecer cacicazgos indígenas para garantizar la lealtad a la corona–, los habitantes de la nueva ciudad difícilmente pudieron vivir con absoluta tranquilidad en los años inmediatos a la conquista. Una rebelión de indios era factible y, siendo superiores en número, las posibilidades de supervivencia de los españoles eran mínimas. Las primeras construcciones de la traza reflejaron el temor español, "según su solidez –escribió Cervantes de Salazar años más tarde– cualquiera diría que no eran casas sino fortalezas... Así convino hacerlas al principio, cuando eran muchos los enemigos, ya que no se podía resguardar la ciudad, ciñéndola de torre y murallas".[11]

Las primeras casonas fueron construidas con piedra de tezontle y materiales extraídos de los restos de palacios y templos indígenas. Siguiendo una lógica defensiva, varias propiedades se erigieron flanqueando la calzada Tacuba, lo cual, en una situación extrema, proporcionaba una salida a tierra firme protegida por las propias casas de los conquistadores.

A pesar de los temores, en poco tiempo la ciudad comenzó a mostrar visos de normalidad. Cortés se asignó las llamadas Casas Nuevas, donde se levantaba el palacio de Moctezuma (en donde hoy está el Palacio Nacional). También tomó las Casas Viejas, lugar que albergó al Palacio de Axayácatl (actualmente ocupado por el edificio del Monte de Piedad). Hacia el lado sur de la plaza se construyó el edificio del Ayuntamiento (sede del gobierno del Distrito Federal); en su parte posterior se encontraba la fundición y la carnicería. Una pequeña iglesia se levantó en el lado norte de la plaza en 1524, cuando llegaron a Nueva España los primeros 12 franciscanos.

Miles de indígenas de los pueblos cercanos a la isla participaron en la construcción de la capital novohispana. Fray Toribio Benavente "Motolinía" escribió que la edificación de la gran ciudad de México requirió más hombres que los utilizados para erigir el templo de Jerusalén en tiempos del rey Salomón.[12] La ciudad que llegaría a ser la capital del más grande virreinato de América nacía de las entrañas de la antigua ciudad imperial y centro del universo azteca. Su futuro era promisorio y en su origen se escribía su destino: la grandeza de México se extinguiría sólo con la consumación de los tiempos.

La gran inundación de 1629: ¿el llanto de Tláloc?

El 20 de septiembre de 1629, el cielo azul y transparente del valle de México se ennegreció como nunca antes y un cúmulo de nubes se agolpó sobre la capital de la Nueva España. Al caer la noche, rayos y truenos anunciaron la impresionante tormenta que se avecinaba. Durante 36 horas ininterrumpidas el agua cayó sobre la ciudad de México y la tranquila vida colonial fue trastocada. Para unos, el torrencial aguacero era un castigo de la Providencia por los excesos de los españoles. Para otros, Tláloc, el antiguo dios de la lluvia de los aztecas, lloraba sobre México desde su derrota en 1521.

En julio anterior había comenzado la temporada de lluvias con una intensidad inusual. Los niveles del lago de Texcoco y de la laguna de México crecían de manera precipitada y parecía advertirse una difícil situación: en las afueras de la ciudad las aguas avanzaban lentamente sobre las calles de tierra. Septiembre trajo consigo el momento más crítico de la temporada y la capital novohispana quedó completamente inundada. Sólo una pequeña parte de Tlatelolco y otra de la plaza mayor quedaron a salvo de las aguas. A la pequeña isla que se formaba donde se erigían el palacio virreinal y la catedral se le conoció como "isla de los perros", por la gran cantidad de canes que alcanzaron su salvación al refugiarse en ella.[13]

La inundación de 1629 fue la peor de que se tenga memoria en toda la historia de la ciudad de México. Cobró 30 mil víctimas entre los indígenas; desalojó a cerca de 20 mil familias españolas. La lluvia colmó el espacio urbano durante cinco años. Cuando las aguas regresaron a sus límites naturales, la capital de Nueva España sólo contaba con 400 familias. Había transcurrido poco más de un siglo desde la conquista de México y, al parecer, la ciudad capital divisaba el fin de sus días. El futuro era incierto.

La albarrada de Nezahualcóyotl

El triunfo de los 900 españoles y sus 150 mil aliados indígenas en contra de los aztecas, en 1521, impidió a los conquistadores proyectar con claridad el futuro urbanístico de lo que sería la capital del virreinato de la Nueva España. Para la mayoría de los españoles, el sitio impuesto a Tenochtitlan a través del lago era el mejor argumento para no fundar la nueva ciudad sobre las ruinas aztecas. El agua se presentaba como el principal enemigo.

Cortés desoyó a sus hombres y decidió edificar en la isla por razones políticas. Pero nadie, ni siquiera el audaz conquistador con su manifiesta virtud de visionario, prestó atención a las construcciones hidráulicas del viejo imperio, que durante décadas habían logrado regular las aguas de los grandes lagos del valle de México. Al momento de consumarse la conquista, la mayoría estaban destruidas.

De las construcciones hidráulicas erigidas años antes de la llegada de los españoles, la más importante era la albarrada de los indios –también conocida como el albarradón de Nezahualcóyotl. En 1449, bajo el reinado de Moctezuma Ilhuicamina, la ciudad sufrió una inundación. No era la primera, pero sí la más severa desde la fundación de México Tenochtitlan. "Crecieron tanto las aguas de esta laguna mexicana –escribiría fray Juan de Torquemada–, que se anegó toda la ciudad y andaban los moradores de ella, en canoas, y barquillas, sin saber qué remedio dar, ni cómo defenderse de tan grande inundación." Nezahualcóyotl, rey de Texcoco, aconsejó "que el mejor y más eficaz remedio del reparo era hacer una cerca de madera y piedra que detuviese la fuerza de las aguas para que no llegasen a la ciudad; y aunque parecía difícil atajar el lago (como en realidad lo fue) húbose de tomar el consejo".[14]

Todos los señoríos cercanos contribuyeron en tan ardua empresa; miles de hombres y recursos se utilizaron para la obra y en poco tiempo fue terminada. Con una longitud de 16 kilómetros –varios de los cuales se construyeron en el agua– y 15 metros de ancho, la albarrada de Nezahualcóyotl dividió la vasta laguna en dos: "la del oriente, de aguas saladas, que siguió llamándose lago de Texcoco, y la occidental, cuyas aguas rodeaban a la metrópoli y se denominó laguna de México, cuyas aguas se volvieron dulces". Una efigie del dios Huitzilopochtli coronaba la magna obra.[15]

La albarrada de los indios evitaba el desbordamiento del lago de Texcoco sobre Tenochtitlan cuando sus aguas crecían, o evitaba su desecación si el nivel bajaba drásticamente. Servía como presa y distribuidora de agua. Al realizar su contraofensiva, Cortés no reparó en la importancia técnica de la magna obra y ordenó partirla en varios segmentos para facilitar el tránsito de los bergantines que pondrían sitio a la capital azteca. Sus órdenes fueron cumplidas al pie de la letra y desde 1521 la albarrada quedó prácticamente inservible.

Al menos durante los primeros años posteriores a la conquista, el ambiente fue benigno para la construcción de la ciudad española. Desde luego, no se edificaba en el terreno más firme del valle de Anáhuac. Buena parte de la tierra donde se trazaron los solares para los conquistadores era artificial y el peso de los bloques de piedra ocasionaba hundimientos. Aun así, la proyección urbanística se veía con optimismo y la ciudad crecía lenta pero inexorablemente. Cortés murió en 1547 creyendo, seguramente, que su decisión de fundar la capital del reino sobre la isla de Tenochtitlan había sido correcta. Jamás padeció en carne propia las terribles inundaciones que asolaron a México a partir de la segunda mitad del siglo XVI.

Aliados del agua

En 1553 era posible acercarse a los límites orientales de la ciudad y divisar a poca distancia los restos de la albarrada de Nezahualcóyotl. Nadie añoraba su legendaria utilidad, ni siquiera los indígenas que sobrevivieron a la guerra de conquista: ese año fue particularmente seco. Sin embargo, durante los meses del verano, un día llovió intensamente durante casi 24 horas. Tanta agua cayó sobre el valle que la isla se inundó por el desbordamiento del lago de Texcoco. Sin la albarrada de los indios, el nivel de las aguas creció dramáticamente y nadie pudo detenerlas. Durante cuatro días la gente transitaba de un lugar a otro a bordo de canoas.

"Ahogado el niño", el virrey Velasco decidió construir una nueva albarrada, conocida con el paso del tiempo como "de los españoles". Corría desde Iztapalapa hasta cerca del santuario de la Virgen de Guadalupe y por algún tiempo cumplió su cometido: detener las amenazantes aguas del lago de Texcoco.

Pero el problema no se reducía tan sólo a construir un dique. Para los aztecas la albarrada había sido un elemento más dentro de su proyecto integral de uso de aguas, donde el propio trazo de la ciudad respondía a una alianza con los lagos. El pueblo del sol se sirvió del medio lacustre para desarrollar eficientes vías de comunicación dentro de Tenochtitlan a través de las acequias. Los canales transportaban gente y mercancías, pero al mismo tiempo regulaban los niveles del preciado líquido dentro de la ciudad y actuaban como desagües. La capital del imperio azteca sufrió escasas inundaciones, gracias a la relación de convivencia que guardaba con los lagos y el entorno natural, y las pocas que padecieron fueron atribuidas al error humano.

Sin miramientos ni consideraciones, los conquistadores se enfrentaron al entorno natural del valle de México. Construyeron una ciudad terrestre cuando había sido una eficiente metrópoli lacustre. Desecaron las acequias y, al aumentar el nivel del lago de Texcoco, ya no existía el espacio suficiente para regularlo, produciéndose continuas inundaciones. La albarrada de los españoles fue sólo un paliativo que funcionó algunos años gracias a que la Providencia no cubrió el valle con severas tormentas o aguaceros torrenciales. La ciudad de México estaba destinada a transitar por su propia historia a bordo de una gran canoa. Los españoles cerraron los espacios naturales del agua dentro de la ciudad y los lagos se cobraron la afrenta.

La suerte está echada

La inundación de 1629 fue considerada como una de las calamidades o plagas bíblicas. "Los estragos fueron terribles; cerráronse los templos, suspendieron sus trabajos los tribunales, arruinóse el comercio, comenzaron a desplomarse y a caer multitud de casas".[16]

Ya en octubre, el arzobispo Francisco Manzo de Zúñiga escribió al rey "que en menos de un mes habían perecido ahogados o entre las ruinas de las casas más de treinta mil personas y emigrado más de veinte mil familias". La gente sólo encontraba consuelo en la iglesia y los oficios se realizaban en cualquier lugar disponible:

> En balcones –escribió Francisco Javier Alegre–, en andamios colocados en las intersecciones de las calles y aun en los techos se levan-

> taron altares para celebrar el santo sacrificio de la misa, que la gente oía desde azoteas y balcones, pero no con el respetuoso silencio de los templos, sino con lágrimas, sollozos y lamentos, que era un espectáculo verdaderamente lastimoso.[17]

Curiosas escenas se presentaban día a día. La gente recurrió a la intercesión de la Virgen de Guadalupe, y las autoridades civiles y eclesiásticas, acompañadas por una multitud, organizaron una procesión sin precedentes en la historia de México: a bordo de vistosas embarcaciones –canoas, trajineras, barcazas– la Guadalupana fue llevada desde su santuario, en el cerro del Tepeyac, hasta la catedral de México.

La inundación duró varios años y las pérdidas fueron cuantiosas. El otrora esplendoroso valle de México aparecía devastado por las epidemias y el hambre. Muchas de las familias españolas emigraron a Puebla de los Ángeles y propiciaron su desarrollo comercial, mientras la ciudad de México continuaba su decadencia. Las canoas, que transitaban junto al palacio virreinal y cerca de la catedral, recordaban las viejas acequias de Tenochtitlan, por donde corrían libremente sin que la ciudad estuviera inundada.

A oídos del rey Felipe IV llegó la terrible noticia de la gran inundación de 1629 y, considerando que todo remedio para salvar a la capital de la Nueva España era imposible, ordenó abandonar la ciudad y fundarla de nuevo en tierra firme, en las lomas que se extendían entre Tacuba y Tacubaya.

Sorprendentemente, las autoridades virreinales y las pocas familias que permanecieron fieles a la ciudad rechazaron la idea del rey de España. El argumento económico era muy sólido: trasladar la sede del virreinato costaría 50 millones de pesos y desecar la laguna 3 o 4 millones de pesos. Las pérdidas ascendían a poco más de 6 millones, pero aun así, la cantidad era considerablemente menor. Reflexiones de otro orden imperaron en la decisión de no mover la ciudad de México de su lugar de origen. Así lo escribió uno de los regidores:

> Si estas reflexiones [económicas] no os mueven a sostener la patria, muévaos a lo menos el nombre de México que resuena por todo el orbe; porque si la mudáis en otra parte, la fama de tan gran ciudad irrevocablemente se perderá. La llanura que el contador nos pinta tan a propósito para la nueva ciudad, ¡cuánto dista del suelo de México! No en balde los aztecas la escogieron para fundar la cabecera de su reino. Temperamento sano, cielo de los más alegres y despejados, aun en medio de las lagunas que se observan en el Nuevo Mundo. Es grande argumento de que este lugar es nacido para contener una gran población, el esplendor y opulencia de sus edificios, en tan pocos años, pues apenas contamos ciento nueve de su restauración. Es verdad que en estos años hemos padecido inundaciones; pero hemos acudido a reparar los daños que han causado. Estos reparos no han surtido el efecto que nos prometíamos, emprenderemos otros, y no se alzará la obra hasta que domado este elemento proveamos a nuestra seguridad.[18]

Al igual que Cortés en 1521, en 1629 los españoles comprendieron que la grandeza de la ciudad de México tenía su origen en el sitio que había ocupado la imperial Tenochtitlan. Su nombre era ya reconocido en el mundo y trasladarla se presentaba como un error. Decidieron, entonces, luchar a muerte contra las aguas y continuar con la construcción del desagüe de la capital novohispana, iniciado en 1607, el cual llegaría a ser la obra pública de más larga duración –tres siglos–, más importante y más costosa de toda la historia de la noble y leal ciudad de México.

De nuevo, como en 1521, cuando miles de hombres trabajaban arduamente en aquella pequeña isla en medio de lagos, para tratar de edificar la ciudad sobre las ruinas aztecas, en 1634, durante la reconstrucción de la metrópoli novohispana, alguien debió pensar *alea jacta est*, y no se equivocó: "la suerte está echada".

La Bastilla mexicana: el fin de la Inquisición

> Crueles las cárceles son,
> pero ésta entre todas priva,
> por ser una imagen viva
> de las grutas de Plutón.
>
> *P. Soria, reo de la Inquisición*

No hubo festejos ni celebraciones, mucho menos tumultos o levantamientos populares como los ocurridos en Madrid por la misma razón. Al decretarse la extinción del Tribunal del Santo Oficio en México –31 de mayo de 1820– la sociedad capitalina mantuvo una actitud tan fría como las viejas y húmedas cárceles de la Perpetua, donde por años cientos de reos pagaron su infidencia a la fe católica.

Todo se había precipitado a partir de 1808 con la invasión napoleónica a España y la elevación ilegítima de José Bonaparte –el famoso "Pepe botella"– al trono español. El pueblo, indignado por la tibieza de su rey Fernando VII, organizó la resistencia y, mientras buena parte de los españoles engrosaban las filas guerrilleras para la defensa de su territorio, los gaditanos albergaban a las cortes que darían al pueblo español la famosa Constitución liberal de Cádiz en 1812.

En las sesiones que tuvieron lugar de diciembre de 1812 a febrero de 1813, las cortes decretaron el fin de una de las instituciones más terribles de la historia de la humanidad: el Tribunal del Santo Oficio, también llamado Tribunal de la Fe o Santa Inquisición. El decreto del 22 de febrero de 1813 se extendió a las colonias en América, y en Nueva España fue promulgado el 8 de junio, en cierto modo para ganar simpatías y disminuir a las huestes insurgentes que peleaban en el sur del territorio novohispano bajo el mando del cura Morelos.

Poco duró el gusto. Con la vuelta del absolutismo a España, en 1815, y el desconocimiento que hizo Fernando VII de las cortes y de la Constitución de Cádiz, el viejo tribunal fue restablecido tanto en la metrópoli como en las colonias y sus habitantes padecieron cinco años más las injusticias de la temida institución, que dejó de perseguir delitos contra la fe para llenar sus mazmorras con reos políticos. En 1820, España adoptó de nuevo el liberalismo constitucional y la Inquisición vio el final de sus días, al quedar abolida de manera definitiva el 31 de mayo de 1820. Años después, Lucas Alamán recordaría lo sucedido en Nueva España:

> El tribunal de la inquisición cesó desde aquel mismo día, aunque no se hubiese recibido orden alguna para su supresión, pero previendo los individuos que lo formaban, que ésta era la suerte que debían esperar, tenían tomadas sus medidas desde que se recibieron las primeras noticias de la consumación de la revolución en España, habiendo hecho trasladar a los conventos de la capital los presos que estaban en su cárceles por causa de religión y a la corte los que se hallaban en ellas por materias políticas, entregando al arzobispo el archivo, con lo que sólo faltaba mudarse ellos mismos a otras habitaciones, dejando las que tenían en el edificio del tribunal, para evitar un insulto, si, como sucedió en Madrid, se promovía algún movimiento del pueblo, lo que no se verificó.[19]

En territorio novohispano el Tribunal de la Fe había sido establecido formalmente desde 1571 y, en un acierto de la corona española y de la Iglesia, en 1573 los indígenas fueron excluidos de su jurisdicción. Sobre su establecimiento, José Vasconcelos escribió lo que fue una triste realidad:

> El Tribunal de la Inquisición vino a entenebrecer el ambiente ya entristecido por la convivencia de indios y blancos, miserables y poderosos. En vez del catolicismo piadoso, alegre, fecundo de los primeros franciscanos y de los carmelitas y aun dominicos como Las Casas, un catolicismo de Tribunal, una fe que se defiende con el terror.[20]

Lo que hizo la Inquisición en la Nueva España no tuvo comparación con lo realizado durante siglos por sus correspondientes en la metrópoli y buena parte de Europa, donde literalmente la sangre había llegado al río. En México, tras 296 años de ejercer sus funciones, el saldo no era cruento –el Santo Oficio había dictado sentencia de muerte a 51 reos,[21] aunque tampoco era favorable: ninguno de los cientos de personas que pisaron las cárceles secretas de la Perpetua podía elevar una oración en defensa del terrible tribunal. La mayoría había sufrido en carne propia el tormento físico y psicológico, la humillación o la degradación que con tanta naturalidad se atrevían a ejercer los inquisidores. Ante el juicio de la historia, la Inquisición en la Nueva España era tan culpable como en Europa.

A la sociedad novohispana no debió parecerle así. Los habitantes de la ciudad de México poseían una memoria histórica de escaso alcance moral y carecían de conciencia política; no celebraron el fin de la Inquisición ni siquiera como un acto de reivindicación histórica ni de desagravio a los criollos y mestizos que durante el proceso de independencia fueron vejados por el Santo Oficio al defender las ideas de libertad: dos de sus reos más notables habían sido Miguel Hidalgo y José María Morelos.

Apenas cinco años antes, en 1815, una vez reinstalado en sus funciones, el Tribunal de la Fe había alcanzado su momento de gloria: tras ser capturado, José María Morelos fue conducido a las cárceles de la Perpetua para ser acusado de traición al rey y "mucho más, traidor a Dios", y fue juzgado por la Inquisición, cuya alta jerarquía tenía el "honorable" antecedente de haber aceptado sin cortapisas a José Bonaparte como rey de España.[22] Del 25 al 27 de noviembre de 1815 el tribunal juzgó a Morelos y lo condujo al extremo de la humillación, al degradarlo en un auto público de fe.

> Luego que se terminó la lectura de la causa –escribió Lucas Alamán–, el inquisidor decano hizo que el reo abjurase de sus errores e hiciese la protesta de la fe, procediendo a la reconciliación, recibiendo el reo de rodillas azotes con varas... Morelos tuvo que atravesar toda la sala del tribunal con el vestido ridículo que le habían puesto y con una vela verde en la mano... con los ojos bajos, aspecto decoroso y paso mesurado, se dirigió al altar, allí se le revistió con los ornamentos sacerdotales y puesto de rodillas delante del obispo, ejecutó éste la degradación por todos los órdenes, según el ceremonial de la Iglesia. Todos estaban conmovidos con esta ceremonia imponente; el obispo se deshacía en llanto; sólo Morelos, con una fortaleza tan fuera del orden común que algunos la calificaron de insensibilidad, se mantuvo sereno, su semblante no se inmutó, y únicamente en el acto de la degradación se le vio dejar caer alguna lágrima. Era la primera vez, desde la conquista, que este terrible acto se efectuaba en México".[23]

Días más tarde, el 22 de diciembre, Morelos fue pasado por las armas.

Leyendas y rumores

Se le llegó a conocer como la Bastilla mexicana; era un sólido edificio de tezontle, que se erigía entre las calles de Sepulcros de Santo Domingo y la Perpetua (hoy Brasil y Venezuela), y cuya entrada principal le había ganado la denominación de la "casa chata". En ese lugar, frente a la plaza de Santo Domingo, los dominicos se habían establecido al llegar a México y posteriormente cedieron el terreno y la vieja construcción para que en ella tuviera su sede el Santo Tribunal de la Inquisición.

> En la parte baja se hallaba un segundo patio llamado de los Naranjos, alrededor del cual se hallaban 19 calabozos, y detrás de ellos otros tantos asoleaderos, en los cuales los presos salían a recibir el sol pero sin poder comunicarse entre sí. En la parte alta se hallaban la Sala de Audiencia y los departamentos de oficiales y ministros, dando entrada a la primera una pieza adornada con 40 retratos de inquisidores.[24]

Determinados salones tenían acceso directo a las prisiones y pasadizos para ingresar a la sala de Tormento, "donde había unos agujeros por los cuales los testigos y el delator no podían ser vistos por los reos".[25] Una construcción similar se levantaba en Tlalpan (entre las actuales calles de Matamoros e Hidalgo), con el mismo estilo arquitectónico y con la peculiar característica de ser también una "casa chata". Aquella edificación era conocida por la vox populi como Comisariado de la Inquisición; se decía que algunos célebres inquisidores la habían habitado sucesivamente, de ahí el origen de su nombre y el halo de misterio que por años cubrió a la famosa construcción.

Como su sede, vistosas eran las insignias penitenciales utilizadas por el Tribunal de la Fe. El llamado sambenito era una especie de escapulario de lienzo o paño, amarillo o rojo, que cubría el frente y la espalda del individuo hasta casi las rodillas con tres distintas modalidades, dependiendo de la sentencia del reo: Samarra, Fuego revolto, y Sambenito, nombre que después fue común a todos.

> La Samarra la llevaban los relajados, o sea, los presos entregados al brazo seglar, para que fueran agarrotados o quemados vivos. La Samarra tenía entonces pintados dragones, diablos y llamas entre las que se veía ardiendo el retrato del reo. El hábito conocido como Fuego Revolto era el de los que habían demostrado arrepentimiento, y por eso se pintaban las llamas en sentido inverso, como para significar que se habían escapado de morir abrasados por el fuego. El Sambenito, que vestían el común de los penitenciados, era un saco encarnado con una cruz aspada o de San Andrés. Llevaban también rosarios, y velas amarillas o verdes; encendidas los reconciliados y apagadas lo impenitentes, y cuando eran blasfemos se les ponían mordazas.[26]

Si alguna legitimidad moral concedieron los novohispanos al Tribunal del Santo Oficio, más por temor que por convicción, nunca fue tanta como para no hacer mofa de ella. El ingenio popular acuñó dos frases que resumían el miedo y la burla –sentimientos encontrados de la sociedad– que inspiraba la Inquisición: "Al rey y a la Inquisición chitón", solían decir; y, al referirse al tribunal en sesión, lo describían como: "Un Santo Cristo, dos candeleros y tres majaderos". Pero el sarcasmo involuntario y cínico provenía de los labios de los propios inquisidores, quienes para curarse en salud referían que no todos los sentenciados a muerte llegaban a morir en la hoguera, sino momentos antes y bajo el conocido método del garrote –igualmente bárbaro–; de ese modo, lo "único" que realizaban en los autos públicos de fe era la incineración del inánime cuerpo del infidente.

Además de sus aberrantes actos, las leyendas y los rumores también dieron vida a la historia del Tribunal de la Fe en la Nueva España. Durante el periodo colonial, tal vez la narración más famosa fue la historia de la Mulata de Córdoba, mujer acusada de brujería ante la Inquisición, que fue llevada a las cárceles de la Perpetua, de donde escapó pintando en la pared de su celda un navío, el cual abordó para perderse en el horizonte imaginario y misterioso de las leyendas virreinales.

Años después de su extinción, el Tribunal del Santo Oficio continuó siendo objeto de las historias más inverosímiles. En 1861 se extrajeron "del osario perteneciente al panteón de los padres dominicos trece momias de las cuales se llegó a afirmar que eran restos de renegados y judaizantes emparedados por el célebre tribunal".[27] Desde luego, no era cierto, pero la historia alcanzó los límites de lo absurdo en la realidad: a instancias del gobernador del Distrito Federal, Juan José Baz,[28] fue autorizada la venta de las momias a un circo italiano que se presentaba en la ciudad. Los restos, bastante bien conservados, se convirtieron en una más de las atracciones del circo, y la compañía abandonó la República Mexicana cuando asomaba la intervención francesa. No se volvió a tocar el tema. En 1867, al restaurarse la república, Juan José Baz –nuevamente gobernador del Distrito Federal– fue informado que una de aquellas 13 momias era el mismísimo fray Servando Teresa de Mier e hizo todo lo humanamente posible por recuperarlas. Fue inútil: el ajetreo de los viajes, las giras del circo, los diversos climas y el tiempo que todo lo cubre de historia las habían desaparecido de la faz de la tierra.

¡No abren! ¡Bala con ellos!

El 10 de junio de 1820 fue el último día de la Inquisición en la Nueva España; el decreto era del 31 de mayo, pero el anuncio había llegado al continente americano en los primeros días de junio. Desde temprano hubo un movimiento inusual en uno de los cuarteles cercanos al Zócalo, en donde se formó un destacamento con 70 hombres y dos cañones al mando del capitán Pedro Llop.

Atravesando el Zócalo, el contingente militar avanzó hasta el temible edificio de la plaza de Santo Domingo y detuvo su marcha frente a la "casa chata". Acto seguido, un notario dio lectura al bando por el que se extinguía el Tribunal de la Fe y procedió a fijarlo en la misma esquina.[29]

No había gente en los alrededores, sólo algunos transeúntes que, extrañados y curiosos, se acercaron para observar. El capitán Llop tocó tres veces a la puerta y nadie contestó. Sin obtener respuesta, encolerizado gritó: "¡No abren! ¡Bala con ellos!".[30] En ese instante los portones, que por más de 200 años se habían abierto con facilidad ante la denuncia, el rumor y el chisme, lo hicieron de nuevo y por última vez. El fin estaba próximo.

Temiendo por sus vidas, el carcelero, el conserje y el cocinero del Santo Oficio se presentaron ante el militar, para informarle que minutos antes los inquisidores celebraban tribunal pleno y, al escuchar al notario y el movimiento de tropas, decidieron huir por la azotea del edificio para bajar por alguna de las casas vecinas. Sólo uno de los inquisidores, que padecía reumatismo, permaneció en el edificio y fue amagado por los soldados.

Con la orden de liberar a todos los reos, el capitán se dirigió al patio de los Naranjos y mandó abrir los calabozos. Eran escalofriantes: la luz apenas penetraba, no había ningún tipo de mobiliario y estaban inmundos. "Vimos salir de aquel antro –refiere un testigo de la época– a un hombre de estatura gigantesca, ¡enorme! Era el judío Rafael Crisanto Gil Rodríguez, alias el Guatemalteco, legítimo descendiente de los judíos que habían sido expulsados de Portugal en el siglo XVIII".[31]

Fueron 39 los presos liberados. Muchos se asustaron, pensaban que se les sacaba del encierro para ser quemados en el famoso cadalso de la Alameda, donde solían ejecutarse los autos de fe. Había otros con 30 años de prisión y su estado físico era lastimoso. Con el paso de los años, algunos habían perdido a sus parientes y amigos y no tenían a dónde ir. El virrey Juan Ruiz de Apodaca se apiadó de aquellos hombres y les dio dinero, unas cuantas monedas. La Inquisición los había privado de su libertad y, con ello, algo más valioso, su pasado y su futuro, el presente era sombrío.

La Bastilla mexicana le decían al viejo edificio construido por los dominicos. Pero la sociedad novohispana no advirtió nada en esa denominación, el nombre no les decía nada y no respondió ante la injusticia como el pueblo francés en 1789. Paradójicamente, al enterarse de lo acontecido aquel 10 de junio de 1820, la gente no corrió al viejo edificio para quemarlo o destruirlo, sino para lamentar el fin de la Inquisición. Descorazonados y mirando al cielo, alguno se atrevió a decir: "¡Dios nos va a castigar!"

Bajo las barras y las astillas

De invasores, whiskey y margaritas

A fines de 1847, Lucas Alamán, quien era –desde julio de 1826– apoderado en México de los bienes del duque de Terranova y Monteleone, descendiente del conquistador Hernán Cortés, le escribió lo siguiente:[32]

> El día 3 del próximo diciembre se completan tres siglos cabales de [la] muerte [de Hernán Cortés] ¿Quién hubiera podido pensar en aquella época que a los tres siglos de la muerte del gran conquistador, la ciudad que él saco de sus cimientos había de estar ocupada por el ejército de una nación que entonces no había tenido ni el primer principio?[33]

Lapidarias palabras que en 1848 llegarían a resonar en la conciencia de todos los habitantes de la república. Un país que había nacido a la vida independiente tan sólo 26 años antes, con tres siglos de existencia real, con una extensión de más de 4 millones de kilómetros cuadrados y con 7 millones de habitantes estaba ocupado militarmente por un ejército invasor.[34] La guerra había iniciado en mayo de 1846 y para el 14 de septiembre de 1847 el pabellón de Estados Unidos ondeaba en el asta del Palacio Nacional.

Desde su fundación, en 1521, y a lo largo de toda su historia, la ciudad de México había padecido realmente poco ante movimientos de orden social; algunos motines, una que otra conspiración fracasada, escasos desórdenes populares, nada grave. Ni siquiera la violencia desatada con la guerra de independencia atentó contra la ciudad capital; más habían padecido sus habitantes con inundaciones, epidemias u otros fenómenos naturales. Pero la guerra con Estados Unidos presentó una situación inédita en todos los ámbitos.

Al iniciar el conflicto, la situación interna de México era desastrosa: gobiernos inestables, la hacienda pública en quiebra, intentos separatistas de algunos estados de la federación, cacicazgos locales, levantamientos militares y, sobre todo, no existía una clara conciencia de unidad nacional. La ambición estadunidense encontró las condiciones propicias para iniciar una guerra y obtener como botín más de la mitad del territorio nacional. La resistencia fue escasa y, donde la hubo, ineficaz. El ejército extranjero avanzó rápidamente y en muchos lugares no disparó un solo tiro; el caso más notorio fue el del general Scott que, siguiendo la ruta de Cortés, avanzó desde Veracruz y llegó hasta Puebla sin encontrar resistencia alguna. La desunión era evidente. Años más tarde Alamán escribiría su juicio al respecto:

> Cuando en 1847 se verificó la invasión de la república por el ejército de Estados Unidos... los invasores no sólo imitaron el ejemplo de Hernán Cortés, adelantándose temerariamente hasta el centro de la república, sin establecer un camino militar que conservase sus comunicaciones con su base de operaciones que era Veracruz, exponiéndose a ser cortados y del todo aniquilados en el primer revés que sufriesen; sino también, si la guerra hubiese continuado, iban a repetir el de presentarse al frente de la población indígena como vengadores de antiguos agravios y reivindicaciones de pretendidos derechos. Los jefes de aquel ejército que habían conocido las circunstancias del país a un golpe de vista, mucho mejor que los mexicanos, que en este punto parecen haber tomado empeño en cerrar los ojos a la luz de la verdad, se persuadieron fácilmente que ésta era la parte más vulnerable de la organización mexicana.[35]

La mayor resistencia que opuso el ejército a los estadunidenses fue tardía, llegó cuando éstos se encontraban en las garitas de la ciudad de México a punto de iniciar su última ofensiva. Del 19 de agosto al 14 de septiembre de 1847, batalla tras batalla, las defensas mexicanas fueron cayendo: Padierna (19 de agosto), Churubusco (20 de agosto), Molino del Rey (8 de septiembre) y Chapultepec (13 de septiembre), todavía el día 14 la población civil presentó una infructuosa resistencia sin que pudieran evitar la ocupación total de la ciudad. A partir de ese momento, la sociedad capitalina vio trastocada su vida cotidiana.

En río revuelto, ganancia de pescadores

El país era un caos. Con esta estadunidense, la ciudad de México dejó de ser la sede de los poderes de la Unión. El gobierno decidió cambiar su lugar de residencia y se estableció en Querétaro, tratando de reunir al Congreso para iniciar las negociaciones de paz. El Ayuntamiento entregó la ciudad al general Scott, quien inicialmente tomó posesión de la capital con 7 u 8 mil hombres distribuidos en las garitas para evitar nuevos brotes de violencia como los sucedidos días atrás, cuando fueron recibidos a tiros por la población civil.

Eran medidas obligadas. Los rumores indicaban que dentro de la ciudad se preparaba un grupo armado de mexicanos, pero la experiencia de toda la campaña demostraba lo contrario, no habría nuevos intentos de resistencia. Un teniente del ejército invasor anotó en su diario: "una raza cobarde que no pudo defender su capital nunca hará algo así".[36] Su juicio tal vez no estaba equivocado, al igual que Cortés en 1521, tres siglos después –y también con un ejército no muy numeroso–, Scott había logrado someter a la otrora capital de la Nueva España y en 1847 se llamaba asimismo "el conquistador de México".

El general victorioso permitió que las autoridades de su país y el Ayuntamiento de la ciudad coexistieran, no obstante las acaloradas y constantes discusiones que sostenían todos los días por los azotes que los estadunidenses solían aplicar a gente del pueblo por delitos considerados "no" graves. Como en la época colonial, se levantaron grandes picotas al oriente de la Alameda y en la Plaza de Armas, lugares en donde los delincuentes debían pagar sus delitos. Las protestas del Ayuntamiento no sirvieron de nada y el conflicto definitivo surgió cuando se trató el tema del alojamiento para las tropas extranjeras en detrimento de las propiedades mexicanas. Scott no dudó ni un momento y destituyó a la máxima autoridad política de la ciudad de México.

"En río revuelto, ganancia de pescadores", reza un refrán popular. Con la destitución del Ayuntamiento, un grupo de hombres, algunos de los cuales habían pertenecido al gobierno mexicano en anteriores administraciones, conformaron una asamblea municipal que sirvió por completo a los estadunidenses y llegó al extremo del servilismo cuando

> los que componían la asamblea, no se limitaron a desempeñar sus funciones de legisladores, de jueces y de ejecutores, que se habían abrogado, sino que su abatimiento llegó al extremo de obsequiar al general Scott con un banquete en el desierto de los Carmelitas, brindando por los triunfos de las armas americanas en el valle de México.[37]

Al conquistador de México le duró poco el gusto y su caída no tardó en llegar. Todo comenzó con la inconformidad de los generales Worth y Pillow, quienes acusaron a Scott de haber actuado con incompetencia en Molino del Rey. Rumores y difamaciones minaron al alto mando del ejército estadunidense. Durante cinco meses, los habitantes de la capital se regodearon con el escándalo. El gobierno norteamericano ordenó la formación de un tribunal de investigación, el cual destituyó a Scott del mando militar y su lugar fue ocupado por el general Butler, el 18 de febrero de 1848. El asunto tenía un trasfondo claramente político: el juicio, concluido en Estados Unidos, desprestigió la figura de Scott e impidió su ascenso a la presidencia cuando naufragó su candidatura frente a la de Taylor.[38]

Durmiendo con el enemigo

El paisaje urbano de la capital del país cambió radicalmente con la presencia del ejército invasor. La actividad cotidiana iniciaba a las cinco de la mañana y terminaba cerca de las siete de la noche. Los conventos fueron convertidos en cuarteles y hospitales; la mayoría de los oficiales tomaron las casas abandonadas por sus dueños días atrás. Gran indignación causó entre la población mexicana el hecho de que los invasores entraran a las iglesias fumando o con sombrero y tomaran los confesionarios para dormir plácidamente.

Común era ver a los soldados tomando el sol, sentados en alguna silla, con sus piernas apoyadas en los balaustres de las viejas casonas coloniales. En varios de los caserones eran visibles pequeñas banderas blancas que simbolizaban la paz. Sus dueños habían encontrado en ese método un recurso eficaz para evitar el saqueo.[39]

Las penas impuestas por las autoridades estadunidenses a sus propios hombres por saqueo o robo eran medianamente severas, y podían ir desde acostar al culpable con la espalda desnuda sobre un cañón que estuviera ardiendo, o dejarlos a pleno rayo de sol, parados durante horas, y con balas de cañón atadas a los pies para evitar que se movieran.[40]

Con el paso de los días, la vida cotidiana empezó a tener visos de normalidad dentro de la ocupación militar. "Negocios son negocios" habrían pensado los propietarios de sastrerías, barberías, tiendas, fondas, mesones y tabernas. Rápidamente se acostumbraron a la presencia yanqui en la ciudad, y sustituyeron sus letreros y anuncios con otros... pero en inglés.

A los habitantes de la capital les impresionó vivamente la manera de comer y de beber de los invasores; cual si fueran bárbaros. Guillermo Prieto apuntó: "cuecen perones en el café que beben, le untan a la sandía mantequilla y revuelven jitomates, granos de maíz y miel, mascando y sonando las quijadas como unos animales... lo que causaba horror". En las afueras de los cuarteles se paraban los vendedores de golosinas, carne y guisados; se sabía que entre los yanquis el dinero corría como agua. También era cierto que lugar que pisaban, lugar que dejaban hecho un muladar.

> Toda esta multitud hacía una pública ostentación de su glotonería, de su intemperancia, de su extremada suciedad y de sus maneras bruscas y enteramente opuestas de la raza de los países meridionales... [Era inverosímil] que tal fuese el ejército de una nación que ha pretendido colocarse a la vanguardia de la civilización y cuyos ciudadanos creen ser los más ilustrados del mundo.[41]

De las tropas que ocuparon la ciudad de México, los cuerpos de voluntarios se caracterizaron por ser los más sucios, indisciplinados y conflictivos. No así la oficialidad y algunos miembros del cuerpo de artillería y de ingenieros, que tenían una educación refinada y su comportamiento era excepcional.

¿Se veían los invasores como una representación de Cortés y sus hombres? Probablemente sí. Lucas Alamán se sorprendía de las frecuentes visitas que militares estadunidenses hacían al hospital de Jesús –cuya administración estaba a su cargo– y agradecía los elogios que le hacían por el estado en que se encontraba la institución hospitalaria. Sin embargo, mayor sorpresa le causaba el verdadero motivo de su presencia en ese lugar:

> Me han visitado varios generales y jefes y al hospital han ido muchos más, a ver el retrato de D. Fernando Cortés, el lugar en que estuvo enterrado, sus títulos, armas y firma, todo cuanto le concierne, pues miran sus acciones con admiración.[42]

Tal vez sólo en ese momento y por un breve instante Alamán sitió simpatía por los yanquis.

Si de día la coexistencia tenía sus altibajos, la noche daba paso a la convivencia entre los soldados y los llamados léperos. El mayor recuerdo que dejaron los estadunidenses entre los habitantes de la ciudad de México fue el de los grandes escándalos, las bacanales y las orgías nocturnas que terminaban muy entrada la madrugada. Los yanquis, de los cuerpos de voluntarios, buscaban sólo tres cosas: juego, bebida y mujeres: "bebían de todo y como nubes; lo mismo era para ellos el aguamiel que el aguarrás, y aunque el whisky era lo que más les entraba, echaban unos triquifortis de Tlamapa que temblaba el mundo".[43]

El juego se convirtió en la actividad común por las noches; allí se reunían los solados con las prostitutas; tomaban hasta caerse de borrachos, bailaban, cantaban y jugaban. Las casas de juego eran también salones de baile y burdeles; los más frecuentados fueron La Gran Sociedad, La Bella Unión y El Progreso. Se dice que el juego dejó ganancias de hasta 300 mil pesos para los propietarios de tan entretenidos sitios de esparcimiento.

Quienes encontraron mayor afinidad con los estadunidenses fueron las prostitutas. El resto de la sociedad capitalina se escandalizaba noche tras noche.

> Perjudicial para los soldados fue su amistad con las meretrices de ínfima clase y a las que dieron ellos mismos el nombre impropio de margaritas. En las reuniones con ellas dábase lugar a la comisión de escenas soeces e inmorales y era común entonar la popular canción de "La Pasadita": Ya las Margaritas/ hablan el inglés/ les dicen: me quieres/ y responden: yes.[44]

Pero esa relación no podía traer nada bueno. Los léperos se las ingeniaban para sacarles dinero a los extranjeros. Lo que iniciaba como una borrachera amigable terminaba con un cuerpo apuñalado. Se recomendaba no alejarse de las calles principales, únicas que ofrecían seguridad; los soldados borrachos que se aventuraban a caminar por los barrios pobres, no regresaban; todos los días se informaba de alguna desaparición. Era una forma de venganza contra los yanquis.

La paz se firmó el 2 de febrero de 1848 en la villa de Guadalupe-Hidalgo. México cedió a Estados Unidos poco más de la mitad de su territorio a cambio de 15 millones de pesos –bayonetas de por medio. Las tropas de ocupación no abandonaron la ciudad en esa fecha, el canje de ratificaciones tardó en llegar y no fue sino hasta el 12 de junio cuando los norteamericanos salieron de manera definitiva de la ciudad de México.

> A las seis de la mañana, al arriar la bandera americana que flameaba en el Palacio Nacional, ambas fuerzas presentaron las armas y fue saludada aquélla con una salva de treinta cañonazos. Inmediatamente con igual ceremonia se izó el pabellón nacional disparándose para saludarlo veintiún tiros de artillería. A las nueve quedó completamente evacuada la capital por el ejército de los Estados Unidos.[45]

Nueve meses habían transcurrido. La ciudad y sus habitantes habían cambiado. El país entero sufrió una transformación radical. Había que empezar de nuevo. Las palabras de Alamán resonarían por años:

> ¿Quién hubiera podido pensar [en 1521] que a los tres siglos de la muerte del gran conquistador, la ciudad que él saco de sus cimientos había de estar ocupada por el ejército de una nación que entonces no había tenido ni el primer principio?

LA VIDA COTIDIANA EN EL SIGLO XIX

De temblores, epidemias, rayos y centellas

Castigo de la Providencia

El 19 de junio de 1858 un fortísimo temblor sacudió la ciudad de México. No era el temblor social que en esos momentos dividía a la nación mexicana durante la guerra de Reforma ni el temblor político que daba cuenta de la propiedad de la Iglesia a través de la Constitución de 1857 y las leyes pre-reformistas. Era la presencia de la naturaleza recordando a la sociedad capitalina que si liberales y conservadores respetaban a la vieja e imponente ciudad de México, ella no lo haría.

> Se cree que el temblor de tierra ha sido el mayor de que haya noticias. Si hemos de juzgar por la generalidad de sus estragos, esta aserción es cierta: hasta la oración de la noche se habían recogido diecinueve cadáveres. El tránsito de los carruajes está impedido por dos días. La alameda se iluminó en la noche y se pusieron tarimas para los infelices que carecían de albergue. Esto faltaba para colocar el año entre los más nefastos de la nación.[1]

La memoria histórica era corta. Tras un violento terremoto en 1845, J. G. Cortina había publicado un escrito titulado *Terremotos*, donde enumeraba tan sólo aquéllos de consideración ocurridos desde la conquista de México. Según sus investigaciones, el siglo XVI registró 73; el XVII, 69; el XVIII, 24; y el XIX, al menos hasta ese año, seis.[2]

Descripciones de viajeros extranjeros y algunos escritores mexicanos coincidían en que los temblores eran un fenómeno bastante común en la historia de la ciudad de México, y sus construcciones debían mucho a la regularidad de esos fenómenos naturales.

> Pocos edificios públicos –escribió en 1827 el diplomático inglés Henry G. Ward– alcanzan la altura que estamos acostumbrados a ver los europeos. Esto se debe en parte a la dificultad de poner un buen cimiento en el Valle de México y a la frecuencia de los terremotos. A pesar de que los sacudimientos casi nunca son severos, pondrían en peligro la seguridad de edificios muy altos, pues serían los primeros en resentir los efectos.[3]

Sin lugar a duda, Ward escribía con cierta ligereza al afirmar que los temblores "casi nunca eran severos" en México. No pensaría igual la marquesa Calderón de la Barca, cuando años después, durante su estancia en México entre 1839 y 1842, sintiera en carne propia la desagradable sensación de "que se mueve la tierra firme y que nuestra confianza en su estabilidad se desvanece".

> [...] todo comenzó a moverse; el cuarto, las paredes y aun el suelo se balanceaban como las olas del mar. Todos corrimos, o más bien haciendo eses, alcanzamos a llegar al corredor. Duró el temblor cerca de un minuto y medio, y creo que no causó más perjuicio que el susto consiguiente y cuarteaduras en las paredes viejas.[4]

Los temblores que azotaron a la ciudad de México en la primera mitad del siglo XIX solían ser de larga duración y gran intensidad; aun así, pocas eran las víctimas y los daños sólo podían contemplarse en algunos muros mal construidos y en ciertos templos, cuyas cúpulas se venían abajo. Con 300 años de antigüedad, el saldo era favorable; cada movimiento del subsuelo ponía al descubierto una característica más de la ciudad de México: su fortaleza arquitectónica.

Erigida sobre una región lacustre, las construcciones levantadas por los españoles desde 1521 habían resistido el paso de los siglos. Mayores estragos causaban las inundaciones, que en ocasiones alcanzaban varios metros de altura. En 1844, un acucioso viajero estadunidense percibió en dónde radicaba la fortaleza de la ciudad capital:

> No hay aquí casas aisladas, sino que las cuadras enteras se encuentran edificadas en un sólido bloque constituyendo, de hecho, un solo enorme edificio; cada metro de terreno se halla revestido de piedra y cemento y, como las paredes colindan, se afirma que es poco el daño que provocan aquí los temblores salvo el resquebrajamiento ocasional de los muros y el derrumbe de unas pocas casas de los suburbios construidas de adobe.[5]

Años después, Edward Burnett Taylor, viajero inglés, ratificó el juicio del anterior:

> La probabilidad de que se den estos sacudimientos en México explica la peculiar forma de construir las casas. Un moderno pueblo inglés, con delgadas paredes de ladrillo, quedaría en ruinas con un sacudimiento que difícilmente dañaría a México. Aquí, las casas de varios pisos tienen paredes de piedra y son tan gruesas que por fuerza resistirían.[6]

Para la sociedad capitalina, con justa razón, ninguna de estas consideraciones era suficiente para mantener la calma. Ante los golpes militares, las asonadas o los cambios de gobierno los habitantes de la ciudad de México reaccionaban incluso con indiferencia; finalmente, éstas eran cuestiones humanas que dependían directamente de la voluntad de los hombres. Los terremotos eran otra cosa. Comunes podían ser los movimientos telúricos, pero eran situaciones a las que la población, por su impotencia ante los fenómenos naturales y por el propio instinto de supervivencia, jamás podría llegar a acostumbrarse.

Al sentirse los primeros movimientos y escuchar el amenazador crujido de los muros, la gente corría despavorida buscando las plazas, los jardines, lugares que a su juicio brindaban seguridad. El fervor religioso afloraba con mayor intensidad y las calles parecían enormes reclinatorios donde los capitalinos imploraban la misericordia del Creador. Pasada la furia de la tierra, en la memoria de la gente sólo quedaba el nombre del santo o de la santa, en cuyo día, la tierra –y por qué no, también la Providencia– habían decidido escarmentar a los hombres. Así se identificaban los más importantes: el de San Juan de Dios, el de la Encarnación o el de Santa Mónica. Guillermo Prieto recordaba:

> Por aquellos tiempos, pared de por medio del año de 40, me impresionó hondamente el temblor de Santa Cecilia, ocurrido a las doce de la noche: las gentes dejaban el lecho medio desnudas y confesaban a gritos sus pecados en medio de la calle; los sacerdotes pegaban la faz contra la tierra o alzaban las manos al cielo; bamboleaban las torres, sonaban las campanas como articulaciones doloridas, y las fuentes deponían sus aguas causando terror.[7]

"Los criados arrodillados –escribió la marquesa Calderón de la Barca– rezaban y persignábanse con una celeridad nunca vista... todo México se arrodilló; hasta los pobres dementes de San Hipólito." Seguramente llamó la atención de la marquesa el fervor religioso de los mexicanos, pero más aun esa extraña costumbre de arrodillarse, y no exclusivamente ante un abrupto movimiento de la tierra: "Una vez en la calle, la vista [del obispo] producía siempre el mismo efecto; todos caían de rodillas a su paso, como si pasase el viático, o sintieran estremecerse la tierra por un temblor".[8] Costumbres religiosas y populares, finalmente.

Sin ninguna reflexión de orden científico, la *vox populi* sostenía también la idea de que la primavera era una estación proclive para los temblores. Tal vez el calor, la resequedad de la tierra y las altas temperaturas se conjuntaban para producirlos; quizá por coincidencia varios de los temblores registrados habían sucedido entre los meses de marzo y junio. En una de las descripciones de época, Carlos María de Bustamante apuntaba: "Al terminar el terremoto el aire estaba denso, el cielo nebuloso y sombrío y la temperatura sensiblemente elevada".[9]

Uno de los temblores que causó mayor daño a la ciudad en esa primera mitad del siglo XIX ocurrió el 7 de abril de 1845 y fue conocido como el de San Epifanio:

> Poco antes de sonar las cuatro de la tarde, se sintió el más horrible temblor que jamás se ha visto. Su duración la calculamos en más de dos minutos; la fuerza del sacudimiento fue terrible: nadie recuerda otro semejante, y el estado de los edificios indica bien que jamás la naturaleza había mecido los cimientos de esta ciudad con tanta fuerza.[10]

Con las réplicas que siguieron al terremoto del 7 de abril, la gente estaba aterrorizada. Las casas ubicadas en las calles de San Lorenzo, la Misericordia, Tompeate, Sapo, Victoria y Ancha fueron las más dañadas. Gran impresión causó el derrumbe del hospital de San Lázaro y el de la capilla de Santa Teresa la antigua.

Para intentar tranquilizar a la sociedad capitalina, circuló en los diarios un escrito más de J. G. Cortina; éste conminaba a la población a no asustarse más, ya que la solidez de las construcciones de la ciudad de México –como lo referían los extranjeros– era suficiente para resistir cualquier terremoto; las que habían sufrido daños, debían su destrucción a la negligencia y al abandono en que las tenían sus dueños. Pero su conclusión era, hasta cierto punto, algo simplista:

> En México se experimentan terremotos y probablemente se experimentarán siempre; pero hay sobrado fundamento para creer que nunca sucederá más de lo que hasta ahora ha sucedido; antes bien puede ser que no esté muy lejano el tiempo en que cesen enteramente, porque todo contribuye a hacer sospechar que ya se aproximan a su término las alteraciones que necesita el globo terrestre, para adquirir el estado en que debe quedar.[11]

¿Cuál era ese estado y cuándo llegaría?, se preguntaban con toda seguridad los atemorizados lectores de la ciudad de México.

El temblor de 1845 sólo fue el preludio de otro, que meses más tarde, iniciaría el largo y doloroso desmembramiento del territorio mexicano. Esta vez no era la naturaleza: en julio de 1845, Texas aceptó formar parte de la Unión Americana; tres años después, el terremoto de la guerra, más que dividir, arrancaba de un tajo 2 000 000 de kilómetros cuadrados al suelo mexicano.

La justicia divina y el *cólera morbus*

¿Fenómenos naturales o castigos de la Providencia? Con el desastroso terremoto de 1858 mucha gente llegó a pensar que se trataba de un acto de justicia divina contra México. La Iglesia sufría el acoso y persecución de los impíos liberales, pero ¿cuál era el gran pecado de los conservadores, finalmente, defensores de la fe?: la omisión. Pocos eran los fieles que derramaban su sangre por la religión como los mártires cristianos de los primeros tiempos. México debía pagar su infidelidad.

La sociedad mexicana cayó así en el vértigo de su propia historia y en la memoria colectiva –la misma que se reflejaba siempre en la religión– apareció como un violento rayo aquel fatídico año de 1833, cuando la Providencia también dejó caer sobre México su infinita justicia en la forma de una epidemia: el *cólera morbus*.

El año 1833 había pasado a la historia como el primer gran intento liberal de acabar con el poder político de la Iglesia. Las reformas de Gómez Farías buscaron suprimir los fueros eclesiásticos, hacer circular la propiedad de la Iglesia para generar riqueza en favor de toda la nación y propiciar con el tiempo la libertad de conciencia. La conmoción social fue enorme.

Ese año había sido particularmente caluroso, las condiciones insalubres de las ciudades, y sobre todo las de la capital del país, propiciaron el estancamiento de aguas negras y la contaminación del agua, de las frutas y verduras. El *cólera morbus* se expandió con una rapidez incontrolable, y el número de víctimas recordaba tristemente aquellas epidemias que habían diezmado a la población indígena en lo siglos XVI y XVII.

La Iglesia encontró en la epidemia su mejor arma para combatir a los liberales, azuzando a la sufrida población en contra del gobierno. No negaba los santos óleos ni la ayuda hospitalaria ni mucho menos el culto, pero era un hecho que

> el clero denunciaba al gobierno como resuelto a destruir la religión, y las funciones religiosas, para pedir la protección divina, y los lamentos de los profetas y los misereres se unían al profundo espanto que causaba la invasión del cólera... el castigo del cielo era evidente, aquel gobierno impío atraía sobre la república las calamidades supremas; clamaba así la Iglesia y la sociedad sufría.[12]

En la ciudad de México, donde se calcula que perdieron la vida poco más de 19 000 personas, las escenas eran apocalípticas:

> Las calles silenciosas y desiertas en que resonaban a distancia los pasos precipitados de alguno que corría en pos de auxilio; las banderolas amarillas, negras y blancas que servían de aviso de la enfermedad, de médicos, sacerdotes y casas de caridad; las boticas apretadas de gente; los templos con las puertas abiertas de par en par con mil luces en los altares, la gente arrodillada con los brazos en cruz y derramando lágrimas... A gran distancia el chirrido lúgubre de [carrozas funerarias atravesaban las calles], los panteones de Santiago Tlatelolco, San Lázaro, el Caballete y otros rebosaban de cadáveres...[13]

El cólera sería la gran epidemia del siglo XIX mexicano; en la década de 1850 regresaría, pero 1833 pasaría a la historia por su inigualable devastación. El gobierno liberal no asumió, desde luego, la justicia divina como causa del cólera e hizo todos sus esfuerzos y dispuso de todos sus recursos para combatir la epidemia. Algunas voces de la sociedad encontraron el origen de la desgracia, no en la cuestión religiosa y mucho menos en la divinidad, sino en un grupo social que en la década anterior, la de 1820, había padecido el chovinismo independentista de los mexicanos: a su parecer los extranjeros eran los únicos culpables.

> En muchas localidades se hizo general la voz de que los extranjeros habían envenenado las aguas, voz inicua propalada en la capital y fuera de ella por los mismos que habían dicho de diferentes modos que el cólera era un castigo del cielo por los pecados de los pueblos: el resultado de esta calumnia fue que el pueblo fanático e ignorante se lanzase a asesinar extranjeros, de los cuales, varios, aunque pocos afortunadamente, fueron víctimas de imbécil superstición.[14]

"Ni tirios ni troyanos", causas naturales habían propiciado la epidemia, que en el año de 1833 se propagó todavía por los cuatro millones de kilómetros cuadrados que había heredado la corona española al México independiente en 1821. En la capital del país llegaron a tomarse medidas extremas. El gobernador del Distrito Federal, el general Ignacio Martínez, conocido como el Macaco, –según refiere Guillermo Prieto– "fulminó un bando con tremendas prohibiciones a las frutas, los figones y los comestibles; en ese bando hay un anatema contra los *chiles rellenos* que escalofría".[15]

Surgieron toda clase de remedios caseros a los que la sociedad capitalina se avenía fervientemente para reemplazarlos por otros, días después, que la conseja popular adoptaba como los de mayor eficacia. Las escenas se repetían día a día: fumigaciones, riegos de vinagre y cloruro, parches que debían pegarse al cuerpo, calabazas con vinagre detrás de las puertas, cazuelas solitarias de arroz, y sangrías eran cosa de todo los días; no podían faltar los cirios y las veladoras frente a las imágenes de los santos. Así lo recordaría, años después, Guillermo Prieto, quien sufrió en carne propia los estragos del cólera, al ver a un hermano que, contagiado, yacía al borde de la tumba, pero que probablemente por intercesión milagrosa, y ante el asombro de todos, había logrado recuperarse para exclamar: "Creo en Dios Padre".

La fe era el mayor paliativo de la población, y la salvación de algún enfermo nutría de nuevas esperanzas a los capitalinos, quienes seguían las recomendaciones alimenticias, los mismos cuidados y la higiene del enfermo para evitar el camposanto. Ninguna solución sería del todo efectiva y sólo el azar intercedía por los hombres. Por desgracia, la cura científica se inventaría en el último cuarto del siglo XIX.

Bajo el poder de la naturaleza

Veinticinco años habían pasado desde la gran epidemia de cólera cuando en 1858 el terremoto sacudía las conciencias de los mexicanos y cobraba algunas víctimas entre la población de la ciudad de México. ¿De nuevo la Providencia contra los liberales? De ningún modo. "Dios fue juarista en la guerra de Reforma", dijo sabiamente el historiador José Fuentes Mares. Las circunstancias favorecieron la causa liberal y la victoria sobre los conservadores se hizo realidad.

El año 1858 fue ciertamente un año difícil, y no sólo por lo que se refiere al arte de la guerra. La naturaleza por momentos fue particularmente cruenta con los mexicanos, pero también les otorgó momentos de belleza inenarrable. El famoso *Calendario del más antiguo Galván* –todavía hoy en circulación– apuntaba en su sección de efemérides correspondiente al año de 1858 una serie de fenómenos naturales que marcaron a los habitantes de la vieja ciudad de los palacios.

Además de varios temblores de menor intensidad que padeció el país, ese calendario anunciaba el 23 de febrero: "aunque los aires de este tiempo sean impetuosos, los de este año han sido notables, el de hoy derribó varios jacales y tiró el farol destinado al gas en medio de la plaza mayor, quebrando el tallo de fierro que lo sostenía". Algunos meses después, un fuerte estruendo despertaba a la población capitalina; a la siete y media de la mañana dos detonaciones anunciaron el incendio de la fábrica de pólvora de San Juanico, con un importante número de víctimas. En el mes de octubre, la ciudad capital fue testigo de un acontecimiento poco visto, "aparece en el horizonte de México un hermoso cometa, su núcleo es bastante grande y su cauda de una elegante y magnífica figura y extensión. Se dice que fue el que apareció el día de la muerte del

Papa Urbano IV y que se tuvo por el anuncio de la muerte de Carlos V".[16]

Temblores, cometas, temperaturas elevadas, fuertes vientos, inundaciones; fenómenos naturales, no la Providencia. Era el México que atravesaba con dificultades la mitad del siglo XIX. Su capital sufría, no los embates de la política, sino los avatares de la naturaleza. Liberales y conservadores pelearían por lo general lejos de la ciudad de México, una que otra vez en las afueras, nunca dentro. Era el símbolo del poder y necesario era su respeto. La naturaleza no se detenía.

La sociedad capitalina de la primera mitad del siglo XIX respondía ante los fenómenos naturales con una buena carga de religiosidad, cuya responsabilidad última se encontraba en la Providencia. Cambiarían los tiempos, las orientaciones y las aspiraciones sociales, pero invariablemente las calamidades seguirían manifestándose de manera aleatoria. Año tras año, religiosamente, la sección de efemérides históricas del *Calendario del más antiguo Galván* daría cuenta de ellas. La memoria colectiva registraría cada una, hasta llegar a una clara conclusión: no eran, desde luego, manifestaciones de la Providencia, sino circunstancias naturales que acompañaban al país, en su largo recorrido, hacia la consolidación de la nación mexicana. ¿Pruebas?, tal vez. México demostraría con creces que estaba preparado para andar su destino y enfrentar, más que rayos, centellas o temblores del subsuelo, los conflictos que tarde o temprano produciría el hombre.

La pasión según san pueblo

Año tras año, durante buena parte del siglo XIX, sólo un acontecimiento era capaz de trastocar de manera temporal la vida social mexicana: la Semana Santa. Desde el inicio de la Cuaresma –largo preludio–, el movimiento cotidiano se alteraba y la vida marchaba según los dictados eclesiásticos que disponían todo para la magna celebración.

La cercanía de los días santos –viernes de Dolores, sábado de Gloria y domingo de Resurrección– estaba precedida por los carnavales y ferias pueblerinas, pero nadie podía negar que un ambiente lleno de misticismo se respiraba en todos los rincones del país. Eran días de reflexión y recogimiento; para la mayoría de los católicos eran días de dolor.

Los muy devotos y disciplinados en la religión católica, además de mortificar el cuerpo y el alma a través del sacrificio, la penitencia, el ayuno y los rezos destinados para la ocasión, asistían a las solemnes y fastuosas procesiones, los oficios, el lavatorio de pies, el viacrucis, la visita a las siete casas y toda clase de ceremonias.

Los fieles un poco más relajados acudían a las diversas representaciones de la Pasión de Cristo escenificadas en los pueblos cercanos a la ciudad de México: Tacubaya, Coyoacán, San Ángel o Tacuba. A su juicio, no había mejor opción que compartir con Jesucristo sus momentos de dolor y regocijarse junto a él en la Resurrección.

Los no muy fieles ni muy devotos acudían a otra clase de pasión –no la del Salvador– sino la del juego y la diversión, que se permitía abiertamente en San Agustín de las Cuevas (Tlalpan), paradisiaco lugar, donde los días santos se vivían entre la penitencia del que perdía en la ruleta y el que expiaba sus pecados apostando a los "albures" y bebiendo pulque.

Solemne devoción

Las iglesias mostraban sus altares como en ninguna otra ocasión: soberbios y bellamente adornados con miles de flores. Durante cuatro días, la gente transitaba de la alegría del jueves Santo –institución de la eucaristía– a la tristeza del viernes de Pasión, crucifixión y muerte de Cristo. Terminado el duelo, llegaba el sentimiento liberador y justiciero del sábado de Gloria con la quema del Judas, y todo concluía con el gozo y la felicidad infinita del domingo de Resurrección.

Una disposición eclesiástica, avalada por la autoridad civil, determinó por años que, desde el jueves Santo a las diez de la mañana hasta la misma hora del sábado de Gloria, el único carruaje que podía correr por la ciudad era el que "conducía al Divinísimo". El silencio sepulcral, acorde con el duelo que se avecinaba, invadía por completo a la siempre fiel ciudad de México.

Cerradas las calles, los habitantes de la ciudad disfrutaban de su belleza y aprovechaban el obligado paseo a pie para trasladarse de un templo a otro. En esos calurosos días no faltaban los tradicionales puestos de chía y aguas frescas que, año tras año, se establecían en los lugares más concurridos para brindar minutos de refresco a los acalorados transeúntes. Pero más allá de la religiosidad, la Semana Santa se prestaba también para fines menos devotos: la presunción, la vanidad y la envidia; eran los días apropiados para mostrarse ante el público al último grito de la moda.

Viajeros y cronistas mexicanos dieron cuenta de ello. Al finalizar la década de 1830, la marquesa Calderón de la Barca anotó en sus memorias: "El jueves Santo es un día en que México cobra una animación por demás pintoresca. Sólo se usan en este día rasos, terciopelos, y las perlas y los diamantes se han echado a la calle". Al iniciar el siglo XX, nada había cambiado. El francés, Augusto Génin escribió:

> Los mexicanos ahorran todo el año para poder en esta ocasión estrenar de pies a cabeza. Se acostumbra que en los tres últimos días que preceden a la Pascua... las mujeres elegantes lleven tres atuendos diferentes, uno de ellos de duelo, para el viernes santo.

Una persona que caminaba por las plazas, presumía sus atuendos nuevos, bebía en los puestos de chía y acudía a los diferentes ritos religiosos, no estaba completa sin su matraca. El ruidoso juguete alcanzó su fama en las festividades de Semana Santa. Solían venderse desde el domingo de Ramos –el anterior al de Resurrección– y por todos los rincones se escuchaba su incesante sonido. Las había, desde luego, para todas las clases sociales.

> Es costumbre en estos días –escribió un cronista de la época– hacer regalos a las señoras y se llama dar la matraca, que son una especie de juguetes de oro, plata, marfil, cristal u otros materiales, los que poniéndose en movimiento hacen un ruido extraño y rasposo.

El sonido de las matracas se perdía en las primeras horas del sábado de Gloria, cuando los cohetones anunciaban la quema de los Judas y el final del luto. Según refiere Artemio de Valle Arizpe, la tradición de los Judas tenía origen en la Colonia:

> La Inquisición quemaba en efigie a los reos que habían muerto y sacaba grotescas figuras que los representaban, hechas de cartón, armadas con carrizos o bien de trapo... Los muchachos, para jugar, empezaron a hacer cosa semejante; fingían autos de fe con muñecos a los que llevaban a una hoguera dizque por herejes. Después se les ocurrió que las figuras retrataban a Judas Iscariote, con el cual

> querían personificar a los judaizantes –contrarios a la religión católica–, y como gustaban mucho de este entretenimiento, los monigotes se empezaron a vender en el Portal de Mercaderes, con caras feísimas, barbas, cuernos y largas colas como de toro. Como el traidor discípulo se ahorcó, del mismo modo se colgaban a los feísimos muñecotes y, en vez de echarlos en una hoguera como hacían los niños, les ponían racimos de cohetes tronadores a fin de que éstos los quemaran imaginando castigar con tal simulacro la nefanda traición del barbitaheño Judas.

Para el pueblo siempre alegre, la quema del Judas era uno de los eventos más esperados. La festividad sólo llegó a interrumpirse bajo el imperio de Maximiliano, debido a que la pólvora utilizada para rellenar los muñecos podía servir en contra de los franceses o del propio emperador. "El miedo no anda en burro", solían comentar los coheteros y maestros en el arte del Judas, quienes se inconformaban poniendo clandestinamente a sus creaciones el rostro del emperador o de uno que otro general francés.

La ciudad de México terminaba los días santos entre la solemnidad y la fiesta, pero mantenía inquebrantable su majestad y la seriedad del acto religioso. Al caer la tarde del domingo de Resurrección, después de escuchar misa y pasear entre la verbena popular, la gente se retiraba a sus hogares a saborear una taza de chocolate y compartir sus vivencias de Semana Santa.

La pasión por la Pasión

Los pueblos cercanos a la ciudad vivían los días santos de manera distinta y con mucha más intensidad. Tacubaya, San Ángel, Coyoacán y Tacuba fueron por años los sitios adecuados para observar la Pasión de Cristo con toda la pasión que afloraba entre los lugareños al buscar obtener un papel en el drama histórico-religioso.

> Desde los primeros días de Cuaresma –escribió Guillermo Prieto sobre lo que sucedía en Tacubaya– el agudo sonido de un pito y el redoble de un tambor convocaban por todos los ángulos del pueblo a los actores que debían representar el drama del Calvario. Las discusiones sobre cada una de las candidaturas eran escandalosísimas, anunciando victorias y derrotas, semblantes alegres o iracundos, exclamaciones estrepitosas, lluvias de puñetes y picardías: todo con muy cristianos fines.

La gente, disfrazada del papel que más le acomodaba, esperaba una oportunidad para acompañar a Jesús en su terrible destino. Por las calles de Coyoacán y Tacubaya caminaban judíos, fariseos, centuriones, vírgenes, apóstoles, Judas, Pilatos y Cristos que, por un instante, convertían a los mexicanísimos pueblos en la Jerusalén de los primeros años de la era cristiana.

Los afortunados ganadores debían por lo general sus papeles a una democrática elección que, aunque por momentos se resolvía a golpes, era reconocida por el pueblo. Había un personaje que todos los hombres deseaban representar y no era Cristo; era un papel menor, pero permitía a los varones lucirse ante las damas que acudían a la representación; no era ninguno de los apóstoles y mucho menos Judas: era el centurión. No hablaba, pero andaba a caballo siguiendo los pasos de Cristo hasta su Calvario; corría de un lado a otro de la procesión, caracoleaba el caballo, lo levantaba en dos patas y mostraba a la multitud expectante sus dotes de buen jinete. Además, tenía la misión de llevar el pergamino donde se leía la sentencia de Jesús. Ser el centurión era símbolo de hombría.

La Pasión de Jesús y las grandes cantidades de pulque ingeridas en esos días –que recordaba de paso a las "Bodas de Canaán"– desataban los enconos y las rencillas de muchos pueblerinos. La escena de la aprehensión de Cristo, lejos de evocar el sufrimiento en el huerto de Getsemaní, se convertía en una batalla campal, donde los apóstoles y otros partidarios de Jesús se enfrentaban a puñetazo limpio contra Judas y sus secuaces y, aunque en ocasiones era evidente la victoria de los apóstoles, el resultado final era la aprehensión de Cristo, no sin algunas bajas de consideración entre sus enemigos.

Al Salvador no le iba mejor, con excepción de los clavos, sufría casi lo mismo que el verdadero Cristo. "Será un milagro si sobrevive a los trabajos de este día", escribió asombrada la marquesa Calderón de la Barca, luego de atestiguar que la persona elegida para revivir a Cristo pasaba literalmente "las de Caín". Ciertamente padecía horrores, pero al final, igual que Jesús, derrotaba a la muerte y resucitaba en medio del júbilo de la concurrencia.

Entre devoción y diversión transcurrieron las festividades de Semana Santa en el siglo XIX mexicano. Días de reflexión y recogimiento, la muerte de Jesucristo abría por un instante el corazón del devoto país, que iniciaba su vida independiente para mostrar, sin velos, su propia pasión –festiva, alegre, religiosa–, que describió de manera inmejorable Guillermo Prieto, al referirse a la Pascua de Resurrección:

> De repente se enciende la gran llama del cirio pascual; rásganse los velos de los altares; resuenan el órgano y los cánticos de gloria; repican las campanas, truenan los Judas, corren despavoridos los perros, arman gresca los muchachos, los sayones corren, despe-

chados, a las afueras del pueblo entre silbidos, a las puertas de las pulquerías y vinaterías y en las esquinas se dan sendas golpizas cristianos y judíos, de puro gusto, de ver que ha resucitado el Salvador del mundo.

De panteones, leyendas y sucesos increíbles

La Muerte ronda

Ánimas y aparecidos, sombras y espectros transitaron serenamente por las calles y los callejones del México novohispano. La penumbra era su alimento, la superstición, su vida, y la religiosidad, su inspiración. Las campanas de iglesias y conventos marcaron el paso del tiempo religioso. Nadie se aventuraba a salir por la noche. Las calles escasamente alumbradas hacían más notoria la oscuridad y los pocos destellos de luz que salían de las linternas de los serenos reflejaban fantasmagóricas sombras en los muros de los caseríos.

Pero si uno callaba y prestaba atención, exigiendo a los sentidos, podían distinguirse los tenues y melancólicos murmullos de las ánimas que anunciaban su llegada: la Muerte paseaba por las calles del México virreinal gozando de la corte que le hacían todos los estratos sociales y se ufanaba del respeto guardado por los habitantes de la majestuosa ciudad. Seguramente en su milenaria historia, la Muerte amó las frías noches en la Nueva España y "vive" con sus recuerdos.

Y, sin embargo, aun para ella, las historias que se contaban con frecuencia, y pasaban de generación en generación, comenzaban a parecerle aburridas. Le fastidiaba escuchar la tragedia de la mujer que, sollozando, recorría las calles en busca de sus hijos; la había acompañado por algún tiempo hasta que le pareció un tanto ocioso. Otras eran historias melancólicas y tristes; recordaba con nostalgia el día en que la famosa "mulata" había partido en su fantástica barca del imaginario puerto de las cárceles de la Perpetua para no regresar jamás. Pero si algo le irritaba, era el trillado cuento de don Juan Manuel, que en los infiernos tenía el castigo eterno de repetir ese prurito de "dichoso usted que sabe la hora en que va a morir".

De limpios y glotones están llenos los panteones

La Muerte tenía cierta predilección por la ciudad de México y sólo esperaba que transcurrieran los minutos del gran reloj de la eternidad para regresar a visitarla. Sentíase como en casa. La capital mexicana le era propicia; su salud mejoraba y su sarcástico sentido del humor se hacía evidente. No era para menos: al caminar por cualesquiera de lo puntos cardinales de la ciudad, la Muerte se topaba con su lugar favorito de recreo: algún cementerio. En la capital novohispana había tantos y tan variados como las iglesias que se levantaban sobre todo el valle de México.

Sólo en el año 1736, cuando la viruela asoló la región, se llegaron a contar más de 25 cementerios. Era común que las autoridades eclesiásticas y las órdenes monásticas utilizaran los atrios de las iglesias para llevar a cabo los entierros.

> Desde los días de la conquista hasta finales del siglo pasado [XVIII] –escribió José María Marroquí– fue costumbre general sepultar los cadáveres en los templos todos, aun en las capillas más humildes, en las sacristías, en el interior de los conventos y con más razón en los cementerios de los templos que tenían ese destino.[17]

Junto a cada construcción religiosa se destinaba también una extensión de tierra para establecer el camposanto, regenteado por la orden que fuera propietaria del templo en cuestión. Parecía una discreta competencia por ofrecer un lugar hacia el más allá, donde salían a relucir las advocaciones de la

Virgen, los santos y las santas que daban nombre a las construcciones religiosas: San Miguel, Santa Catarina, Santa Veracruz, Santiago Tlatelolco, Santo Domingo y Nuestra Señora de la Merced, entre otros. Por encima de ellos, la catedral coronaba la tradición mortuoria de los cementerios capitalinos y otorgaba a la capital novohispana una característica poco común: en los tres siglos de dominación española nunca se registró mayor número de cementerios como aquel año de 1736.[18]

Ya entrado el siglo XIX, cuando se le impidió a la Iglesia intervenir en los asuntos de orden civil y la administración de los cementerios pasó a manos del poder público, historias morbosamente asombrosas comenzaron a circular en torno a los viejos cementerios atriales. Se decía que luego de incurrir en el pecado de la carne con algún sacerdote, las monjas solían practicarse abortos y enterraban a las víctimas en las paredes de los templos y conventos. Sólo un ingenuo podía creer semejantes historias; el común de la gente veía con normalidad que en los alrededores de los templos y conventos aparecieran osamentas completas y de todas las edades. Durante años se acostumbró enterrar a los difuntos en los lugares santos y ¡qué mejor que en el mismísimo atrio de la casa de Dios! A la Muerte no dejaban de divertirle las ocurrencias políticas de los enemigos de la Iglesia, pero nunca las tomó en serio: "naturaleza humana" finalmente, llegó a pensar.

Varios panteones guardaron un lugar en la historia mexicana gracias a los vicios y a las virtudes que acompañaron a sus moradores en vida y quienes encontraron en algunos cementerios la paz y tranquilidad necesarias para dormir eternamente el sueño de los justos. La Muerte gozaba al visitar uno que era su preferido, creado todavía bajo el virreinato, pero que había visto sus mejores días en el México independiente del siglo XIX: el cementerio de Santa Paula.

Había sido fundado hacia 1784, pero operaba desde 1779, año en que la viruela volvió a cobrar numerosas víctimas entre la población de escasos recursos. El hospital de San Andrés era el propietario y, ante la grave crisis de salud, dispuso un espacio para los pacientes que lamentablemente no respondían al tratamiento médico y cuya única alternativa era rendirle honores a la Muerte. Así decidió erigirse el cementerio en las afueras de la ciudad (en lo que hoy es parte del Paseo de la Reforma norte, enfrente del inmueble que por años ocupó la Carpa México),[19] medida necesaria para evitar que los vientos contaminaran el ambiente citadino.

El cementerio contaba con su capilla –consagrada al Salvador–; tenía su retablo, un altar para la celebración de la misa y curiosamente 35 sepulcros para particulares que quisieran ser enterrados allí como un acto de humildad. No era un cementerio general ni abierto al público. Durante años sólo fueron sepultados allí los enfermos del hospital de San Andrés. Sin embargo, en uno de aquellos sepulcros se cumplió la última voluntad del benefactor Manuel Romero de Terreros, Conde de Regla y fundador del Monte de Piedad: sus restos encontraron el descanso eterno entre la misma gente a la que siempre trató de socorrer.

La capilla del camposanto de Santa Paula tenía su campana para anunciar al Vicario la entrada de los cadáveres, a los cuales bendecía junto con las sepulturas y celebraba las exequias. Para evitar que la ciudad fuera testigo de las tristes procesiones y los dolorosos cortejos fúnebres, los entierros se realizaban por la noche.[20]

Los años transcurrieron y Santa Paula cambió, como todo el país, cuando México nació a la vida independiente. En 1836 fue declarado cementerio general y todas las personas que fallecían en la ciudad de México debían ser enterradas en él. Se decía que era "el mejor cementerio de toda la república...

en él se supo reunir la lúgubre hermosura, con la salubridad, decencia y aseo".[21]

Como última morada, Santa Paula fue el lugar de moda durante varios decenios. En 1838 un hecho insólito le dio mayor importancia.

> La mañana del 27 de septiembre se hizo un brillante entierro, desconocido, para nuestros mayores, del miembro de un hombre vivo aún, al que concurrió, por la novedad y rareza de la función, la gente más ilustre de México, y un inmenso pueblo atraído de la novedad de este singular espectáculo.

El acontecimiento no fue otro que la inhumación de la pierna de Santa Anna, la que –como ya fue dicho– dos años después la gente exhumó para arrastrarla por toda la ciudad.

Santa Paula también albergó hombres y mujeres que se brindaron por la causa mexicana, como la insurgente Leona Vicario o varios de los patriotas que combatieron a los estadunidenses y cayeron en defensa de México en las batallas de Molino del Rey y el Castillo de Chapultepec, en septiembre de 1847, como Lucas Balderas o Felipe Santiago Xicoténcatl.

Los mejores años del cementerio se fueron apagando a mediados del siglo XIX. La Muerte lamentó que un lugar que tanto le agradaba viera también el final de sus días. Hacia 1869 el gobierno de la ciudad de México ordenó su clausura para dar cabida a otros cementerios. El crecimiento de la ciudad, las construcciones y los caminos terminaron por borrar los últimos vestigios de Santa Paula y la mayoría de sus "moradores". La Muerte le otorgó un minuto de silencio por su trayectoria y con seguridad musitó una frase que se volvía paradójica en sus labios: "así es la vida".

Cuando la Muerte vivió en México

De entre sus recuerdos, la Muerte refería uno que iluminaba su rostro. Había sucedido allá por el año de 1728 en la celebración de los difuntos. Mientras se mezclaba entre procesiones, sepulcros y tertulias de cementerio, prestaba atención a las conversaciones de la gente. Rió a carcajadas al escuchar que las autoridades virreinales se indignaron contra un portugués que se había quitado la vida, y para castigarlo por delito tan grave increíblemente ordenaron colgarlo en la plaza mayor. Otra historia la dejó bastante impresionada, pues hasta el diablo salió a relucir. Se contaba que un sacerdote vivía en pecado con una mujer y tenía un excelente amigo de oficio herrero. Una noche, cuando los relojes marcaban la hora de las ánimas, cuatro negros se presentaron en la casa del herrero para solicitarle que pusiera herraduras a una mula para el sacerdote que, por la mañana, partiría a una encomienda. Refunfuñando y somnoliento, el herrero hizo el trabajo para su amigo. Al amanecer, fue a verificar si el sacerdote se había marchado, y con sorpresa lo encontró dormido con la mujer. Al despertarlo, quitaron las sábanas y horrorizados se percataron que la dama dormía el sueño de los justos: en sus manos y pies, fijadas con clavos, colgaban las herraduras. Se dijo que los cuatro negros eran enviados del infierno y se oró por muchos días. Arrepentido el sacerdote, hizo un acto de contrición y decidió enmendar su vida.

Conforme transcurría la noche del 1 al 2 de noviembre, la Muerte se mostraba más interesada y complacida. A pesar del lugar, la velada en el cementerio se tornó paradójicamente alegre. La tertulia continuaba amenizada con pulque. Los vecinos del barrio de San Sebastián comentaban lo sucedido en su iglesia unos días antes. Un ladrón había intentado robar la valiosa custodia: la tomó con una mano y un viento helado sopló en el interior de la parroquia, le fue imposible mover la custodia, pero –sorprendentemente– tampoco pudo desasirse de ella. En aquella flagrante posición fue aprehendido por las autoridades virreinales. Al tratar de llevarlo fuera del templo se asombraron, pues el ladrón no podía desprender su mano del sagrado objeto. Los esfuerzos se tornaron estériles hasta que se tomó la decisión de cortar la sacrílega mano. Entre gritos de dolor el miembro fue cercenado y sólo en ese momento se desprendió de la custodia, cayendo al suelo. La mano fue clavada en un madero fuera de la iglesia para escarnio de los ladrones impíos.

Las historias se extinguieron como veladoras y amaneció con olor a incienso. La ciudad de México entonces se postró ante la Muerte como nunca antes: aquella mañana del 2 de noviembre de 1728, todas las iglesias de la capital novohispana decidieron exponer las reliquias que guardaban en custodia.

La catedral exhibió los cuerpos de San Primitivo y Santa Hilaria, dos cabezas de las 11 mil vírgenes y reliquias de San Anastasio, San Gelasio y San Vito. El convento de Santo Domingo expuso ante los ojos de los devotos una muela del propio fundador de la orden, el cuerpo de San Hipólito Presbítero, el birrete de San Francisco Xavier, un zapato de San Pío v, un dedo y un libro de San Luis Beltrán, la cabeza de Santa Sapiencia y, para coronar su relicario, una muela de Santa Catalina de Siena. El convento de San Francisco mostró una canilla de San Felipe de Jesús, un hueso de San Antonio, otro de San Diego, dos cabezas de las 11 mil vírgenes y un diente de San Lorenzo. En el convento de San Diego se expusieron dos cabezas de las 11 mil vírgenes y una mano de San Pedro Alcántara, entre otras. Los agustinos, muy ufanos, expusieron una muela del mismísimo San Agustín de Hipona; un hueso de

Santo Tomás de Villanueva, sangre de San Nicolás Tolentino y huesos de Santa Yocunda. La Profesa exhibió las entrañas de San Ignacio, su firma, y el cuerpo de San Aproniano; mientras en San Felipe Neri los fieles pudieron ver una muela de ese santo, la sangre de San Francisco de Sales, los huesos de San Bono, de Santa Librada y de San Donato. En San Jerónimo, las monjitas no quisieron ser menos y mostraron orgullosas un dedo de San Felipe de Jesús, un hueso de San Jerónimo y la cabeza de Santa Córdula.[22]

Embelesada quedó la Muerte; era el relicario más asombroso que había visto en su larga existencia. Satisfecha, se retiró lentamente. En su camino escuchó a la gente decir que lo contado la noche anterior eran solamente leyendas. Sonrió. Eso era historia, ella había estado presente.

Estampas navideñas del siglo XIX

¿Habéis pasado la noche de Navidad en tierra extraña? –escribió Juan de Dios Peza– nunca más que entonces se recuerda a la patria. Nunca se agolpan como en esa ocasión los recuerdos dulces de los primeros años de vida, y nunca como en esos momentos se quisiera tener alas, volar y acercarse a los seres amados para decirles: no me olviden, aquí estoy; yo siento y canto con ustedes los villancicos de esta noche.

A pesar de que en el siglo XIX México fue azotado por la violencia, los golpes de Estado, los tumultuosos levantamientos armados y las guerras con el exterior, las festividades cívicas y religiosas distraían por algún tiempo de las preocupaciones propias del arte de la guerra y la política. Nada ensombrecía la temporada invernal con sus alegres posadas, vistosas pastorelas y solemnes misas, que anunciaban la llegada de la Nochebuena y la gran fiesta del nacimiento del hijo de Dios.

Sin embargo, la Navidad no era la celebración que más expectación causaba a la sociedad mexicana. Antes que ninguna otra, estaba la festividad del 12 de diciembre, fecha en que el pueblo se postraba ante la Virgen de Guadalupe para rendirle honores. Sólo una de las festividades cívicas alcanzaba la importancia de la Semana Santa o la celebración del 12 de diciembre y era el "Día de la Patria" –16 de septiembre– cuando los héroes del panteón cívico, por un momento, rozaban la santidad religiosa de las otras festividades.

Las posadas

La época navideña iniciaba con las tradicionales posadas, que tenían su origen en el México del siglo XVI, cuando los frailes agustinos, aprovechando las fiestas que hacían los aztecas con motivo del nacimiento de Huitzilopochtli, organizaron una representación cada día de los nueve anteriores a la Navidad, donde mostraban a los indios personajes vestidos a la usanza del imperio romano que vio nacer a Cristo. En pocos años, las representaciones arraigaron entre los pueblos recién evangelizados y las posadas pasaron a ser parte de las festividades religiosas anuales.

> En la ciudad de México –escribió Manuel Rivera Cambas a finales del siglo XIX– cuyos habitantes han mezclado los sentimientos altamente católicos con la alegría y la sociabilidad, es celebrada la venida del Salvador de una manera deleitable; los festejos que durante nueve noches llevan el nombre de *Posadas*, son característicos en esas mismas casas de vecindad. Sea cual fuere la categoría de la fiesta, a las doce de la noche reina ya completa confianza y la etiqueta ha cedido su puesto a la más pura franqueza; se bailan los sonecitos mexicanos.

Durante el siglo pasado, era bien visto que los invitados a la primera posada asistieran al resto de ellas. El dueño de la casa donde iniciaban las nueve fiestas elegía a ocho amigos para que cada uno tomara una posada. Conforme transcurrían los días, aumentaban en calidad los regalos, los alimentos y los vestidos, para alcanzar su mayor sofisticación en la Nochebuena, cuando los concurrentes presentaban sus mejores galas como muestra de respeto.

Cada fiesta permitía brindar por el nacimiento de Jesús. Una invitación de la época solía decir: "Pachita, tome usted; que en esta feliz noche nadie se queda sin tomar parte en el gozo que trae el nacimiento del Salvador. Vaya... vaya... esta copita solamente". De este modo corría el anisete, aguardiente catalán, o pulque blanco y compuesto, sangría y algunos bizcochos; se repartían confites, tejocotes y cacahuates, y en la última noche se comía, en la cena, mole verde, enchiladas y pato cocido.

Nadie quedaba al margen de la diversión. Las familias ricas de la capital terminaban las nueve fiestas con una lujosa cena hecha en casa. La gente con pocos recursos, si bien organizaban sus posadas a través de la cooperación diaria de los concurrentes, terminaban la Nochebuena en una gran verbena popular, que se realizaba en el Zócalo, después de haber escuchado la famosa misa del gallo y saborear los buñuelos, las naranjas, los dulces, el pulque y demás colación.

> La Plaza Mayor hervía de gente –escribió un reportero de *El Monitor Republicano* en 1874–; a las doce, la atmósfera era densísima, casi no podía verse nada al través de aquel humo espeso, provenido de tantos cohetes, de tantas luminarias. Cuando las campanas de catedral dieron al aire su alegre clamor, hubo algo como una escena de entusiasmo; un coro discordante, indefinible, se escuchó entonces; todos cantaban en diversa melodía, y con asunto diverso; el vino y el pulque hacían su efecto, y cualquiera hubiera dicho que aquella incontable multitud se había dado cita allí para celebrar una fiesta monstruo, indescriptible, pero llena de vida, de vigor, de placer. En todas las iglesias había esa otra diversión que se llama Misa de Gallo. Bailes hubo incontables, desde las grandes tertulias, hasta los humildes bailes de jarabe y arpa.

No existía por entonces la tradición del árbol navideño. Las casas se adornaban con farolitos, flores de nochebuena y adornos puramente mexicanos. En su interior se prendían cientos de velas de colores que engalanaban un altar principal con la Sagrada Familia, símbolo de unidad y amor, de convivencia y hermandad. Hacia 1878 se conoció uno de los primeros pinos navideños de que se tiene noticia. El general Miguel Negrete adornó un árbol en su casa, que llamó la atención de la prensa:

> El árbol, sembrado de luces, cubierto de heno, extendía sus ramas a una gran distancia, y contenía como 250 juguetes, entre los que cada invitado tenía el derecho de elegir uno designado por un número que de antemano se repartió; los objetos consistían en juguetes de muy buen gusto y aun de lujo.

A pesar de la alegría común, el ponche, los bailes, los villancicos y las pastorelas, no faltaba el individuo que encontraba en la festividad navideña el momento propicio para deprimirse y mirar sombríamente su futuro.

> En México se celebra en cada hogar la Noche Buena –escribió Juan de Dios Peza– como la fiesta íntima en que se congregan los corazones que se aman. La familia se reúne para pasar la velada y mientras los niños gozan, sin pensar en los días que vendrán, los abuelos y los padres sufren imaginándose si en la otra Navidad ya dormirán en el sepulcro.

Más allá de los partidos políticos, más allá de la pugna entre liberales y conservadores; la fiesta de la Navidad abría, por un momento, un espacio común para todos los mexicanos; un lugar donde todos cabían y eran iguales; un espacio democrático de tradiciones y convivencia donde la rivalidad dejaba a un lado los cañones y los rifles para sustituirlos por bailes y cantos; donde las formas de gobierno rendían tributo al buen humor y a la alegría, y donde la mano se alzaba, no con una bandera, sino con un jarro de pulque para decir ¡Salud!

DESTELLOS DEL PORVENIR

En busca de la modernidad

Con las fiestas del Centenario de la Independencia –septiembre de 1910–, las luces del progreso porfiriano iluminaron por última vez a la república. El día 11, Porfirio Díaz ofreció un brindis al cuerpo diplomático acreditado en México. Con su característica parquedad, el viejo presidente dirigió unas palabras al mundo entero:

> Hemos querido festejar nuestro centenario con obras de paz y de progreso. Hemos querido que la humanidad, congregada por intermedio vuestro en nuestro territorio, juzgara de lo que son capaces un pueblo y un gobierno cuando un mismo móvil los impulsa, el amor a la patria, y una sola aspiración los guía, el indefinido progreso nacional.[1]

El "progreso" fue el término que definió la biografía política de Porfirio Díaz. A sus ojos, esa "voz" no era solamente uno de los pilares ideológicos del positivismo,[2] junto con la paz y el orden, sino que el propio don Porfirio le otorgó otro sentido: lo transformó en una obsesión casi personal, que intentó llevar a todos los rincones del país. Desde los primeros años de su largo régimen, el "progreso" se convirtió en el dogma de fe de la nación mexicana.

En 1900, cuando se iniciaba el siglo XX, la idea del "progreso" había arraigado en la conciencia nacional. No resultaba extraño encontrarse con un periódico titulado *El Progresista* saludando la centuria nueva con desbordante optimismo.

> Y tú siglo XX, tú sustituirás el vapor con la electricidad, iluminarás al mundo con la potencia del Niágara; tú, construirás túneles bajo los océanos, anularás completamente las distancias para la vista y el

> sonido, y harás que el hombre cruce como cóndor por los aires, y... quién sabe si hasta traspasando las regiones atmosféricas descorrerás el velo de la eternidad, descubriendo los secretos del Universo.[3]

El evidente progreso porfiriano recuperó un término perdido en las azarosas y desgarradoras décadas del siglo XIX: modernidad. Por vez primera en su historia independiente, y a pesar de las contradicciones políticas y sociales internas, el país intentaba mostrarse ante el orbe como una nación moderna. Era un hecho, en el "progreso" estaba materializada la modernidad.

Convencido de las bondades de la "civilización moderna", el gobierno de Porfirio Díaz se dedicó a la afanosa tarea de buscar el reconocimiento internacional; no en términos políticos –ya contaba, formalmente, con los más importantes– o económicos –las inversiones fluían libremente a México–, sino en términos morales. Era imprescindible ganar un espacio en el mundo; obtener un lugar que permitiera a la república desasirse del término "bárbaro", utilizado por las naciones europeas al referirse a México en el siglo XIX. La "tierra prometida" no estaba dentro de los límites del país, estaba fuera, en el concierto de las "naciones civilizadas" y en sus grandes escenarios: las exposiciones universales.

Escaparates del Mundo

Hacia finales del siglo XIX, las exposiciones internacionales se convirtieron en el escaparate de la modernidad. El vertiginoso avance de la ciencia y la tecnología abrió los espacios por donde entraron la luz eléctrica, el teléfono, el fonógrafo, la bombilla, el acero y el hierro para las construcciones, el petróleo y la maquinaria perfeccionada capaz de realizar la producción en masa.

Los pabellones de cada país reflejaban el último grito de la vanguardia y de la moda en las artes, la arquitectura, la escultura y la pintura. A pesar de los detalles locales y los rasgos autóctonos que cada nación presentaba, las construcciones terminaban por ajustarse a las directrices artísticas y culturales del momento.

La primera participación oficial de México en una exposición internacional se verificó en 1876 en Filadelfia.[4] Su actuación fue modesta. Los preparativos se debieron al gobierno de Sebastián Lerdo de Tejada, quien no vería los frutos. Ese año, la república comenzó una importante transformación política: Porfirio Díaz dejó atrás las hazañas militares e irrumpió en la historia nacional con otro papel: el de presidente de México

En poco tiempo el caudillo oaxaqueño le tomó gusto a la silla presidencial, y hacia 1884, en la exposición de Nueva Orleáns, la nación comenzó a mostrar un rostro diferente del que se le conoció durante todo el siglo XIX: el del progreso. Con un pabellón construido con hierro y acero, conocido como la "Alhambra Mexicana", que hoy está en la alameda de Santa María la Ribera, el gobierno mexicano dejó entrever un país dotado de grandes recursos minerales, como la plata, y de materias primas, como el henequén, y se mostró, además, abierto generosamente a los inversionistas interesados en orientar sus capitales hacia la minería o la agricultura.

De esa manera, en Nueva Orleáns, más que una participación activa, México se dedicó a anunciar al mundo el despegue del progreso porfiriano. El gobierno mexicano obtuvo varios reconocimientos por su participación en la exposición y, desde ese momento, apareció ante sus ojos el lugar donde debía consolidar su reconocimiento internacional: ya no en Estados Unidos, sino el viejo continente, en la ciudad luz: París.

Un palacio azteca en París

Extraña panorámica: no se había visto nunca un palacio "azteca" a los pies de la controvertida torre Eiffel. En 1889 parecía recordar las distorsionadas interpretaciones que los artistas europeos de siglos anteriores habían realizado, al imaginar la legendaria Tenochtitlan como una ciudad del occidente medieval, donde los sanguinarios dioses aztecas, los terribles sacrificios humanos y el pueblo indio se mezclaban para dar origen a una forma de vida salvaje y exótica.

La Exposición Universal de París –organizada para conmemorar el centenario de la revolución francesa– permitía toda clase de libertades. México llevó al viejo continente una premisa novedosa para su propia modernidad, justificada a todos los niveles del régimen porfiriano, y cuya importancia sería permanente incluso para los gobiernos revolucionarios del siglo XX: venerar al indio muerto.

El positivismo liberal porfiriano creyó encontrar las raíces más profundas de la identidad nacional en el periodo precortesiano. Era necesaria la reivindicación social, moral e histórica del indio muerto, porque con los indios vivos, como la etnia yaqui en Sonora o la maya en Yucatán –que no conocían mayor "modernización" que la de sus costumbres–, el gobierno mantenía un estado de guerra y de exterminio permanentes. El anhelado progreso, sin embargo, no se entendía sin el reconocimiento de ese lejano pasado y así lo expresó Justo Sierra:

> Un país que, aunque poseído de la fiebre del porvenir, una fiebre de crecimiento... no ha perdido un átomo del apego religioso a su historia. Todo ese mundo precortesiano... es nuestro, es nuestro

pasado, lo hemos incorporado como un preámbulo que cimienta y explica nuestra verdadera historia nacional.[5]

Y la "verdadera historia nacional" llevó a París el magno "Palacio Azteca", vistoso pabellón que albergó en su interior muestras de arte mexicano –pintura, escultura, cerámica–; ejemplos de la riqueza minera del país, cartas geográficas y geológicas, y variedad de productos agrícolas, como las frutas tropicales; pero sobre todo, libros sobre reliquias arqueológicas, y estudios antropológicos y etnográficos.

El palacio estaba adornado con las obras del célebre escultor Jesús Contreras, que representaban a distintas deidades indígenas, la nobleza del imperio azteca y los principales reyes de Texcoco. Cinco de ellas –Cuauhtémoc, Itzcóatl, Nezahualcóyotl, Totoquihuatzin y Cuitláhuac– sobrevivieron y desde 1940 coronan el monumento a la Raza.

La moda "mexicanista" y el indigenismo como elemento de identidad nacional no impidieron, sin embargo, que la construcción del pabellón terminara en manos de un contratista francés y el estilo arquitectónico definitivo, en el interior del palacio azteca, se tornara evidentemente afrancesado.

De cualquier modo, la presencia de México en París fue todo un éxito. El país dirigido por el caudillo de Tuxtepec se ganó un lugar entre las llamadas naciones civilizadas. Europa reconocía el progreso material y económico de México, que desde su pasado indígena arrojaba un nuevo paradigma a la humanidad: la patria de los afrancesados porfiristas guardaba una insospechable riqueza prehispánica, que se insertaba de manera perfecta en la era moderna de fines del siglo XIX. Indigenismo cosmopolita, le llamaron.

En su informe de 1889, Porfirio Díaz reconoció el éxito alcanzado en la exposición universal de París:

> Motivo de verdadera complacencia debe ser para todo mexicano, el resultado obtenido por la república en la Exposición Universal de París... según se sabe ya, México obtendrá en aquel gran certamen un buen número de premios. Por lo demás, inútil parece aludir a los resultados que se obtendrán del conocimiento exacto de nuestro país y de sus recursos.

En los años siguientes a 1889, el país consolidó con éxito la visión que el gobierno porfiriano pretendía mostrar al exterior: la de una nación próspera, civilizada y pacífica, amante del orden y el trabajo, y dispuesta a seguir el camino de las grandes potencias. Por razones políticas y económicas, se hizo imprescindible su participación en las exposiciones universales de años posteriores.

Así, en 1893, en Chicago, destacó la "comisión mexicana para la mujer"; en el París de 1900 el pabellón mexicano despidió el siglo presentando la apoteosis del porfiriato: entre alegorías de la guerra de independencia y del glorioso periodo de la Reforma, se levantaba la *pax* porfiriana iluminada por el símbolo del progreso: la luz eléctrica. Al iniciarse el siglo XX, Búfalo (1901) y San Luis Missouri (1904) serían las últimas participaciones importantes del México de don Porfirio. En cada una de ellas el gobierno enarboló con el mismo éxito la bandera del indigenismo prehispánico.

La gran paradoja del México moderno saltaba a la vista. La modernidad del porfiriato no se encontraba sólo en el progreso –innegable elemento del futuro–, sino en lo más recóndito de su pasado: en las raíces ancestrales de su propia historia.

El indigenismo

En 1925, Francisco R. Serrano –personaje en el que se inspiró Martín Luis Guzmán para escribir su novela *La sombra del caudillo*– escribió desde el Consulado mexicano en Berlín: "Encuentro contradictorio que de un lado tratemos de erradicar de nuestro pueblo el calzón blanco, y el guarache, y por otro parece que hay empeño de exhibir estas prendas en el extranjero".[6]

Se aproximaba la exposición universal de Sevilla (1929) y el gobierno de Plutarco Elías Calles ponía empeño en los preparativos. Habían transcurrido casi 40 años desde la gran exposición de París. Del México de 1889 no quedaba piedra sobre piedra. La revolución mexicana, uno de los movimientos sociales más grandes de la historia, había transformado la nación.

Con el mismo sentido retórico, la palabra "revolución" sustituyó al término "progreso" acuñado durante el porfiriato. La revolución miraba hacia el futuro, hacia el porvenir; era movimiento constante, cambio, dinámica, transformación. Cualquier reforma generada a partir del movimiento de 1910 y puesta en práctica por los gobiernos revolucionarios era por sí misma "progresista". "Revolución" se convirtió entonces en sinónimo de modernidad. Y, sin embargo, en el fondo del discurso revolucionario se apreciaban resabios del porfiriato.

México había dejado de asistir a las exposiciones universales desde 1904. Los años de violencia revolucionaria impidieron su participación en San Francisco en 1915. Con el arribo de Obregón a la presidencia, en 1920, la situación parecía más favorable. El gobierno no dejaría pasar oportunidad alguna. Sus motivaciones eran similares a las esgrimidas, décadas atrás, por el gobierno porfiriano: reconocimiento internacional, demostrar al mundo que México había dejado la barbarie revolucionaria y que se perfilaba como una nación próspera. Para la nueva administración era imprescindible tratar de insertar al país en el camino de la modernización universal que atravesaba el periodo de la posguerra.

Río de Janeiro, en 1922, se presentó como la oportunidad de oro. Si el porfiriato había tenido su más exitosa participación en 1889, el gobierno revolucionario haría lo propio en Brasil, que celebraba también un centenario de su independencia. A pesar de la crisis económica y la bancarrota del erario público, el gobierno de Obregón no escatimó en gastos ni recursos humanos y, valiéndose de todos los medios, utilizó sus mejores cartas. Como jefe de la delegación mexicana envió a un viejo revolucionario maderista, el más importante intelectual de la época y flamante secretario de Educación Pública: José Vasconcelos.[7]

La influencia de Vasconcelos resultó esencial para darle al pabellón mexicano un tono hispánico, diferente del de las exposiciones anteriores. No obstante esto, sólo algunos destellos de hispanismo lograron sobresalir ante el avasallador fantasma del pasado prehispánico. Como en los mejores tiempos del porfiriato, la veneración por el indio muerto y su cultura imperó en la exposición universal de Río y, al final, el indigenismo –ahora en voz de los revolucionarios– ganó la batalla.

La nueva modernidad

La participación de México en la exposición universal de Sevilla en 1929 no fue muy diferente de las anteriores: con un pabellón indigenista y cierta retórica hispanista para honrar a los anfitriones, se presentaron los mismos productos de los 50 años anteriores: frutas tropicales, café, cacao, y productos industriales, como la cerveza Cuauhtémoc o cigarros de El Buen Tono.

La revolución se presentó como un elemento novedoso. A través del arte mural, el gobierno mexicano reflejó el sentido modernizador del movimiento de 1910: su lucha por una sociedad justa, igualitaria, popular y soberana. Pero, tal como en el porfiriato, la nueva modernidad mexicana nacía de la contradicción y la permanente tensión entre el pasado y el futuro: el pasado prehispánico seguiría siendo la aportación de México a la historia de la humanidad; la revolución representaba el futuro de los mexicanos, pero hacia el exterior no significaba nada.

Con el paso de los años México continuó participando en exposiciones y ferias internacionales. El porfiriato concibió su importancia; los gobiernos del siglo XX la respetaron. El pasado prehispánico se convirtió finalmente en el ariete mexicano y su carta más fuerte ante el mundo. Con el avance de las comunicaciones, las exposiciones universales tomaron otro sentido: dejaron de ser sitios de reconocimiento internacional para convertirse en lugares de convivencia mundial.

El cambio de siglo genera de manera invariable grandes expectativas: un mejor porvenir, fe en el futuro, un mundo ideal. Las exposiciones universales son ahora el escaparate de la esperanza, continúan reivindicando la modernidad. Más que un espacio físico en metros cuadrados, los pabellones se transforman hasta convertirse en lugares casi sagrados, donde cada nación, desde lo más profundo de su historia, reclama su justo lugar en el mundo moderno.

Adiós al siglo XIX, entre luces y sombras

> Un siglo no es más que un minuto para las estrellas.
>
> *José Vasconcelos*

> La cuestión no es de astronomía ni de cronología –apuntaba un editorial de *El Liberal* en su edición del 31 de diciembre de 1899–, es de caracteres, es cuestión de temperamentos y de circunstancias. ¿Cuándo comienza el siglo XX?, preguntan todos. ¿En 1900 o en 1901? ¿Con qué comienza: con 0 o con 1? Cuando uno cuenta diez pesos ¿se cuenta "cero, uno, dos, tres"? o bien ¿se cuenta "uno, dos, tres cuatro"? Si yo soy el que paga, claro es que comenzaré a contar por el uno, y puede que hasta por el dos o el tres. Pero si alguien me paga a mí, creo que no me vendría mal que comenzara por el cero.

"¿A dónde irán los siglos que se mueren? ¿Para qué mediremos el tiempo, si no admite mensura?", escribió Federico Gamboa en su *Diario*, en vísperas del siglo XX. Como cada 100 años, gran controversia suscitaba el tratar de precisar si el siglo nuevo escribiría su propia historia a partir del primer segundo del 1 de enero de 1900 o un año después, al despuntar 1901. Y con las opiniones siempre divididas, el siglo XX vio su alumbramiento dos años seguidos: al consumirse 1899 y al finalizar 1900.

Al Padre Tiempo le resultaba ociosa la vieja discusión que los hombres sostenían al acercarse un fin de siglo. Días, horas o minutos; en cero o en uno, poco importaba. La medición del tiempo era tan arbitraria como muchas otras convenciones a las que había llegado la humanidad, y ni siquiera en ellas todos estaban de acuerdo. Cada religión acomodaba el tiempo siguiendo sus propios usos y costumbres; incluso en Occidente, había quien sostenía que, por un error de contabilidad y ajuste de calendarios, la era cristiana tenía cuatro años más, por lo que 1899 era verdaderamente 1903.

Los más sensatos decidieron olvidar las necias y bizantinas discusiones –de política, religión y tiempo mejor no hablar– y, sin prestar atención a los ceros o a los unos, se dispusieron a celebrar el cambio. No era lo mismo vivir en los ya entonces muy viejos 1800, que en los relucientes 1900. Valía la pena presumir de haber existido en dos centurias distintas. Y si el siglo XIX se completaba con cada uno de los años 1800, el nuevo siglo, por lógica, contemplaría "todos" los 1900. Sin más razón que la propia, los sensatos gritaron al sonar las campanadas de la medianoche del 31 de diciembre de 1899: "¡Bienvenido el siglo XX!"

Balance anual

El año 1899 había sido particularmente difícil. El *Calendario del más antiguo Galván* daba cuenta de los siniestros del último año. Durante el mes de enero la república había sido sacudida por un fortísimo temblor de casi dos minutos de duración, marzo fue iluminado por la tremenda explosión de un depósito de dinamita y junio presenció el desbordamiento del Río Bravo. En los tres casos, decenas de víctimas clamaron ayuda a la nación entera.

Las terribles tragedias pronto quedaron en el olvido y en los meses previos a la llegada del siglo XX, la política dio rienda suelta a sus mexicanísimas pasiones. Año preelectoral, 1899 fue testigo de una "cargada" *sui generis*. Sin partido oficial, la prensa montó el tinglado y de manera casi unánime otorgó su apoyo al viejo Porfirio Díaz. La *Palabra Libre*, *El Cosmopolita, El*

Reproductor, El Imparcial y otros diarios dedicaron sus primeras planas de los últimos días de diciembre al "héroe de la Paz, el Orden y el Progreso" y se pronunciaron a favor de una nueva reelección. *El Liberal*, por su parte, prefirió postular al general Bernardo Reyes para la silla presidencial. "Ficción democrática" le llamaron algunos.

Con la política gravitando en el ambiente, las clases rectoras del país tuvieron la feliz ocurrencia de proponer una alianza entre partidos. Buscaban someter al Congreso una iniciativa para reformar la Constitución y otorgarle la presidencia vitalicia a don Porfirio. El intento fracasó por el antagonismo natural entre liberales y conservadores; "diferencias de fondo", dijeron. Y pese a las fracturas que evidenciaba el grupo liberal, el 27 de diciembre de 1899, *La Palabra Libre* publicó una declaración que continuaría vigente 100 años después:

> Porque el partido, cualesquiera que sean sus diferencias hoy, como en los días de prueba, está uniforme y unido en esta sola aspiración: sostener los principios fundamentales de su credo político, encarnados en la magna Constitución.

"Mal empieza la semana para quien ahorcan en lunes", debieron pensar los miembros del nuevo Ayuntamiento de la ciudad de México. Su futuro se tornaba tan oscuro como la última noche del año 1899. Y más con la nota publicada por *El Liberal*, el 31 de diciembre:

> En el año que hoy acaba no se hizo absolutamente nada de provecho en bien de la ciudad. Por el contrario, se cometieron torpezas y desaciertos a granel. Es imprescindible analizar las necesidades de una capital cada día más populosa, atender a sus exigencias crecientes, en suma, urge que el nuevo Ayuntamiento corresponda

> a la confianza que en él se ha depositado, no que haga lo que el saliente: disparate sobre disparate.

El cambio de siglo no despertó el interés de la sociedad mexicana sino hasta los primeros días de diciembre de 1899. Junto con las fiestas y los preparativos para despedirlo, no podían faltar el llanto, las depresiones, la reflexión profunda, el balance anual y los actos de contrición. Atrás quedaban las tragedias, las ambiciones políticas y la vida cotidiana. Atrás quedaba para siempre "el siglo de las luces". Por un segundo, la sociedad mexicana se reflejó en las ilusiones y esperanzas que traía consigo el tránsito hacia el siglo nuevo. Parecía promisorio:

> Para que México siga su avance en el siglo XX –señalaba un editorial de *El Popular*–, falta que el gobierno se ponga a la altura del esfuerzo y del avance del pueblo, multiplicando las escuelas, abriendo paso a la justicia que hoy sirve al poderoso; extirpando el caciquismo; dejando al pueblo el libre ejercicio de los derechos democráticos para que el poder quede en manos de hombres ilustrados, probos, patriotas y progresistas. Y México, fortalecido por la instrucción, la justicia y la aptitud para el trabajo, llegará a la cima de su engrandecimiento.

El siglo que muere

Sonaba la hora de los grandes balances. A pesar de los necios, el siglo XIX se veía a sí mismo como el "de las luces". Escritores, periodistas e intelectuales lo despidieron de esa forma. Nuevas convenciones humanas –arbitrarias al fin y al cabo– le arrebatarían el título para otorgarlo al XVIII, ciertamente luminoso en ideas, pero el XIX alumbró el camino de la humanidad con la refulgente luz del avance tecnológico y del liberalismo político. El siglo que concluía "no era el de la imaginación, sino el siglo de las maravillosas realidades, cuya utilidad entra por los ojos y se toca con las manos".

> Felicitémonos por haber nacido en el siglo XIX –apuntaba *El Imparcial* del 1 de enero de 1900–, llamado con justicia el siglo de las Luces. Este siglo ha visto caer en Europa y América la Inquisición, las monarquías absolutas, los gobiernos coloniales y las aristocracias feudales. Este siglo vio brillar en la cumbre de Guadalupe la espada de Zaragoza. El siglo de Fulton y de Morse, del telégrafo y del vapor, el siglo que no se presta al fanatismo.

Pero el célebre triunfalismo porfiriano de *El Imparcial* no era compartido por todos. Escritores más críticos, como Federico Gamboa, se preguntaban: "el siglo XIX, llamado de las Luces, ¿por qué, si ha tenido tantas o más sombras que las centurias sus antecesoras?" No faltaba a la verdad. En los 100 años que llegaban a su fin, el mundo había rendido culto a Marte, el dios de la guerra. Bastaba recordar la Europa napoleónica, voltear los ojos hacia el continente africano que padecía el neocolonialismo; pensar en las intervenciones europeas en América u observar cómo el garrote estadunidense adquiría lentamente la aterradora forma con que golpearía al mundo en la siguiente centuria.

Como un nuevo tenorio, el siglo XIX se despedía de la humanidad recitando al mundo los célebres versos que Don Juan había espetado ante las tumbas de sus víctimas: "Vosotros a quien maté./ No os podéis quejar de mi,/ si buena vida os quité/ buena sepultura os di".

Exitosos inventos

La cara luminosa del siglo XIX la conformaban la ciencia y la tecnología. La vida cotidiana mostraba el exitoso desarrollo de inventos que movían diariamente a la sociedad:

> Tarjetas de todos los tamaños formas y colores –escribió Ángel del Campo "Micrós"–; litográficas, fototípicas, grabadas en acero... A principios de este siglo ni se imprimía tan barato, ni el correo andaba como hoy anda. Éste es el siglo de las comunicaciones y obras públicas. La parafina no figuraba en el mercado y ni quien había de pensar en los periódicos de a centavo. Porque éste es el siglo de las luces y de la prensa; el siglo de las luces artificiales y de los anuncios; la menta, que es hoy como un olor de fin de siglo, era la muchachita humilde de los campos. El cuello postizo, el botón automático, la corbata de combinación "ya hecha", los tirantes de patente, los botones metálicos, los calzoncillos de punto, las ligas para hombre, los zapatos americanos... tampoco eso conoció el cura Hidalgo. Tomaría su chocolate, pero no café con fécula, ni el pan hecho con máquina de vapor, ni la leche descremada, ni la mantequilla artificial, ni el agua esterilizada.

Para los hombres de ciencia el saldo, sin lugar a dudas, era positivo y las posibilidades que traía consigo el siglo nuevo, inimaginables. Un astrónomo estadunidense esperaba que el siglo XX fuera testigo de la comunicación con otros mundos:

> Creo que no tardaremos en poner a prueba la idea de que, si no podemos ver a los habitantes de otros mundos, por lo menos podremos comunicarnos con ellos. Al aumento de la fuerza del telescopio vendrán a unirse los buques aéreos, que permitirán al astrónomo acercarse mucho más que hoy a las estrellas.

El inicio de la centuria estaría acompañado por una serie de inventos que anunciaban el paso firme de la ciencia; la fotografía y el cinematógrafo, la luz eléctrica y la bombilla habían sentado las bases para otras invenciones. La prensa otorgaba buenos espacios a notas como la del explosivo italiano llamado Cosmos –55 veces superior a la pólvora y 28 más que la dinamita–, o los novedosos clavos de caucho alemanes que "no son atacados por el moho y están libres de las influencias magnéticas".

Llamaba la atención un invento del hijo de Edison, un aparato similar a una cámara, que "trata de reproducir el pensamiento en una placa fotográfica; habiendo conseguido ya obtener la figura, si bien no los detalles, de una moneda en la que a una persona se le indicó que pensara".

De un genio invadido por la locura parecía el monorriel que se construía en algunas ferias del mundo para ofrecer una novedosa diversión a la gente. La adrenalina de sus ocupantes alcanzaría límites insospechados. En su trayecto había curvas, rectas, subidas y bajadas, pero lo más impresionante es que recorría dos círculos completos desafiando la gravedad de la Tierra.

La ciencia caminaba siempre hacia delante y su futuro se abría más optimista que en ninguna otra era. El siglo nuevo sonaba a "tiempos modernos". José Vasconcelos escribió: "El siglo de las luces'... nunca avanzó más la ciencia. Mucho tendría que afanarse el siglo XX si quería mantenerse a tono con la impulsión". Cien años después, las invenciones de la ciencia y de la tecnología habían cumplido con su misión, rebasaron con creces al siglo XIX.

¿Futuro promisorio?

El Popular del 31 de diciembre de 1899 publicó un artículo titulado "Lo que tiene México al finalizar el siglo XIX" y comenzaba preguntándose:

> ¿Será el siglo XX el de la libertad, de la paz o de la justicia? Los esfuerzos más grandes que ha hecho el hombre en este siglo no han sido, ciertamente, en favor de la libertad y de la justicia, aun cuando no han escaseado los libertadores y los sabios, que han combatido los despotismos y los errores en el orden político y en la esfera del derecho.

Para México había sido un siglo difícil. Como nación independiente alcanzaba apenas 79 años. Su historia reciente era sombría: guerras con el exterior, rebeliones internas, golpes de Estado y la pérdida de más de la mitad del territorio. En 1899 la república parecía haber corregido el rumbo bajo el manto patriarcal de Porfirio Díaz

"El pasado es el mejor espejo en que se refleja el porvenir –declaró a la prensa extranjera el viejo general–; brillantes son los auspicios con que la República Mexicana entra al nuevo año de 1900." El porfiriato pasaba la prueba de la historia al iniciar el siglo XX: ferrocarriles, alumbrado público, obras públicas, petróleo, casas comerciales; la economía florecía como nunca antes lo había hecho.

Había mucho que celebrar. Las autoridades dispusieron de gran cantidad de recursos para darle la bienvenida al siglo XX en un México que se presentaba ante el mundo como ejemplo de modernización. El 31 de diciembre de 1899, desde temprano, la gente se alistó para acudir al baile que la Sociedad Siglo XX organizó en el Tívoli del Eliseo o la fiesta de caridad que la colonia estadunidense realizaría en el Circo Teatro Orrin.

Se prepararon desfiles, serenatas nocturnas, fuegos artificiales y globos aerostáticos. La alegría invadió todos los espacios públicos de las distintas ciudades del país.

Las campanas de la catedral comenzaron a sonar anunciando la inminente llegada del siglo XX. Con lágrimas en los ojos la nación entera despedía la historia de un siglo que se consumía en la eternidad. El nuevo se presentaba promisorio. La confianza invadía a los mexicanos: si en menos de 20 años, el gobierno porfiriano había logrado convertir a un país en ruinas en una nación próspera, la centuria que se aproximaba sería testigo de la consolidación definitiva de México. En el siglo XX, la democracia, la justicia y la igualdad debían coronar la obra comenzada en el XIX. Y en todos los rincones del país, la escena se repitió: con la copa en alto, las familias, los amigos, los amantes brindaron y se abrazaron, al tiempo que gritaban: "¡Bienvenido siglo XX, el siglo de México!" Cien años después, la escena se repetía.

A las puertas de la historia: 2 de julio del 2000

> Iremos a disputar el gobierno con la ley electoral, con el sufragio, y nuestro campo de batalla estará en las urnas electorales.
>
> *Francisco I. Madero*

Frente a las urnas cada ciudadano tiene un encuentro personal con la patria; ejercer el derecho al voto es un acto de civismo íntimo y sagrado. Obedece a motivaciones particulares o generales; mezcla principios, ideologías y tradiciones históricas opuestas quizá entre sí, pero que, salvaguardado por la garantía del secreto, termina por materializarse en la legitimidad del interés común: la elección democrática.

En México, el camino hacia la democracia ha sido dolorosamente lento, si se considera que en este siglo la primera oportunidad para establecer un régimen verdaderamente respetuoso de las libertades públicas y de la ley ocurrió en 1911 y duró tan sólo 15 meses. A partir de entonces, la democracia pareció no tener cabida en México, más que como letra muerta dentro la Constitución o como uno de los grandes mitos surgidos con la revolución mexicana.

Nadie podría negar que en los más de 90 años que han transcurrido desde la caída de Madero, los "gloriosos" gobiernos emanados de la revolución tuvieron oportunidades de oro para rendir –en al menos tres órdenes: el económico, el político y el social– cuentas diferentes al saldo negativo que entregan en el año 2000 a los mexicanos. Es un hecho, la democracia mexicana se ha retrasado.

La democracia toca de nuevo a las puertas de la historia; la prueba de fuego es, sin lugar a dudas, la sucesión presidencial. En vísperas de las elecciones más importantes del siglo XX, en el ambiente gravitaba una pregunta que recorrió la conciencia nacional en 1910 ante la posibilidad de la alternancia: ¿estamos aptos para la democracia?

Todo a la suerte

En la historia de la democracia mexicana la primera mitad del siglo XIX estuvo cubierta con el manto de la inexperiencia. Tres siglos con una estructura política monárquica y antiliberal poco ayudó a la rápida consolidación de la novedosa –para los mexicanos– forma de gobierno señalada en el artículo 5º de la Constitución de 1824: "república representativa, popular y federal".

De acuerdo con la Carta Magna, la elección de funcionarios se realizaba de manera indirecta. La mayoría de los ciudadanos sólo participaban en una primera elección para designar un elector que, como representante de un número determinado de ciudadanos, participaría en la elección final de los miembros del Congreso.

Como representantes de la nación, a los miembros del Congreso correspondía designar al presidente y al vicepresidente de la nación mediante el sufragio secreto. De acuerdo con la Constitución de 1824 –primera del México independiente– el candidato que reuniera la mayoría absoluta de votos de las legislaturas sería presidente, pero "si dos tuvieran dicha mayoría, será presidente el que tenga más votos, quedando el otro como vicepresidente".

Esta forma de elegir al Ejecutivo era un gravísimo error de sentido común, que contribuiría a sumir al país en la inestabilidad política. El Congreso no previó que, siendo los candidatos presidenciales rivales de partido, el presidente y el vicepresidente electos serían invariablemente opositores entre sí, lo cual paralizaría el ejercicio del poder.

El modelo de elección adoptado provenía de la Constitución estadunidense, pero en ese país sí funcionaba porque la elección se verificaba por fórmulas: si un candidato presidencial triunfaba, no tendría problemas porque a la primera magistratura lo acompañaría un vicepresidente de su mismo partido. En México, la vicepresidencia parecía representar el premio de consolación para el candidato presidencial derrotado, en detrimento, desde luego, de la autoridad presidencial.

La Constitución contenía, además, otro elemento susceptible de provocar la inestabilidad política y desatar todo tipo de impugnaciones en la elección presidencial: "Si hubiere empate –señalaba el artículo 90– en las votaciones hechas por las legislaturas, se repetirá por una sola vez la votación, y si aún resultare empatada, decidirá *la suerte*".

Por azares de la fortuna, la primera elección presidencial del México independiente no tuvo empate ni evidenció el problema de la vicepresidencia. Guadalupe Victoria concluyó su periodo de gobierno sin problema alguno (1824-1828). Pero en la siguiente elección, el triunfo de Manuel Gómez Pedraza fue impugnado por el candidato derrotado Vicente Guerrero –quien, de acuerdo con la ley, ocuparía la vicepresidencia– y la sucesión presidencial terminó dirimida en el terreno de las armas.

Para muchos la suerte estaba echada. México iniciaba su tránsito por la senda de la inestabilidad política. La democracia, por su parte, tendría que esperar un momento más propicio para su establecimiento.

Votos y bayonetas

Por algunos años, los requisitos para votar y ser votado suscitaron la tradicional polémica sobre quiénes tenían derecho a ejercer el sufragio. Un requisito fundamental era saber leer y escribir, pero había un trasfondo de desigualdad. ¿Vale lo mismo el voto de un propietario que el de un jornalero? ¿Es más certero el juicio de un hombre ilustrado que el de un hombre sin educación? Las famosas Siete Leyes de 1836 sostenían, por ejemplo, que el voto debía ser facultad de los individuos dueños de "un capital (físico o moral) que le produzca lo menos mil quinientos pesos anuales".

La Constitución de 1857, con el principio básico del liberalismo –igualdad ante la ley– acabó con toda polémica: los individuos que cubrieran las calidades para ser ciudadano –que nada tenían que ver con la educación o la propiedad– podían votar y ser votados. La gran injusticia histórica fue que no se contemplara siquiera como opción la posibilidad de permitir el voto femenino.

En los escasos momentos de la primera mitad del siglo XIX en que la vida política del país parecía retomar los cauces legales, el sistema representativo fue severamente criticado. Los ataques provenían de la imposibilidad de verificar que las elecciones no estuvieran viciadas de origen. No existían los mecanismos legales ni las instituciones necesarias para corroborar la legitimidad de cada uno de los miembros que llegaba a ocupar un cargo de elección popular.

La no siempre transparente elección de los miembros del Congreso, y su facultad para elegir al presidente de la república, otorgó al Legislativo un poder por encima del Ejecutivo, que terminó por debilitar la autoridad presidencial. El desequilibrio entre los poderes de la Federación comenzaría a ser revertido con el ascenso de la generación liberal en 1857, hasta llegar a la sana independencia bajo la República Restaurada, para luego transitar al extremo opuesto: durante el porfiriato el poder legislativo quedó subordinado de manera absoluta a las decisiones del presidente de la nación. Tal desprestigio alcanzó el Congreso de la Unión que llegó a conocerse como el "club de amigos del presidente".

Durante el largo proceso por consolidar un proyecto para la nación mexicana, la democracia quedó al margen. El siglo XIX fue finalmente de las bayonetas, no de los votos. El espíritu bélico abatió al espíritu cívico, y el interés por la vida política se reflejó tan sólo en dos minorías rectoras: liberales y conservadores.

En alguna ocasión, las bayonetas fueron cómplices de los votos. Una de las condiciones que puso Maximiliano en 1864 para gobernar México –no sin cierto pudor democrático– fue el apoyo unánime del pueblo mexicano expresado a través de un plebiscito, el que se verificó bajo las bayonetas del ejército francés que ocupaba buena parte del territorio nacional. Pero como en la democracia difícilmente existe unanimidad, años después, en 1867, el pelotón de fusilamiento le demostró a Maximiliano que ninguno de los soldados que lo conformaban había votado por él.

Aurora democrática

Con el triunfo definitivo del proyecto liberal, en 1867, comenzó un breve periodo democrático fundamentado sobre todo en el respeto a la división de poderes, en la libertad de prensa y en la capacidad política del Congreso para frenar las decisiones autoritarias del presidente Juárez. Por algunos años, y en un hecho sin precedentes en la historia, los tres poderes encontraron el punto de equilibrio entre sí y se manejaron con absoluta independencia.

Sin embargo, la democracia no alcanzó a derramarse sobre el proceso electoral, que en más de una ocasión estuvo manchado por la duda, la coacción del gobierno y hasta el fraude velado, lo que permitió a Juárez mantenerse en el poder hasta su muerte, ocurrida en 1872, y a Sebastián Lerdo de Tejada gobernar hasta 1876.

El establecimiento y la consolidación del porfiriato (1876-1911) trastocó la relación de independencia entre los tres poderes: el Legislativo y el Judicial fueron sometidos al Ejecutivo y se suprimieron de hecho las libertades públicas, lo que dio paso a la simulación democrática y a siete reelecciones presidenciales en favor de don Porfirio. Cansada por tantos años de violencia e inestabilidad, la sociedad mexicana abdicó de sus derechos políticos y sacrificó la democracia por la cantada paz social, la estabilidad política, el crecimiento económico sin desarrollo y la discrecionalidad de la ley que, sin miramientos, otorgó al gobierno.

Tras casi 30 años de dictadura, en 1909, la nación mexicana fue testigo de la "aurora democrática" que despertó la conciencia pública. Francisco I. Madero intentó recuperar los derechos políticos del pueblo mexicano. A sus ojos "es un hecho que cuando un hombre dura mucho tiempo en el poder, se crea compromisos, echa raíces su administración, y se ve impulsado al autoritarismo".

En su campaña cívica de 1909, el argumento fue contundente: sólo en el respeto irrestricto a la ley, la democracia puede florecer. Por encima de su famoso lema "Sufragio Efectivo-No-Reelección", el candidato antirreeleccionista creyó en dos conceptos que unidos debían transformar el desarrollo político de México: la democracia y la ley; sólo hacía falta respetarlos.

La "aurora democrática" del maderismo logró que los mexicanos se concibieran como ciudadanos libres, y transmitió su convicción en el poder del sufragio. Como ninguna otra etapa en la historia de México, su administración fue respetuosa de las libertades públicas y de la ley. "Por primera vez –escribió José Vasconcelos– la vieja Anáhuac aclamaba a un héroe cuyo signo de victoria era la libertad, y su propósito, no la venganza sino la unión".

Madero quiso revertir los vicios de la dictadura construyendo un "círculo virtuoso" definido por la legalidad, donde el punto de partida fuese el sufragio efectivo. El voto libre traería por lógica la elección de representantes libres y comprometidos con la nación –no elegidos por el presidente o el grupo en el poder.

Con la efectividad del sufragio, el Congreso recuperaría su independencia frente al Ejecutivo y de manera natural se alcanzaría el punto de equilibrio entre los poderes de la Federación. El Ejecutivo y el Legislativo crearían leyes para dotar a la república de los instrumentos necesarios para su desarrollo y para la consolidación de la democracia. El pueblo cerraría el círculo porque, sabiéndose apoyado por leyes justas y beneficiado con ellas, defendería invariablemente la libertad del sufragio.

> Uno de los primeros derechos que debéis ejercer –escribió Madero en 1911– y debéis cuidar con más celo, es el del sufragio. Es la conquista más preciada. Muy pronto tendréis que depositar vuestro voto en las urnas electorales y designar quiénes regirán los destinos de la República, quiénes serán los que con su gestión patriótico-democrática, habrán de consolidar para siempre en nuestro país las instituciones democráticas que aseguren de un modo definitivo nuestra libertad.

Del "círculo virtuoso" de Madero sólo llegó a cumplirse el primer paso: sufragio efectivo. La sociedad y la clase política se perdieron en el vértigo de su propia libertad –recuperada súbitamente luego de 34 años de dictadura– y demostraron, dolorosamente, que el país no estaba preparado para la democracia.

A las puertas de la historia

La revolución mexicana produjo un sistema político básicamente antidemocrático. En la década de 1920 las campañas políticas por la presidencia no presentaban grandes programas políticos, se inclinaban más por los ataques personales e incluso podían significar la muerte. En 1927, el candidato antirreeleccionista Arnulfo R. Gómez declaró que para Álvaro Obregón, su contendiente, sólo había dos alternativas: "o las islas Marías o dos metros bajo tierra".

Si bien la Constitución de 1917 modificó el tipo de elección, al otorgar a los ciudadanos la posibilidad de elegir de manera directa al presidente, a los diputados, senadores y demás cargos de representación, con la creación del partido oficial, en 1929, la democracia desapareció en manos del autoritarismo presidencial y del uso discrecional de la ley. Como en tiempos de don Porfirio, gran parte de la sociedad decidió abdicar sus derechos políticos a cambio de paz social y estabilidad política.

Con un gobierno actuando como juez y parte en las elecciones, los viejos métodos electorales porfirianos palidecieron junto a la sofisticación del fraude que llegó a manejar el partido oficial. En cada jornada electoral el sistema estrenaba un instrumento que garantizaba el triunfo en las urnas: del robo con ametralladora en mano se pasó a la urna "embarazada" –previamente llena–; de la intromisión de la fuerza pública al "ratón loco" –en camiones, seudociudadanos son llevados a votar en todas las casillas posibles–; del voto de los muertos a la ya célebre "caída del sistema".

Sexenio tras sexenio, el gobierno violentó el ejercicio libre y pleno del sufragio y minó el poder del voto sufragado hasta hacerlo nulo. Para guardar las apariencias –pudor democrático finalmente–, a mediados del siglo XX el partido oficial hizo "caravana con sombrero ajeno" a través del presidente Ruiz Cortines y se apropió de una iniciativa de la oposición: concedió el voto a la mujer, el cual, desde luego, tampoco representó valor alguno. El sufragio se convirtió en palabra hueca, sin sentido, más identificada con la "terrible y antipatriótica reacción" que con los progresistas miembros del partido oficial.

En palabras de José Vasconcelos, la familia revolucionaria (Partido Nacional Revolucionario-Partido de la Revolución Mexicana-Partido Revolucionario Institucional, PNR-PRM-PRI) se convirtió en un "porfirismo colectivo" e institucional. El nuevo "Club de amigos del presidente" ya no sólo estaba integrado por el Congreso, se había inscrito en él todo el aparato de gobierno. En la antidemocracia mexicana, los cargos de elección popular dependían de la voluntad presidencial, no del voto. Durante años, en días de elección, las casillas lucían vacías, el desánimo ciudadano por la vida pública se resumía en una frase: "¿para qué votamos?".

Las recurrentes crisis –económicas y políticas– de los últimos años minaron la credibilidad del partido oficial y abrieron espacios de luz cívica que fueron recuperados por la sociedad. A pesar del sistema político mexicano, la ciudadanía ha ido reconquistando de manera paulatina el voto. Logró arrebatárselo al gobierno a través de una férrea lucha opositora y lo ha consolidado mediante leyes e instituciones, como el Instituto Federal Electoral. Son los pilares de un nuevo intento por establecer un régimen plenamente democrático, que aún se ve a la distancia.

Falta la prueba de fuego: la alternancia presidencial pacífica, a través del sufragio. Siempre caprichoso, el tiempo otorga una segunda oportunidad a la historia; quizá es una especie de revancha democrática; quizá es la hora de saldar una deuda de civismo largamente esperada por la patria. Un 2 de julio de 1915 se extinguió la vida de Porfirio Díaz. ¿Será posible que la historia futura señale el 2 de julio del año 2000 como el día en que se extinguió para siempre la hegemonía del "Porfirio colectivo" representado por el partido oficial? ¿Será que la democracia le cobrará finalmente al sistema sus afrentas antidemocráticas en una fecha por demás simbólica?

El poder ha vuelto al sufragio. En un sano ejercicio de responsabilidad democrática, la ciudadanía siempre tiene la última palabra al ejercer su derecho al voto, tal y como lo concibió Madero:

> Sabía que los mexicanos de ahora eran dignos descendientes de los mexicanos de 1810 y de 1857. Ya veis que no nos hemos equivocado los que teníamos fe en el pueblo mexicano. Él ha acudido a nuestro llamamiento y se ha mostrado, como siempre, invencible, heroico. Pues bien, ahora que se prepara una nueva era de democracia, indudablemente el pueblo mexicano sabrá marchar sin vacilación alguna, por ese nuevo derrotero que se ha trazado, sabrá ejercer sus derechos políticos; sabrá nombrar con tacto a sus gobernantes y marcarles el derrotero que han de seguir; y los que quieran volver a tiranizar al pueblo mexicano, hemos demostrado ya lo que debe hacerse con ellos... los embarcaremos en otro "Ipiranga" como al General Porfirio Díaz.

Notas

Capítulo 1. Retratos

1. Citado por Alfonso Taracena, *José Vasconcelos,* México, Porrúa, 1990.
2. Miguel Contreras Torres, "La revolución ha sido una porquería", en *El Universal*, 13 de junio de 1958.
3. "Timón se define", en *Timón,* 22 de febrero de 1940, Núm. 1.
4. "Declaración póstuma", en *Índice*, México, agosto de 1959.
5. José Vasconcelos, *En el ocaso de mi vida*, México, Populibros La Prensa, 1957, p. xxvi.
6. Entrevista con Alfonso Taracena, 28 octubre de 1988. Archivo José Vasconcelos, Clío.
7. Sergio Avilés Parra, "Siempre he sido cristiano", en *Mañana*, 24 de enero de 1948.
8. José Vasconcelos, "La inteligencia se impone", en *Timón*, 8 de junio de 1940.
9. Entrevista con José Ignacio Vasconcelos, 5 de diciembre de 1988. Archivo José Vasconcelos, Clío.
10. Entrevista con Vasconcelos, en *Señal. Semanario Católico,* México, 5 de julio de 1959.
11. *Loc. cit.*
12. Alfonso Junco, "Vasconcelos Íntimo", en *Novedades*, 9 de julio de 1960.
13. Entrevista con Vasconcelos, en *Señal*, *op. cit.*
14. Anónimo, "Vasconcelos ha muerto", en *Siempre*, 8 de julio de 1959.
15. Entrevista con Vasconcelos, en *Señal*, *op. cit.*
16. Emmanuel Carballo, "Vasconcelos: voz clamante en el desierto", en "México en la Cultura", suplemento de *Novedades,* 4 de enero de 1959.
17. Entrevista con Carmen Vasconcelos de Ahumada, 20 de octubre de 1988. Archivo José Vasconcelos, Clío.
18. Entrevista con Alejandro Gómez Arias, 31 de mayo de 1989. Archivo José Vasconcelos, Clío.

19. Julio Antonio Roy, "Vasconcelos le gusta la comida china, y hablar de política", en *Hoy,* 17 de agosto de 1957.
20. Entrevista con Alfonso Taracena, 28 octubre de 1988. Archivo José Vasconcelos, Clío.
21. José Vasconcelos, *Memorias. El Desastre. El Proconsulado*, México, Fondo de Cultura Económica (FCE), 1984, p.329.
22. Carballo, *op. cit.*
23. José Vasconcelos, *Memorias I. Ulises Criollo. La Tormenta,* México, FCE, 1983, p. 318.

Capítulo 2. La patria es primero

1. Lucas Alamán, *Historia de México desde los primeros movimientos que prepararon su independencia en el año de 1808 hasta la época presente*, 5 vols., México, FCE e Instituto Cultural Helénico, 1985, vol. 5, p. 332.
2. *Cfr*. Enrique Florescano, *La bandera mexicana. Breve historia de su formación y simbolismo,* México, FCE, 1998.
3. *Cfr*. Guillermo Prieto, *Mi guerra del 47,* México, Universidad Nacional Autónoma de México (UNAM), 1997.
4. Juan A. Mateos, *El Sol de mayo,* México, Porrúa, 1978.
5. *Cfr*. Jaime del Arenal Fenochio, "Verde, blanco y rojo", en *Reforma*, 20 de febrero de 2001.
6. Francisco de Florencia y Juan Antonio de Oviedo, *Zodiaco mariano*, México, Consejo Nacional para la Cultura y las Artes (CONACULTA), 1995, p. 95-96.
7. *Ibid.*, p. 96-97.
8. Héctor Perea (selección y prólogo), *Fray Servando Teresa de Mier*, México, Cal y Arena, 1996, p.27.
9. Florencia y Oviedo, *op. cit.,* p. 116 y ss.
10. Alejandro de Humboldt, *Ensayo político sobre el reino de la Nueva España*, México, Porrúa, 1991, p.144.
11. José Manuel Villalpando César, *La antorcha encendida. En pie de guerra,* México, Clío, 1996, p. 14-17

Capítulo 3. El panteón de la patria

1. Benito Juárez a Pedro Santacilia, S.L.P., 21 de junio de 1867 en *Benito Juárez. Documentos, discursos y correspondencia,* 15 vols., selección y notas, Jorge L. Tamayo, México, Secretaría del Patrimonio Nacional, 1967, vol., 12, p. 167-168.
2. Manuel Rivera Cambas, *Historia de la intervención europea y norteamericana en México y del imperio de Maximiliano de Habsburgo*, 3 vols., México, Instituto Nacional de Estudios Históricos de las Revoluciones de México (INEHRM), 1987, vol. III, p. 662.
3. Anónimo, *Los harapos imperiales*, s. a., Centro de Estudios de Historia de México Condumex; Rivera Cambas, p. 661-662.
4. Vicente Licea, *Informe relativo a la inyección y embalsamamiento del cadáver del señor archiduque Fernando Maximiliano de Austria, formado por el ciudadano Vicente Licea, facultativo comisionado para practicar las expresadas operaciones*, s.a., Condumex, "Documentos y certificaciones comprobantes" que presentó el Dr. Vicente Licea para comprobar el manejo apropiado que hizo del cadáver de Maximiliano.
5. *Loc. cit.*
6. Iglesia y hospital se erigieron en la manzana delimitada hoy en día por las calles de Donceles (al norte, antes llamada Puerta falsa de San Andrés); Tacuba (al sur, antes conocida como San Andrés). Dos calles nuevas fueron abiertas a través de la manzana; hacia el oriente la prolongación de Filomeno Mata, llamada Xicoténcatl y hacia el occidente, la de Marconi. Dicha cuadra está ocupada actualmente por el Museo Nacional de Arte. *Cfr.*, Guillermo Tovar de Teresa, *La ciudad de los palacios: crónica de un patrimonio perdido*, 2 tomos, México, Vuelta, 1990, tomo II, p.155.
7. *La Orquesta, periódico omniscio, de buen humor y con caricaturas*, México, miércoles, 24 de julio de 1867.
8. Agustín Rivera, *Anales mexicanos. La Reforma y el Segundo Imperio*, México, Ortega y Compañía Editores, 1904, p. 288-289.

9. José Fuentes Mares, en *Juárez, el Imperio y la República*, México, Grijalbo, 1982, p. 240, señala esta fatal coincidencia de los días 13 en la vida de Maximiliano. Me permito añadir algunas otras que no consideró en su excelente libro.
10. "Documento médico-forense de los Dres. Rafael Montaño Ramiro, Ignacio Alvarado y Agustín Andrade", en *Memorias de Concepción Lombardo de Miramón*, México, Porrúa, 1989, p. 1003.
11. Juan de Dios Peza, "La Calle de Xicoténcatl", en *El Universal*, México, 26 de noviembre de 1893, citado por Agustín Rivera, *op. cit.*, p. 286-287.
12. "El cadáver de Maximiliano", en *La Iberia*, México, 21 de septiembre de 1867; "El cadáver de Maximiliano", en *La Orquesta, periódico omniscio...*, México, 20 de septiembre de 1867.
13. Suzanne Desternes y Henriette Candet, *Maximiliano y Carlota*, México, Diana, 1967, p. 420.

Princesa Agnes Salm Salm, *Diez años de mi vida, 1862-1972,* Puebla, Cajica de Puebla, 1972, p. 400.

14. Agustín Rivera, *op. cit.*, p. 285.
15. *Calendario Histórico de Maximiliano para el año de 1869*, México, Imprenta de Juan Nepomuceno del Valle, 1868, p. 28.
16. *Benito Juárez. Documentos..., op. cit.*, vol. 12, p. 286.
17. *La Pluma Roja. Periódico destinado a defender los intereses del pueblo*, México, martes 12 de noviembre de 1867.
18. "¡Viva Maximiliano!", en *La Pluma Roja...*, México, 10 de diciembre de 1867.

Capítulo 4. El ejercicio del gobierno

1. Archivo General de la Nación, Grupo Documental, Presidencia de la República, Adolfo Ruiz Cortines, Exp. 704/208, 4 fojas, Descripción Ataques a funcionarios en la radio y televisión, 25 de septiembre de 1953.
2. *Ibid.*, Exp. 440/7, 6 fojas, 22 de noviembre de 1954.
3. *Ibid.*, Exp. 440/1, 4 fojas, 11 de diciembre de 1952.

Capítulo 5. La ciudad del águila y la cruz

1. Hernán Cortés, *Cartas de relación*, México, Porrúa, 1992, p. 196.
2. Carlos Pereyra, *Hernán Cortés*, México, Porrúa, 1985, p.142.
3. Cortés, *op. cit.,* p. 103 y ss.
4. José María Marroquí, *La ciudad de México*, 3 vols., México, Jesús Medina editor, 1969, tomo I, p. 22.
5. José María Lafragua; Manuel Orozco y Berra, *La ciudad de México*, México, Porrúa, 1987, p. 32.
6. Manuel Toussaint, Federico Gómez Orozco y Justino Fernández, *Planos de la ciudad de México, siglos XVI y XVII*, México, Universidad Nacional Autónoma de México (UNAM) y Departamento del Distrito Federal (DDF), 1990, p. 21.
7. José Luis Martínez, *Hernán Cortés*, México, FCE, 1990, p. 395.
8. Marroquí, *op. cit.,* p. 476.
9. Cortés, *op. cit.,* p. 197.
10. *Cfr.* Ana Rita Valero de García Lascuráin, *La ciudad de México-Tenochtitlán (,) su primera traza 1524-1534,* México, Jus, 1991.
11. Francisco Cervantes de Salazar, *México en 1554. Túmulo Imperial*, México, Porrúa, 1991, p.42.
12. *Cfr.*, Valero, *op. cit.,* p. 77.
13. *Cfr.*, Richard Everett Boyer, *La gran inundación. Vida y sociedad en la ciudad de México (1629-1638)*, México, SepSetentas, 1975, p.27.
14. Fray Juan de Torquemada, *Monarquía indiana,* México, Porrúa, 1986, Libro Segundo, Cap. XLVII.
15. Chavero, Alfredo, "Historia antigua y de la conquista", en Vicente Riva Palacio *et al.*, *México a través de los siglos*, México, Cumbre, 1972, tomo I, p. 554-555; Galindo y Villa, Jesús, *Historia sumaria de la ciudad de México,* México, Editora Nacional, 1973, p. 25.
16. Chavero, *op. cit.,* p. 585.
17. Everett, *op. cit.,* p. 28.
18. Chavero, *op. cit.,* p.587.

19. Lucas Alamán, *Historia de México desde los primeros movimientos que prepararon su independencia en el año de 1808 hasta la época presente*, 5 vols., México, FCE e Instituto Cultural Helénico, 1985, vol. 5, p. 17.
20. José Vasconcelos, *Breve historia de México,* México, ediciones Botas, 1937, p.235.
21. El historiador y cronista de la ciudad de México Luis González Obregón (1865-1938) refiere que fueron **51** personas las sentenciadas a muerte.
22. Ubaldo Vargas Martínez, *Morelos. Siervo de la nación,* México, Porrúa, 1977, p.150.
23. Alamán, *op. cit.,* vol. 4, p. 326.
24. Antonio García Cubas, *El libro de mis recuerdos*, México, Patria, 1969, p.132.
25. Ernesto Sodi Pallares, *Casonas antiguas de la ciudad de México*, México, Populibros La Prensa, 1968, p. 25.
26. Luis González Obregón, *México viejo*, México, Alianza, 1997, p. 117.
27. García Cubas, *op. cit.,* p. 131.
28. Juan José Baz (1820-1887) fue un liberal jacobino. Ocupó varias veces la gubernatura del Distrito Federal.
29. González Obregón, *op. cit.,* p. 674 y ss.
30. *Loc. cit.*
31. *Loc. cit.*
32. Lucas Alamán le escribía con frecuencia al duque, para darle razón del estado en que se encontraban sus propiedades en México. *Cfr.*, José C. Valadés, *Alamán: estadista e historiador*, México, UNAM, 1987, p. 216.
33. Alamán al duque de Terranova y Monteleone, México, 28 de noviembre de 1847, en Lucas Alamán, *Documentos diversos (inéditos y muy raros)*, tomo IV, México, Jus, 1948, p. 457.
34. *Estadísticas Históricas de México*, 2 vols., México, Instituto Nacional de Estadística, Geografía e Informática (INEGI), 1994, vol. 1, p. 13.
35. Lucas Alamán, *Semblanzas e ideario*, México, UNAM, 1989, p. 163.
36. Robert Ryal Miller (ed.), *The Mexican War. Journal & Letters of Ralph W. Kirkham,* Texas, Texas A&M University Press, 1993, p. 68.

37. Ramón Alcaraz *et al.*, *Apuntes para la guerra entre México y los Estados Unidos*, México, CONACULTA, 1991, p. 416.
38. José María Roa Bárcena, *Recuerdos de la invasión norteamericana (1846-1848)*, 2 vols., México, CONACULTA, 1991, vol. II, p. 693-699.
39. Guillermo Prieto, *Memorias de mis tiempos*, México, Porrúa, 1985, p. 275-276.
40. Guillermo Prieto, *Mi guerra del 47*, México, UNAM, 1997, p. 171.
41. Alcaraz *et al.*, *op. cit.*, p. 412-413.
42. Alamán a Monteleone, México, 12 de febrero de 1848, en Alamán, *Documentos inéditos... op. cit.*, p. 463-464
43. Prieto, *Mi guerra...*, *op. cit.*, p. 172-173.
44. Antonio García Cubas, *El libro de mis recuerdos*, México, Patria, 1969, p. 576-577.
45. *Ibid.*, p. 580-581.

Capítulo 6. La vida cotidiana en el siglo XIX

1. *Colección de las efemérides publicadas en el Calendario del más antiguo Galván desde su fundación hasta el año de 1987*, México, Antigua Librería de Murguía, 1987, p. 58
2. J.G. Cortina, *Terremotos*, carta dirigida a todos los sres. editores de periódicos en esta capital. México, Impreso por Ignacio Cumplido, 1845 citado por Hira de Gortari Rabiela y Regina Hernández Franyuti (comp.), *Memoria y encuentros: La ciudad de México y el Distrito Federal (1824-1928)*, tomo I, México, DDF e Instituto Mora, 1988, p. 49.
3. Henry G. Ward, *México en 1827*, México, FCE, 1981, p. 442.
4. Madame Calderón de la Barca, *La vida en México durante una residencia de dos años en ese país*, México, Porrúa, 1990, p. 214.
5. Albert M. Gilliam, *Viajes por México durante los años 1843 y 1844,* México, CONACULTA y Grupo Editorial Siquisirí, 1996, p. 116.
6. Edward Burnett Taylor, *Anáhuac or Mexico and the Mexicans, Ancient and Modern,* Londres, Longman, 1861, citado por Hira de Gortari y Regina Hernández, *op. cit.*, p. 55.

7. Guillermo Prieto, *Memorias de mis tiempos*, México, Porrúa, 1985, p. 155.
8. Calderón de la Barca, *op. cit.,* p. 55-56.
9. Carlos María de Bustamante, *El nuevo Bernal Díaz del Castillo,* México, Instituto Cultural Helénico, INEHRM y FCE, 1994, p. 30.
10. *Ibid*., p. 30.
11. Cortina, *Terremotos,* citado por Hira de Gortari y Regina Hernández, *op. cit.,* p. 53.
12. Justo Sierra, *Evolución política del pueblo mexicano*, en *Obras completas*, tomo XII, México, UNAM, 1991, p.206.
13. Prieto, *op. cit.,* p.41.
14. Enrique Olavarría y Ferrari, Juan de Dios Arias, *México independiente*, en Vicente Riva Palacio (coord.), *México a través de los siglos*, tomo IV, México, Cumbre, 1972, p. 331.
15. Prieto, *op. cit.,* p. 42.
16. *Colección de las efemérides..., op. cit.,* p. 63.
17. José María Marroquí, *La ciudad de México*, 3 tomos, México, Jesús Medina editor, 1969, tomo III, p. 180.
18. Luis González Obregón, *México viejo*, México, Alianza, 1997, p. 535.
19. Luis Reed Torres, *El panteón del Tepeyac y sus residentes,* México, Edamex, 1996, p. 16
20. González, *op. cit*., p. 536.
21. Marroquí, *op. cit.,* p. 116.
22. *Gacetas de México*, 3 vols., México, Secretaría de Educación Pública (SEP), 1949, vol. 1, p. 134.

Capítulo 7. Destellos del porvenir

1. Genaro García, ed., *Crónica oficial de las fiestas del Primer Centenario de la Independencia de México,* México, Condumex, 1991, p. 54 (apéndice), documento 102.
2. El positivismo de Augusto Comte fue la filosofía que dio fundamento ideológico al porfiriato a partir de tres pilares “orden, paz y progreso”.
3. *El Progresista*, Ciudad Victoria, 30 de diciembre de 1900.

4. Para un acercamiento minucioso a la participación de México en las exposiciones universales, es imprescindible consultar la formidable obra de Mauricio Tenorio Trillo, *Artilugio de la nación moderna. México en las exposiciones universales, 1880-1930*, México, FCE, 1998.
5. Justo Sierra, *La educación nacional*, tomo VIII de *Obras completas*, México, UNAM, 1977.
6. Citado por Tenorio, *op. cit.*, p. 312.
7. José Vasconcelos, *Memorias II. El Desastre. El Proconsulado,* México, FCE, 1984, p.131-132.

Bibliografía

Alamán, Lucas, *Historia de México*, 5 tomos, México, FCE, 1985.

Almonte, Juan Nepomuceno, *Guía de forasteros y repertorio de conocimientos útiles*, México, Instituto Mora, 1997.

Álvarez, José María, *Añoranzas. El México que fue mi colegio militar*, 2 tomos, México, Imprenta Ocampo, 1948.

Así fue la revolución mexicana, vol. 8., México, Senado de la República/ Secretaría de Educación Pública, 1985.

Bulnes, Francisco, *El verdadero Díaz y la revolución*, México, Libros de Contenido, 1992.

Calderón de la Barca, Madame, *La vida en México*, México, Editorial Porrúa, 1990.

Castorena y Ursúa; Sahagún de Arévalo, *Gacetas de México, 1722-1748*, México, S.E.P, 1949.

Colección de las efemérides publicadas en el Calendario del más antiguo Galván desde su fundación hasta el año de 1987. México, Antigua Librería de Murguía, S. A., 1987.

Cortés, Hernán, *Cartas de relación*, México, Editorial Porrúa, 1992.

Crónica Ilustrada Revolución Mexicana, 6 vols., México, Publex, 1966-1968.

Díaz Díaz, Fernando, *Caudillos y caciques*, México, El Colegio de México, 1972.

Díaz Soto y Gama, *La revolución agraria del sur y Emiliano Zapata su caudillo*, México, INEHRM, 1960.

Diccionario histórico y biográfico de la Revolución Mexicana, México, INEHRM, 1994.

Diccionario de Geografía, Historia y Biografía Mexicanas, México, Librería de la V. de C. Bouret, 1910.

Dulles, W.F., John, *Ayer en México*, México, FCE, 2000.

Durán, Fray Diego, *Historia de las Indias de Nueva España e Islas de Tierra Firme,* México, CONACULTA/Cien de México, vol. I., 1995.

Florencia, Francisco de y Juan Antonio de Oviedo, *Zodiaco Mariano*, México, Conaculta, 1995.

Fuentes Mares, José, *Juárez, el imperio y la república*, México, Grijalbo, 1982.

Galeana de Valadés, Patricia (coord.), *Los siglos de México*, México, Nueva Imagen, 1991.

García Cubas, Antonio, *El libro de mis recuerdos,* México, editorial Patria, 1969.

González Navarro, Moisés, *El porfiriato. Vida social*, en Daniel Cosío Villegas, *Historia Moderna de México*, México, editorial Hermes, 1985.

González Obregón, Luis, *Las calles de México*, México, Editorial Porrúa, 1995.

________ *México viejo*, México, Alianza Editorial, 1997.

Guijo, Gregorio M. de, *Diario 1648-1664,* 2 vols., México, Porrúa, 1986.

Humboldt, Alexander von, *Ensayo político sobre el reino de la Nueva España*, México, editorial Porrúa, 1991.

Krauze, Enrique, *Biografía del poder. Caudillos de la Revolución mexicana (1910-1940),* México, Tusquets editores, 1997.

________ *La presidencia imperial,* Tusquets editores, 1997.

________ *Siglo de Caudillos. Biografía política de México (1810-1910),* México, Tusquets editores, 1994.

Juárez, Benito, *Documentos, discursos y correspondencia*, México, Secretaría del Patrimonio Nacional, 1964.

Lafragua, José María y Manuel Orozco y Berra, *La ciudad de México*, México, ed. Porrúa, 1987.

Liberales ilustres mexicanos. De la Reforma y la Intervención, México, Daniel Cabrera editor, 1890.

Lombardo de Miramón, Concepción, *Memorias*, México, editorial Porrúa, 1989.

López de Santa Anna, Antonio, *Mi historia militar y política*, México, Editora Nacional, 1973.

Madero, Francisco Ignacio, *Epistolario 1900-1910*, 2 vols., México, SHCP, 1985.

________ *Obras Completas. Comunicaciones espíritas. 1900-1908,* México, editorial Clío, 2000.

Navarro y Rodrigo, Carlos, *Agustín de Iturbide. Vida y memorias*, México, A. Pola editor, 1906.

Marroquí, José María, *La ciudad de México,* 3 tomos, México, Jesús Medina editor, 1969.

Martínez, José Luis, *Hernán Cortés*, México, FCE-UNAM, 1990.

Meyer, Jean, *La revolución mejicana*, Barcelona, Dopesa, 1975.

Miquel I. Vergés, José María, *Diccionario de Insurgentes,* México, editorial Porrúa, 1980.

Mora, José María Luis, *Obras completas,* México, SEP/Instituto de Investigaciones Dr. José María Luis Mora, 1994.

Nacif Mina, Jorge, *La policía en la historia de la ciudad de México (1524-1928)*, México, DDF/Socicultur, 1986.

López Portillo y Rojas, José, *Elevación y caída de Porfirio Díaz,* México, Librería Española, 1920.

Obregón, Luis González, *Las calles de México*, México, editorial Porrúa, 1995.

Prieto, Guillermo, *Memorias de mis tiempos,* México, editorial Porrúa, 1985.

_________ *Mi guerra del 47*, México, UNAM, 1997.

Rabasa, Emilio, *Evolución histórica de México,* México, editorial Porrúa, 1972.

Ramos I. Duarte, Feliz, *Diccionario de curiosidades históricas, geográficas, hierográficas, cronológicas de la República Mexicana,* México, Imprenta de Eduardo Dublán, 1899.

Rivera Cambas, Manuel, *Los gobernantes de México*, 3 vols., México, Transcontinental de Ediciones Mexicana, 1988.

_________ *México pintoresco, artístico y monumental,* México, editorial del Valle de México, 1985.

Robles, Antonio de, *Diario de sucesos notables, 1665-1703,* 3 vols., México, editorial Porrúa, 1972.

Santos, Gonzalo N., *Memorias*, México, Grijalbo, 1986.

Sedano, Francisco, *Noticias de México*, México, DDF/Colección Metropolitana, 1974.

Sierra, Justo, *Evolución política del pueblo mexicano*, tomo XII, México, UNAM, 1977.

Taracena, Alfonso, *La verdadera revolución mexicana*, México, editorial Porrúa, 1991.

Thomas, Hugh, *La conquista de México*, México, editorial Patria, 1994.

Torquemada, Fray Juan de, *Monarquía indiana*, México, editorial Porrúa, 1986.

Tovar de Teresa, Guillermo, *La Ciudad de los Palacios: crónica de un patrimonio perdido*, 2 tomos, México, Vuelta, 1990.

Valadés, José C., *El porfirismo. Historia de un régimen*, 3 vols., México, UNAM, 1987.

Valle-Arizpe, Artemio de, *Obras completas*, México, Libreros Mexicanos Unidos, 1960.

________ *Calle vieja y calle nueva*, México, Diana, 1997.

Vasconcelos, José, *Breve historia de México*, México, editorial Continental, 1971.

________ *Hernán Cortés, creador de la nacionalidad*, México, Jus, 1941.

________ *Ulises Criollo*, México, Trillas, 1998.

Villalpando, José Manuel, *Amores mexicanos*, México, Planeta, 1998.

________ *El panteón de San Fernando*, México, editorial Porrúa, 1981.

Womack Jr., John, *Zapata y la revolución mexicana*, México, Siglo XXI, 1985.

Zavala, Lorenzo de, Ensayo histórico de las revoluciones de México desde 1808 hasta 1830, México, Instituto Cultural Helénico/FCE, 1985.

Índice

4. EL EJERCICIO DEL GOBIERNO

5. LA CIUDAD DEL ÁGUILA Y LA CRUZ

6. LA VIDA COTIDIANA EN EL SIGLO XIX

7. DESTELLOS DEL PORVENIR

España
Av. Diagonal, 662-664
08034 Barcelona (España)
Tel. (34) 93 492 80 36
Fax (34) 93 496 70 58
Mail: info@planetaint.com
www.planeta.es

Argentina
Av. Independencia, 1668
C1100 ABQ Buenos Aires
(Argentina)
Tel. (5411) 4382 40 43/45
Fax (5411) 4383 37 93
Mail: info@eplaneta.com.ar
www.editorialplaneta.com.ar

Brasil
Rua Ministro Rocha Azevedo, 346 -
8º andar
Bairro Cerqueira César
01410-000 São Paulo, SP (Brasil)
Tel. (5511) 3088 25 88
Fax (5511) 3898 20 39
Mail: info@editoraplaneta.com.br

Chile
Av. 11 de Septiembre, 2353,
piso 16
Torre San Ramón, Providencia
Santiago (Chile)
Tel. Gerencia (562) 431 05 20
Fax (562) 431 05 14
Mail: info@planeta.cl
www.editorialplaneta.cl

Colombia
Calle 73, 7-60, pisos 7 al 11
Santafé de Bogotá, D.C.
(Colombia)
Tel. (571) 607 99 97
Fax (571) 607 99 76
Mail: info@planeta.com.co
www.editorialplaneta.com.co

Ecuador
Whymper, 27-166 y Av. Orellana
Quito (Ecuador)
Tel. (5932) 290 89 99
Fax (5932) 250 72 34
Mail: planeta@access.net.ec
www.editorialplaneta.com.ec

Estados Unidos y Centroamérica
2057 NW 87th Avenue
33172 Miami, Florida (USA)
Tel. (1305) 470 0016
Fax (1305) 470 62 67
Mail: infosales@planetapublishing.
com
www.planeta.es

México
Av. Insurgentes Sur, 1898, piso 11
Torre Siglum, Colonia Florida, CP-
01030
Delegación Álvaro Obregón
México, D.F. (México)
Tel. (52) 55 53 22 36 10
Fax (52) 55 53 22 36 36
Mail: info@planeta.com.mx
www.editorialplaneta.com.mx
www.planeta.com.mx

Perú
Grupo Editor
Jirón Talara, 223
Jesús María, Lima (Perú)
Tel. (511) 424 56 57
Fax (511) 424 51 49
www.editorialplaneta.com.co

Portugal
Publicações Dom Quixote
Rua Ivone Silva, 6, 2.º
1050-124 Lisboa (Portugal)
Tel. (351) 21 120 90 00
Fax (351) 21 120 90 39
Mail: editorial@dquixote.pt
www.dquixote.pt

Uruguay
Cuareim, 1647
11100 Montevideo (Uruguay)
Tel. (5982) 901 40 26
Fax (5982) 902 25 50
Mail: info@planeta.com.uy
www.editorialplaneta.com.uy

Venezuela
Calle Madrid, entre New York y
Trinidad
Quinta Toscanella
Las Mercedes, Caracas (Venezuela)
Tel. (58212) 991 33 38
Fax (58212) 991 37 92
Mail: info@planeta.com.ve
www.editorialplaneta.com.ve

Grupo Planeta

Planeta es un sello editorial del Grupo Planeta www.planeta.es